Coleção Espírito Crítico

DANTE
COMO POETA
DO MUNDO TERRENO

Coleção Espírito Crítico

Conselho editorial:
Alfredo Bosi
Antonio Candido
Augusto Massi
Davi Arrigucci Jr.
Flora Süssekind
Gilda de Mello e Souza
Roberto Schwarz

Erich Auerbach

DANTE
COMO POETA
DO MUNDO TERRENO

Tradução e notas complementares
Lenin Bicudo Bárbara

Coordenação editorial e revisão técnica
Leopoldo Waizbort

Posfácio
Patrícia Reis

Livraria
Duas Cidades

editora 34

Editora 34 Ltda.
Rua Hungria, 592 Jardim Europa CEP 01455-000
São Paulo - SP Brasil Tel/Fax (11) 3811-6777 www.editora34.com.br

Copyright © Editora 34 Ltda. (edição brasileira), 2022
Auerbach, Erich: Dante als Dichter der irdischen Welt
© Walter de Gruyter GmbH, Berlin Boston. All rights reserved.
This work may not be translated or copied in whole or part
without the written permission of the publisher
(Walter de Gruyter GmbH, Genthiner Straße 13, 10785, Berlin, Germany).

A fotocópia de qualquer folha deste livro é ilegal e configura uma
apropriação indevida dos direitos intelectuais e patrimoniais do autor.

Imagem da capa:
Retrato de Dante em ilustração de Botticelli para a Divina comédia,
"Paraíso", XXIX, c. *1490 (detalhe), Kupferstichkabinett, Berlim*

Capa, projeto gráfico e editoração eletrônica:
Franciosi & Malta Produção Gráfica

Revisão:
Milton Ohata, Beatriz de Freitas Moreira

1ª Edição - 2022

CIP - Brasil. Catalogação-na-Fonte
(Sindicato Nacional dos Editores de Livros, RJ, Brasil)

	Auerbach, Erich, 1892-1957
A241d	Dante como poeta do mundo terreno / Erich Auerbach; tradução e notas complementares de Lenin Bicudo Bárbara; coordenação editorial e revisão técnica de Leopoldo Waizbort; posfácio de Patrícia Reis — São Paulo: Duas Cidades; Editora 34, 2022 (1ª Edição).
	336 p. (Coleção Espírito Crítico)
	ISBN 978-65-5525-125-8
	Tradução de: Dante als Dichter der irdischen Welt
	1. Teoria literária. 2. Ensaio alemão. I. Bárbara, Lenin Bicudo. II. Waizbort, Leopoldo. III. Reis, Patrícia. IV. Título. V. Série.

CDD - 801

Índice

Nota editorial 7

Dante como poeta do mundo terreno

1. Introdução histórica
   sobre a ideia e o destino do homem na poesia 11
2. A poesia de juventude de Dante 43
3. O objeto da *Comédia* 113
4. A estrutura da *Comédia* 161
5. A apresentação 213
6. Conservação e mudança
   da visão da realidade de Dante 273

Apêndice

Currículo para a habilitação docente, *Erich Auerbach* 283

Posfácio, *Patrícia Reis* 287

Índice onomástico 327
Sobre o autor 332

Nota editorial

Salvo nas citações d'*A divina comédia*, traduzida por Italo Eugenio Mauro, todas as traduções do italiano foram feitas por Federico Carotti. Quando necessárias aos argumentos do autor, Lenin Bicudo Bárbara apresenta em notas de rodapé versões alternativas no mesmo idioma.

As traduções do grego são de Adriane da Silva Duarte, enquanto as do latim e do provençal são de Eduardo Henrik Aubert. A Editora 34 agradece a Denise Bottmann.

Em apêndice ao volume foi incluído o "Currículo para a habilitação docente", redigido pelo próprio Auerbach quando de sua admissão como professor na Universidade de Marburg, em 1929, ocasião em que apresentou como tese este *Dante como poeta do mundo terreno*. A tradução e as notas do "Currículo" foram realizadas por Leopoldo Waizbort.

DANTE
COMO POETA
DO MUNDO TERRENO

Ηθος ἀνθρώπῳ δαίμων[1]

---

[1] "*Ēthos anthrōpōi daímōn*" ["O caráter do homem é seu destino"], fragmento 119 DK, atribuído a Heráclito. (N. do T.)

1. Introdução histórica sobre a ideia e o destino do homem na poesia

Que o homem é um — uma unidade inseparável entre a força e a compleição do corpo, de um lado, e a razão e a vontade do espírito, de outro —, e que seu destino se desdobra a partir dessa unidade, na medida em que se reúnem ao seu redor, como que atraídos por uma espécie de magnetismo, os feitos e sofrimentos que lhe cabem, aderindo a ele e assim formando uma parte de sua unidade — essa é uma intuição que a poesia europeia possuía desde os seus inícios na Grécia: foi ela que conferiu ao poema épico de Homero sua visão e seu poder de penetração sobre a estrutura dos acontecimentos possíveis. Para compor Aquiles ou Odisseu, Helena ou Penélope, Homero inventou e reuniu feitos e sofrimentos similares; a partir de um feito revelador de caráter, ou mesmo do caráter manifesto em um feito inicial, descortinam-se para o poeta no curso da sua criação, de maneira necessária e natural, o conjunto e a soma dos feitos similares, e também o sentido global de seu percurso de vida, seu enlace na trama dos acontecimentos, que é ao mesmo tempo seu caráter e seu destino.

O que dá a Homero o poder de imitação da vida real é a consciência de que o destino particular do homem seria uma parte de sua unidade; é, portanto, o conteúdo do ditado de Heráclito que incluímos no início da nossa investigação. Não se tem aqui em vista, para ser exato, aquele realismo que a crítica antiga exaltava em Homero, e às vezes também achava que lhe faltava,[2] a saber: a verossimilhança ou plausibilidade dos eventos; em vez disso, temos em vista um modo de exposição que apresenta os eventos como evidentes, independentemente do quão verossímeis sejam, de modo que só com a reflexão posterior se pode questionar sua verossimilhança. De acordo com a primeira concepção, a antiga, a exposição de uma ocorrência fabulosa ou fantástica deve ser necessariamente irrealista; de acordo com a concepção que temos em vista, se a ocorrência é plausível ou se já se viu algo do gênero, isso depende da evidência exposta na obra, e de modo algum apenas da reflexão; classificamos, por exemplo, uma peça de Rembrandt que retrata a aparição de Cristo em Emaús como uma imitação bem-sucedida da vida, pois até o descrente que se depara com a evidência do que vê é compelido a acolher a experiência do evento milagroso. Esse realismo, ou — para evitar esse termo polissêmico e ressignificado muitas vezes — essa arte da imitação é algo que Homero possui de forma ubíqua, mesmo ao narrar fábulas, pois a unicidade, o *sibi constare* [ser consistente consigo mesmo], de suas personagens justifica ou condiciona o que acontece com elas. A fantasia poética mostra a personagem e o destino em *um* ato; a observação e a razão fazem sua parte, elas enriquecem e organizam, mas uma se limita a registrar a profusão caótica do material, e a outra o analisa tiranicamente, sem se adaptar à ocorrência; a engenhosidade de Homero envolve a convicção de que nem a observação, nem a razão são capazes de fundamentar a si

---

[2] Por exemplo: Περὶ ὕψους [*Perí hypsous*], capítulo IX, 13. (N. do A.) [Referência à obra de autoria incerta, por muito tempo atribuída ao filósofo Cassio Longino, do século III, conhecida como *Sobre o sublime*. (N. do T.)]

Introdução histórica sobre a ideia e o destino do homem na poesia

mesmas, ainda que sejam sempre apreciáveis na obra de arte — isto é, a convicção de que cada personagem requer seu próprio destino e de que, necessariamente, só pode acontecer com ela aquilo que lhe cabe. O que lhe cabe, e não o que cabe a uma de suas qualidades; pois estas, como abstrações, nunca coincidem com a ocorrência; o que se pode expor no poema e deve ser apreciado não é que aconteça o bem para quem é bom, a bravura, para o bravo, mas sim que aconteça a Aquiles o que é de Aquiles; os epítetos δῖος [*díos* = divino] ou πολυμῆτις [*polymétis* = muito habilidoso] só fazem sentido para aquele que sabe o que eles dizem sobre a personagem.

Daí que a imitação homérica, que na crítica antiga se chama *mimesis*, não seja uma tentativa de copiar os fenômenos; ela não brota da observação, mas sim, tal como o mito, da ideia de uma personagem unitária, cuja unidade está dada antes da observação auxiliar na exposição; sua atualidade e sua multiplicidade vivas são oriundas, como se pode afirmar em geral, da situação em que tais personagens a cada vez se encontram e precisam se encontrar, que designa seu agir e sofrer; é só nesse ponto que se introduz a observação naturalista, sem que seja preciso evocá-la, pois ela aparece espontaneamente. A verdade natural ou *mimesis* autêntica de uma cena homérica como o encontro entre Odisseu e Nausícaa não depende em absoluto da observação fina dos acontecimentos cotidianos; mas sim da ideia, dada *a priori*, do caráter dessas duas personagens e do destino que lhes cabe; essa ideia engendra a situação em que elas se encontram, e tão logo ela é estipulada, começa a se desdobrar mais facilmente a exposição que converte essa fábula em verdade. Assim, a composição de Homero não é uma mera cópia da vida, e isso não só por narrar fábulas que jamais poderiam acontecer, mas também por conter uma ideia do homem que a mera experiência não lhe permitiria transmitir.

A tragédia surgiu do mito épico; porém, à medida que ela se afastou da forma épica e ganhou uma própria, passou a compreender o homem cada vez mais apenas a partir do que há de decisivo em seu destino, e a revelar tanto o destino como o próprio homem no ato em que os dois se combinam completa e definitivamente, que é a sua ruína. Enquanto o épico homérico, em particular, só vai revelando um e outro em uma progressão exposta de maneira gradual, e pode muito bem não contar o final do herói, a tragédia, em seus exemplos clássicos, revela o ponto final, no qual não resta para o homem mais nenhuma variação ou saída, e então o próprio destino que lhe cabe se descortina para ele como destino decifrado e a ele se opõe como algo perverso, hostil, que parece alheio; e, nesse momento, o seu caráter interior começa a se alarmar, a lutar com o universal no qual seu particular desembocará, e a entrar na batalha final, absurda, contra o próprio *daímon*.[3] A natureza dessa luta, que a linguagem agonística presente em Sófocles expõe da forma mais cristalina, implica que os homens que nela se engajam se rebelam na verdade contra uma parte de seu próprio caráter particular; deixam-se levar a tal ponto pela urgência do momento, estão a tal ponto enfeitiçados por sua batalha final, que só o que resta de sua personalidade mais íntima é a idade, o sexo, a posição social e os traços mais gerais do temperamento; suas ações e sua aparência física como um todo são dominadas pela situação dramática do momento, isto é, pelas necessidades táticas de sua luta. Mesmo assim, a tragédia grega ainda deixava para o herói muito de sua individualidade; sobretudo no começo, quando ainda estava intacto e seguro, o herói exibe com realidade e dignidade o que há em seu caráter de particular, substantivo, vin-

---

[3] Transliteração de δαίμων, termo na citação de Heráclito adotada como epígrafe do livro. (N. do T.)

Introdução histórica sobre a ideia e o destino do homem na poesia

culado à sensibilidade terrena; e mesmo no desenvolvimento, após já ter entrado em cena o desacordo entre sua particularidade e o destino que se revela cada vez mais universal, ainda lhe resta a forma peculiar de sua vontade de viver, a que ele se agarra desesperadamente, ou que sacrifica heroicamente. Só que não há lugar aqui para a espontaneidade épica, que a todo momento inventa novas formas sensíveis com base na correspondência daqueles dois elementos da unidade; pois se antes, para o homem em sua vida épica, o destino sempre renovado com o qual se deparava era fonte da riqueza sempre renovada de seu caráter particular, ele agora, na tragédia, tornou-se duro e empedernido e de aspecto pobre; ele se rebela contra o destino universalíssimo da ruína, e no entanto corre em sua direção; e nesse momento nada mais é senão o que há de mais universal: um homem arruinado, que desperdiçou e exauriu o capital de sua força vital, incapaz de dar novos frutos.

No iluminismo sofista, a unidade da personagem se desintegrou; as artes da análise psicológica da personagem e da interpretação racional do destino tornaram possível evitar a imposição dos acontecimentos, e a tragédia, para conservar sua forma, começou a depender de expedientes técnicos: o exame psicológico apurado amiúde conduz a uma contradição insuportável com o maquinário acidental e vazio que produz o desenrolar da trama. Ao mesmo tempo, na comédia, amparados pela aprovação (hesitante, diga-se) da população instruída, começaram a ganhar terreno a imitação do cotidiano e o inusitado — a primeira baseada na observação, e o segundo sob a forma de caricaturas que eram, para o bem ou para o mal, racionais —, e a ser desabonada, na consciência geral, a ideia de uma unidade *a priori* das personagens.

É nessa situação que surge a crítica platônica à arte imitativa. Platão, que, enjeitando o dom e a sensibilidade que ele mesmo tinha para o domínio plástico-sensorial, alçou a uma utopia pura e austera sua oposição ao estímulo artístico arbitrário, formulou o seguinte juízo no livro X da *República*, há muito ensaiado e maturado: se o mundo empírico é algo de segunda ordem, uma cópia enganosa das ideias — que são, elas apenas, o que há de verdadeiro e existente —, então a arte que se ocupa da imitação da aparência seria algo absolutamente menor, desbotada, situada em terceiro no escalão da verdade: "τρίτον τι ὑπὸ τῆς ὑληθείας";[4] o efeito da arte se voltaria à parte inferior, irracional da alma; haveria uma dissidência imemorial entre a filosofia e a poesia, e esta deveria ser banida da República dos filósofos. Que Platão afinal conceda alguma validade, limitada, às artes não imitativas, sob a condição de que sejam capazes de reforçar as virtudes do cidadão na República dos filósofos, sendo transmitidas rigorosamente, sem fazer nenhuma concessão ao que há de ilusório e oscilante nas aparências, e conservando uma frugalidade sublime — tal concessão não significa outra coisa, senão uma confirmação do juízo global, que rejeita todo exercício realmente criativo da arte.

Apesar disso, a teoria platônica não acabou com a dignidade da arte imitativa — ao contrário, deu a ela um novo objetivo e um novo impulso, de fôlego milenar. Não porque Platão não a teria levado a sério: nenhuma menção ao valor da inspiração feita em outros diálogos, nenhum apelo à arte mimética do próprio diálogo platônico, que já se usou para levantar objeções nesse contexto[5] — nada disso deve impedir de ver naquelas passagens da *República* sua opinião genuína, verdadeira, tal como ela

---

[4] "*Tríton ti upó tés hylētheías*" ["terceiro escalão da verdade"]. Platão, *República*, X, 602. (N. do A.)

[5] Cf. Ateneu, XI, 505b. (N. do A.)

Introdução histórica sobre a ideia e o destino do homem na poesia

se consolidara após acabada e apurada sua teoria das ideias, a despeito de sua inclinação poética e tendo passado por muitas e desafiadoras provações. Porém, o efeito de suas palavras foi influenciado pelas opiniões sobre o homem que as havia proferido. Ele elogiara de várias maneiras a beleza da aparência como um passo rumo à beleza verdadeira, e foi com ele que a parúsia das ideias nas aparências[6] se tornou, pela primeira vez, um problema e algo a aspirar para o artista e o apreciador; foi ele, justamente, quem venceu o abismo entre poesia e filosofia, já que, em sua obra, a aparência, desprezada pelos precursores eleáticos e sofistas, é pela primeira vez concebida como um reflexo da perfeição: sua teoria destinou os poetas a escrever poesia filosoficamente não apenas no sentido de uma pregação, mas sobretudo no esforço de atingir, por meio da imitação da aparência, sua essência verdadeira, e de dar expressão à sua participação na beleza da ideia. Ele próprio entendeu a arte mimética mais profundamente, e também a exerceu de maneira mais plena, do que qualquer outro grego de sua época, e sua influência poética é a maior da Antiguidade, ao lado da homérica. As personagens de seus diálogos são concebidas no que têm de mais íntimo e mais parti-

---

[6] Auerbach usa aqui o termo "*Parusie*", ou "parúsia", que vem do grego παρουσία [*parousía*], significando "presença, aparição" (no sentido de se fazer presente em algum lugar), e "chegada, advento". Mais tarde, o termo "parúsia" passaria a ser usado sobretudo no contexto da mitologia cristã, para se referir especificamente ao retorno de Cristo na Terra, no dia do Juízo Final. Auerbach, mais adiante, usará o termo em sentido próximo a esse, mas para se referir não só ao retorno de Cristo, e sim à sua presença na Terra, conforme a narrativa bíblica. Na passagem a que se liga esta nota, porém, o termo é usado de maneira mais próxima do sentido original — tal como o entendia —, para exprimir o problema, nesse caso artístico, de como fazer as ideias (no sentido platônico) presentes na aparência, e, portanto, de como expor a verdade das ideias junto aos fenômenos tal como captados pelos nossos sentidos. (N. do T.)

Dante como poeta do mundo terreno

cular, e o diálogo em si é aparência em movimento; mesmo a mais abstrata figura didática é convertida em um encanto, cujo brilho que atrai os sentidos parece, para qualquer consciência capaz de captá-lo, fundir-se com a matéria discutida e participar de sua essência. Seria descabido e impossível pensar que estamos aqui diante de uma espécie de ardil ou ilusão, do qual seria preciso se livrar para se chegar ao sentido verdadeiro. Pois o amor de Platão pelo particular foi seu caminho para a sabedoria, um caminho que ele retratou na fala de Diotima;[7] ele alcançaria uma expressão afinal tão única, porque para Platão o τέλος [*telos*][8] universal do homem não se contrapõe ao seu caráter e a seu destino particular, mas sim nele se forja e se expressa; Platão exprimiu a unidade de caráter e destino no mito em que Er, da Panfília, diante do trono de Láquesis, contempla a escolha das almas mortas,[9] enfatizando com isso, de maneira categórica, a imortalidade do que há de particular no caráter individual. A arte de Platão é pia, ela é a expressão depurada, confirmada pelo que há de mais elevado na razão, da consciência mítica do destino. Nisso, e na participação possível da alma na beleza da ideia, o dualismo do sistema é superado, e esse Platão, que abriu espaço para a filosofia entrar na arte e fundamentou e preparou uma concepção ao mesmo tempo mais profunda e mais precisa dos acontecimentos, seguiu influenciando a consciência das gerações seguintes. Também se origina de sua atitude o enriquecimento efetivo da percepção, contido em sua arte. Na forma do

---

[7] Em *O banquete*, de Platão. (N. do T.)

[8] Termo na raiz da palavra "teleologia", indicando a ideia de conclusão, de resultado, do estado final de um processo; por referência a *O banquete*, a palavra denota algo que se completou. (N. do T.)

[9] Platão, *República*, X, 617 ss. (N. do A.)

Introdução histórica sobre a ideia e o destino do homem na poesia

diálogo, que ele criou, não há um confronto em sentido estrito com o destino, não há situação dramática — e mesmo na trilogia de Sócrates (*Apologia*, *Críton* e *Fédon*), ela não passa de um pano de fundo. Entra em seu lugar o confronto com a verdade, e é esta que assume o papel de juiz do destino; no movimento leve do diálogo, rapazes e jovens, homens adultos e velhos passam por tal provação, e, investidos só de sua disposição, sua devoção e seu poder de decisão, precisam se despir como as almas diante do juiz do mundo inferior, no mito que Sócrates narra no fim de *Górgias*.[10] É dessa forma que vêm à tona, ou então naufragam, a coragem e a nobreza da alma, e a autenticidade do caráter interior, assim como as habilidades do corpo são postas à prova nos jogos de ginástica; e ainda que tais coisas inefáveis e misteriosas se revelem inteiramente como aparência, sob a forma da mais evidente percepção dos sentidos, ao mesmo tempo parece que elas foram pesadas com uma balança precisa e como que determinadas com uma arte milimétrica.

Por isso, não é de espantar que a teoria filosófica da arte tenha encontrado na crítica platônica à imitação não o seu fim, mas seu ponto de partida. Jazia na própria teoria das ideias o germe para uma mudança cujo significado para as artes visuais foi descrito, em chave sintética, por Erwin Panofsky.[11] Tratava-se aí da busca por uma justificação filosófica das artes, que gradualmente transporta as ideias, vistas como modelos, do ὑπερουράνιος τόπος [*hyperouránios topos* = região supraceles-

---

[10] Platão, *Górgias*, 523-4. (N. do A.)

[11] Cf. Erwin Panofsky, *Idea*, Studien der Bibliothek Warburg, vol. 5, Leipzig/Berlim, B. G. Teubner, 1924, pp. 1-16. (N. do A.) [Ed. bras., *Idea: história de um conceito na teoria da arte*, 3ª ed., tradução de Paulo Neves, São Paulo, Martins Fontes, 2021.]

te][12] para dentro da alma, da transcendência para a imanência; e, ao mesmo tempo, o objeto imitado pelo artista passou por uma transformação equivalente; ele também foi deslocado do mundo empírico para a alma, na medida em que se pensava que aquilo que o artista imita não poderia ser o objeto real — do contrário, a obra de arte não seria mesmo mais bela do que o objeto —, e sim sua imagem na alma do artista, que é justamente a ideia imanente, o ἐννόημα [*ennóēma* = conceito]; encontraram-se agora, na alma do artista, o imitado e a verdade, que haviam sido separados por Platão de maneira tão brusca, e com isso passa a se atribuir à ideia imanente, por oposição à realidade e também, mais tarde, à obra, aquela perfeição mais elevada que Platão afirmava só ser possível encontrar no ὑπερουράνιος τόπος. Deriva disso uma espiritualização extrema do processo da *mimesis*, que, embora tivesse suas raízes na teoria das ideias, contrapunha-se à teoria platônica pelo seu resultado, ao conceber a dignidade da arte como algo sublime — um processo que por fim, com Plotino, experimentou um novo dualismo e uma nova problemática, com o aprofundamento da oposição entre a imagem original na alma do criador e a obra materializada, que só podia mesmo ser, necessariamente, uma cópia enganosa.

A estética aristotélica é como que o primeiro estágio dessa metamorfose da teoria das ideias em teoria da arte: sua influência na história da teoria é grande, ainda que sua importância seja menor do que a platônica, quando se busca investigar o impulso em parte físico e em parte metafísico das obras de arte. A teoria da autorrealização da essência nas aparências, para a qual a coisa individual com unidade e forma definida se converte em algo realmente efetivo, em substância, deu uma nova justificação

---

[12] No caso, é como Platão se refere ao mundo das ideias. Cf. Platão, *Fedro*, 247c. (N. do T.)

Introdução histórica sobre a ideia e o destino do homem na poesia

filosófica à imitação, ainda mais considerando que Aristóteles, ao propor que o acontecimento seria a incorporação da forma à matéria, tinha em vista, além do acontecimento orgânico na natureza, também as criações artísticas do homem; no caso destas, a forma, o *eidos*, está na alma do artista, e essa é uma proposição que já exprime claramente o transporte acima mencionado da teoria das ideias para a imanência, no tocante ao seu significado para a teoria da arte. A isso corresponde a defesa explícita, contra Platão, da arte poética como uma filosofia poiética, que, na sua forma mais elevada, a tragédia, ao estimular e dominar certos afetos, não teria efeito perverso e desmoralizante, e sim catártico, sendo também mais filosófica do que a narrativa histórica, isto é, do que a cópia fiel dos acontecimentos, pois a tragédia substitui o individual pelo universal, o acidental pelo provável. Aristóteles, portanto, chegou à conclusão de que o particular com forma definida realiza a ideia, e com isso o reabilitou como objeto de imitação; mas então, uma vez que, contrastado com o *eidos* criativo do artista, o particular volta a se tornar matéria, segue uma segunda conclusão: o que é imitado com arte mostra algo mais intensamente formado do que seu modelo empírico, e, portanto, algo mais pleno de valor. Tais conclusões, porém, emanam unicamente da inspeção racional da realidade tal como está dada, e não da participação em sua essência, não do processo de perder-se dela e se reencontrar que Platão deve ter vivido. Aristóteles não buscou dominar aquela parte do real que desafia a formação racional plena, mas a dispensou como algo desregrado e despropositado, tratou o conceitualmente inexplicável como verdadeiro acidente, como a resistência necessária imposta pela matéria, e assim o relegou ao degrau mais baixo da ordem metafísica do mundo. Mas o dualismo entre forma e matéria — que parece tão fácil de superar, quando comparado ao ser platônico, situado entre dois mundos, e que além disso efetivamente indica, em cada objeto empírico, o processo que leva à sua superação, ainda que jamais acabado —, quando referido aos acontecimentos, envolve a ideia, decisiva para nós e que também está na base da ética aristotélica, de que poderia acontecer ao homem algo em tudo acidental e alheio; pois o que é irredutível à razão é o τὸ οὐκ ἄνευ [*tó ouk áneu* = excludente] da matéria pura, é o acidente. Para um homem da postura de Aristóteles, que julga o destino cabível de acordo com o conceito racional da justiça, essa concepção é algo óbvio, mas ela entra em rota direta de colisão com a consciência trágica do destino — de modo inteiramente diverso da teoria platônica dos dois mundos, que rejeitava o acontecer como algo enganoso e com efeito abria espaço para elucidá-lo por meio do mito. Derivam daí algumas peculiaridades importantes da poética aristotélica no que diz respeito à relação do poeta com a realidade do que se passa. Ele declarou claramente, e de modo a apontar o caminho para as gerações futuras, que essa realidade não deveria ser retratada tal como se oferece, com sua aparente desordem e falta de unidade; só que ele acreditava que essa desordem e falta de unidade do acontecer não se devia à insuficiência do olhar que o observa, sendo antes inerente ao próprio acontecer — e acreditava que, por isso, o poeta poderia muito bem criar um acontecimento melhor do que o real, e que a tragédia deveria ser uma correção dos acontecimentos. Isso ganha expressão quando ele ancora expressamente a unidade da tragédia não no herói, que poderia se deparar com eventos desconexos, e sim na narrativa racionalizada; quando afirma que a narrativa não depende das personagens para ser possível; quando contrasta o "universal" retratado pelo poeta com o "individual" das histórias. E a consequência dessa concepção é a limitação e repartição quase excessiva das possibilidades poéticas, que influenciou de maneira decisiva toda a teoria posterior e que de um modo geral revela

Introdução histórica sobre a ideia e o destino do homem na poesia

uma fronteira da poética antiga que esta jamais deixou para trás; só Platão, no fim de *O banquete*,[13] traz aquela cena, aberta a muitas interpretações, em que Sócrates tenta explicar para Agatão e Aristófanes, ambos quase caindo no sono, que o mesmo homem precisa saber compor tanto comédias, como tragédias.[14]

A alienação do racionalismo perante o destino dominou toda a Antiguidade depois de Platão até à ascensão do cristianismo e das religiões ocultistas; incorreu nela não só a coesão universal que os estoicos, com sua equivalência entre natureza e razão, tinham por grandiosa e necessária, como também o conceito metafísico de liberdade em Epicuro, e ambos culminam no ideal ético de um desprendimento e um isolamento do homem em relação ao seu destino; sábio é aquele que não se deixa abalar, é quem conquista o mundo exterior recusando tomar parte nele e se deixar afetar.

Na alta poesia e na teoria estética do apogeu romano, a atitude racionalista da Grécia tardia foi em tudo predominante: isso se aplica tanto a Cícero, como a Horácio ou Sêneca. Só quando estão em jogo o destino e a missão de Roma, em Virgílio e Tácito, a fantasia criativa supera a alienação em relação ao destino própria do estilo filosófico da época, e então a cópia do real aparece, para a experiência interna, como unidade criadora *a priori*. Virgílio é amiúde incompreendido e subestimado na opinião formada a seu respeito pelos estudantes alemães; a culpa disso está na comparação com Homero, e com isso no duplo mal-entendido de remontar este, de maneira bem precipitada, a um estágio primitivo de desenvolvimento, enquanto se descon-

---

[13] Cf. Platão, *O banquete*, 223c-d. (N. do T.)

[14] Sobre o precedente, cf. Georg Finsler, *Platon und die Aristotelische Poetik* (Leipzig, Spirgatis, 1900). (N. do A.)

fia daquele por conta do período demasiado erudito e "classicista" a que pertence, como se as condições de vida refinadas e a emancipação das formas cruamente antropomórficas da religiosidade produzissem uma inaptidão elementar para a composição poética; esse preconceito insensibilizou a tal ponto os corações, que já não se pode mais apreciar e desfrutar o encantamento ao mesmo tempo simples e esmerado de seus versos, a pureza de sentimento e sobretudo o verdadeiro renascimento espiritual neles consumado. Nesse filho de fazendeiro oriundo de uma província do norte italiano, que parecia um homem predestinado aos olhos de seus contemporâneos mais reservados e poderosos, para os quais era objeto de reverência e quase que um amor inconfesso, a consciência vigorosa do vínculo italiano com a terra se combinava com o melhor da formação de seu tempo, e esses elementos estavam a tal ponto nele fundidos, que o caráter pastoral-tradicional surgia como concretização mais completa da sua formação espiritual, e sua formação, como uma sabedoria natural profunda, ao mesmo tempo terrena e divina. Formou-se nele, com base na história de sua juventude e na percepção intuitiva das forças operantes em seu tempo, a convicção de que o renascimento do mundo era iminente, e a quarta écloga — que canta o nascimento da criança e o despontar da nova era do mundo, e abriga, em sua erudição inspirada, as ideias escatológicas das culturas de todos os povos do mundo antigo — está mesmo no patamar da filosofia da história, como lhe seria posteriormente atribuído pelo douto engano da Idade Média. O que distingue de maneira decisiva a concepção de Virgílio das variadas tradições da escatologia da qual ele se serve[15] não é ape-

---

[15] Sobre isso, cf. Eduard Norden, *Die Geburt des Kindes. Geschichte einer religiösen Idee*, Studien der Bibliothek Warburg, vol. 3 (Leipzig/Berlim, B. G. Teubner, 1924). (N. do A.)

Introdução histórica sobre a ideia e o destino do homem na poesia

nas sua arte, que projeta a clara luz do dia sobre a sabedoria obscura, difusa, subterrânea e secreta dos países mediterrâneos sob o helenismo; é sobretudo que, com ele, aquela sabedoria obscura encontrou, na aguardada ordem mundial do Império já em formação, uma figura concreta. Aí estão as raízes de sua força poética e profética. O caráter e o destino do pio Eneias — que sai da penúria e da perplexidade e, passando por provação e perigo, avança em direção ao fim que lhe foi designado — são algo novo para a poesia antiga. A ideia de que o homem teria uma missão sagrada específica e determinada no mundo terreno era desconhecida do épico homérico; e, para os cultos órficos e pitagóricos, embora a ascensão por meio de vários graus de provação fosse um motivo familiar, este nunca era combinado com um acontecimento concreto do mundo terreno. Já Eneias está ciente de sua missão; a profecia de sua mãe divina e as palavras de seu pai no mundo subterrâneo a revelaram para ele, e ele a assume com devoção orgulhosa. As profecias de Anquises e a glorificação da linhagem juliana talvez pareçam insípidas e adulatórias para nós, mas assim é apenas porque o esquema de Virgílio foi abusado à exaustão para tratar de coisas indignas e sem importância. Contudo, a visão virgiliana de mundo está em linha com a verdade da formação histórica tal como se manifestou para ele, e seguiu existindo e atuando por muito mais tempo do que ele podia prever; ele realmente foi uma espécie de profeta, se faz sentido chamar alguém por esse nome. E ele amarra ao curso da história universal — em registro nem sempre feliz no detalhe, mas inesquecível como um todo e constitutivo para a Europa — o primeiro grande romance de amor psicológico, cuja forma vale até hoje: Dido sofre mais profunda e intensamente do que Calipso, e sua história é a única peça de grande poesia sentimental que a Idade Média conheceu.

Em muitos aspectos, portanto, Virgílio é importante e inovador não só para a poesia europeia, como para a Europa que estava por vir: como fundador de mitos para sua forma política mais acabada, como artífice que sintetiza as escatologias romanas e helênicas, e como primeiro poeta do amor sentimental. Ele foi o único de seu círculo cultural a superar a alienação em relação ao destino própria da filosofia grega tardia, e a ver no destino da personagem sua unidade *a priori*. É verdade que há alguma instabilidade em sua postura teológica, pois o que ele celebrava em seu canto era uma instituição mundana, e a união das correntes religiosas da qual ele se serviu em sua poesia visava algo maior do que isso; esse outro mundo que ele pôs à serviço da grandeza romana, que não realiza de maneira inteiramente unitária as teorias tradicionais da purificação e da transmigração das almas, é só um expediente artístico, e, como é ubíquo na concepção antiga, também em Virgílio as almas dos que partiram têm uma vida pela metade, enfraquecida, têm a existência de uma sombra.

* * *

O núcleo histórico do cristianismo, isto é, a crucificação de Cristo e os eventos a isso relacionados, são mais paradoxais e encerram oposições mais amplas do que em toda a tradição antiga, na mítica não menos do que na pragmática. A fantástica jornada do homem da Galileia e sua entrada no templo — a reviravolta súbita, a catástrofe, a sequência penosa da humilhação, do flagelo e da crucificação do rei dos judeus, que desejara justamente construir o reino de Deus sobre a Terra, a debandada desesperada de seus discípulos — e em seguida a nova reviravolta, baseada nas visões de uns poucos homens, e talvez de um único, um pescador do mar da Galileia — isso tudo como causa da maior das mudanças na história interna e externa do nosso universo cultural: essa ocorrência, admirável em todos os aspectos,

Introdução histórica sobre a ideia e o destino do homem na poesia

ainda hoje deixa profundamente perplexo o observador que busca entender o curso dos eventos; é notável como, nos livros do Novo Testamento, a mitificação e a formação do dogma não são levadas às últimas consequências, e como a todo momento salta para o primeiro plano o que há de questionável, desarmônico e excruciante nos eventos subjacentes.

A comparação frequentemente traçada[16] com a morte de Sócrates pode deixar ainda mais claro o que queremos dizer. Também Sócrates é morto por sua doutrina — morto voluntariamente. Ele poderia se salvar, escapar do processo, ou se comportar de maneira menos intransigente ao longo dele, ou mesmo fugir no último momento. Mas não o quis: morre com sua dignidade pessoal inabalada neste mundo, impassível e em paz, cercado de seus amigos; eis a morte de um sábio e de um homem feliz, em cujo destino se reconhece e se cumpre o sentimento humano de justiça; seus inimigos são figuras em tudo indiferentes, que representam os interesses particulares do momento, pouco valendo para o mundo de seus contemporâneos, e nada para o mundo que viria; e a circunstância de que eles tinham poder deu a Sócrates a bem-vinda ocasião para mostrar quem ele realmente era e para se realizar pela última vez, e de forma plena.

Mas Jesus detonou um movimento em Jerusalém que necessariamente não poderia permanecer algo puramente espiritual, e seu séquito, que o reconhecia como Messias, esperava o advento imediato do reino de Deus na Terra; e isso tudo lamentavelmente malogrou. A multidão, sobre a qual ele, em dado momento, deve ter exercido uma grande influência, no fim permaneceu hesitante e hostil; os grupos dominantes se uniram contra ele; ele precisou passar a noite fora dos muros da cidade,

---

[16] Brevemente por Eduard Meyer, *Ursprung und Anfänge des Christentums*, Stuttgart/Berlim, J. G. Cotta, 1921, vol. 3, p. 219. (N. do A.)

escondido, e, no esconderijo, foi então denunciado por alguém que lhe era muito próximo, preso em meio a seus discípulos aturdidos e claudicantes, e levado ao Sinédrio. E agora o pior: seus discípulos se desesperaram e debandaram, e ele foi renegado por Pedro, a raiz e o líder eterno do cristianismo. Jesus estava só quando se apresentou aos juízes e passou por seu martírio aviltante, enquanto os que estavam ao seu redor eram livres para humilhá-lo da forma mais incisiva e dolorosa possível; de seus seguidores, só algumas mulheres testemunharam, à distância, o seu fim.

Harnack[17] chamou a negação de Pedro de "terrível jogada do pêndulo para a esquerda", e viu justamente nisso (ao lado da memória da experiência da transfiguração, em Marcos, 8: 27-9[18]) a causa psicológica da visão de Pedro, fundamental para os inícios da Igreja: tal negação pode, afirma Harnack, "ter tido como consequência uma jogada igualmente violenta para a direita". Mas a negação e a visão de Pedro, com sua contradição paradoxal e mesmo assim evidente, são apenas o exemplo mais proeminente de uma situação que desde o início domina a história de Jesus. Desde o início, ele se move entre escarnecedores maldosos e crentes incondicionais, está cercado por uma aura em que o sublime e o ridículo se combinam da maneira mais peculiar; suas pessoas mais próximas guardam com ele uma re-

---

[17] Adolf von Harnack, "Die Verklärungsgeschichte Jesu, der Bericht des Paulus (I. Kor. 15, 3 ff.) und die beiden Christusvisionen des Petrus", *Sitzungsberichte der Königlich Preussischen Akademie der Wissenschaften zu Berlin*, VII, 1922. (N. do A.)

[18] A citação se refere à passagem bíblica na qual Pedro reconhece Jesus como Messias, conhecida como a confissão de Pedro. Na sequência desse episódio, ocorre a transfiguração de Jesus, passagem bíblica na qual Cristo irradia luz e manifesta sua glória no alto de uma montanha. (N. do T.)

Introdução histórica sobre a ideia e o destino do homem na poesia

lação em que a admiração e a emulação não excluem a falta de compreensão frequente, bem como a inquietação e a tensão constantes.

Ao se infiltrar na consciência dos povos europeus, a história de Cristo mudou de uma maneira fundamental suas ideias sobre o destino do homem e suas possibilidades de expressão. A mudança se implementou muito lentamente, bem mais lentamente do que a cristianização dogmática; opuseram-se a ela obstáculos adicionais, que eram mais difíceis de superar: resistências diante das quais não importavam os fatores políticos e táticos que favoreceram a adoção do cristianismo, e que definitivamente repousavam naquilo que a população tinha de mais conservador, a saber: o fundamento sensível mais íntimo de sua visão de mundo; o aparato do dogma cristão pôde se adaptar mais fácil e rapidamente a essa visão de mundo do que o espírito dos eventos do qual o dogma havia brotado. Mesmo assim, antes de abordar o processo de disseminação, e as manifestações que trouxe à tona em seu percurso, gostaríamos de tentar descrever o tipo de alteração que o orientava.

A história de Cristo é mais do que a parúsia do *logos*, mais do que a aparição da ideia. É também a sujeição da ideia ao caráter questionável e à injustiça desesperadora dos acontecimentos terrenos. Considerada em si mesma, ou seja, sem o triunfo póstumo e jamais plenamente realizado no mundo, e como mera história de Cristo na Terra, ela é tão desoladoramente assustadora que a única saída que resta, a única salvação diante do desespero definitivo, é a certeza de que a reparação que virá no outro mundo será efetiva, concreta, palpável. Resultou daí uma concretude e uma intensidade até então inauditas das representações escatológicas; este mundo só tem sentido por referência ao além, em si mesmo ele segue absurdo e repleto de dor. Mesmo assim, o valor do destino na Terra não foi rebaixado em função do caráter transcendental da justiça — como corresponderia às ideias antigas —, nem foi negada a obrigação imperiosa de se submeter a ele. A rejeição estoica ou epicurista do sábio em relação ao seu destino, seu esforço em se desprender da cadeia dos acontecimentos sensíveis, sua intenção firme de se livrar, ao menos interiormente, desses vínculos — isso tudo é inteiramente anticristão. Pois a verdade encarnada, para salvar a humanidade pecadora, submetera-se ela mesma, sem reservas, ao seu destino na Terra. Está destruído o fundamento da ética antiga, o eudemonismo; tal como no modelo da parúsia de Cristo, a entrega ao destino e a sujeição da criatura ao sofrimento são ensinadas como penitência e prova do dever cristão; e a vida na Terra conserva uma intensidade incondicional, dolorosa, em tudo alheia à Antiguidade, pois, ao mesmo tempo que é um liame com o mal, forma a base para a sentença inapelável de Deus. Em franca oposição ao sentimento antigo, a renúncia à vontade terrena não é um caminho que vai do concreto ao abstrato, do particular ao universal; haja confiança na aspiração a uma paz teórica, quando o próprio Cristo viveu em tensão permanente! São consequências igualmente elementares da história de Cristo tanto a inexpugnabilidade da tensão interior como a entrega ao destino terreno; e em ambos a individualidade se curva em humildade, mas persevera e precisa perseverar. Em comparação com a apatia estoica, a humildade cristã é infinitamente mais forte, e ao mesmo tempo mais concreta, e quase mundana, eu diria; tanto mais, uma vez que, com a consciência do caráter inextrincável do pecado, leva ainda mais longe e amplia ainda mais o dado singular, inextrincável da personalidade concreta. Mas a história de Cristo descortinou não só a intensidade do elemento pessoal, como também sua variedade e a riqueza de suas formas de manifestação, na medida em que ultrapassou as fronteiras da estética da *mimesis* antiga. Nela, o homem já não tem mais dignidade terrena; deve permitir que tudo lhe aconteça, e não existe mais a antiga divisão de gêneros, a separação entre o estilo elevado e o baixo. Na história da salvação, assim como nas comédias antigas, aparecem pessoas bem conhecidas e reais; nela atuam pescadores e reis, grandes sacerdotes, coletores de impostos e meretrizes; e nem o grupo das pessoas de categoria elevada age no estilo da tragédia antiga, nem os demais no estilo da farsa, sendo, em vez disso, inteiramente abolidas as fronteiras sociais e estéticas. Nesse cenário, toda a variedade do universo humano encontra acolhida, quer se considere a diversidade e ausência de premissa na ação do elenco como um todo, quer se considere cada ator individualmente; quem entra em cena está legitimado, mas, como não há nenhuma consideração quanto à sua posição terrena, exprime-se com isso o máximo de sua personalidade, e ocorrem com ele tanto o elevado como o baixo: o próprio Pedro, para não falar de Jesus, cai na mais profunda humilhação. A profundidade e o alcance do naturalismo na história de Cristo é sem igual; nem a poesia antiga, nem a historiografia tiveram ocasião ou força para expor os acontecimentos dessa maneira.

Já dissemos, e é sabido, ainda que só raramente afirmado nesse contexto, que o teor mimético da história de Cristo levou muito tempo, mais de um milênio, para penetrar na consciência dos fiéis há muito convertidos e para mudar sua concepção dos acontecimentos. A doutrina se infiltrou primeiro, e nas lutas que travou com as religiões reveladas concorrentes, com o racionalismo da Antiguidade tardia, com os mitos dos povos bárbaros — lutas no curso das quais a própria doutrina se alterou e ganhou forma —, a substância da história de Cristo foi como que tragada pelas variadas necessidades dessas lutas; teve de se adaptar à respectiva condição espiritual das tribos e grupos aos quais a doutrina era professada ora na chave da missão, ora da polêmica, e com isso sofreu várias metamorfoses, cada uma das quais subtraiu uma parte de sua evidência sensível — até que a própria história foi transformada em um constructo dogmático quase abstrato. Apesar disso, ela jamais se perdeu completamente; sua luta mais dura foi travada logo no início, para sobreviver ao espiritualismo neoplatônico e às suas formas cristãs-hereges e, desde que superou esse perigo, ela se conservou ao menos no que tem de fundamental.

O caldeirão do helenismo, para onde confluíam as religiões ocultistas orientais, era a tal ponto impregnado da espiritualidade neoplatônica que não podia aceitar como tais as datas míticas ou históricas de uma aparição divina, e em vez disso as sujeitava a uma reinterpretação. Os eventos e as pessoas eram transformados em símbolos conceituais das características astrais ou metafísicas; o elemento histórico perdeu sua autonomia, e com isso também seu efeito imediato; tornou-se ensejo e serviu de base para uma complicada especulação racionalista, que conferia ao pouco que ainda restava de permanente da história original o aspecto fantasmagórico e a profundidade polissêmica próprias de um reino espiritual. A relação das formas neoplatônicas mais puras com o mundo empírico, bem como sua realidade e suas possibilidades expressivas, é também difícil e improdutiva. Na estética de Plotino, elementos da metafísica platônica e da aristotélica, mesclados a um emanatismo próprio e à inclinação para a meditação místico-sintética, produzem ideias sobre a beleza do mundo terreno que envolvem a atividade formadora do espírito; mas então a beleza é pura apenas enquanto prefiguração formada dentro de nós; pois a concepção aristotélica da matéria não inteiramente formada atua em Plotino sob a forma platônica do μὴ ὄν [*mé ón* = não ser], do oposto metafísico à ideia existente, e com isso a matéria deixa de denotar uma mera restrição, e, devido à sua parcialidade e variedade, passa a denotar o mal, de maneira completamente antiaristotélica; apesar do espírito

Introdução histórica sobre a ideia e o destino do homem na poesia

projetar sua luz no mundo físico (pela *physis*, que aqui denota, como *principium individuationis*,[19] a alma inferior), o diverso e o concreto se tornam novamente o mal e o impuro, e a arte mimética se dissipa na pura εὕρησις [*heúrēsis* = invenção], na imitação da forma interior; se, em teoria, a estética de Plotino é a base de toda estética espiritualista, então, na prática, ao manter de pé a oposição entre os valores do ser e do devir, entre ideia e matéria, e ao estipular a equivalência do ser e da matéria com o não-ser metafísico, ela acaba por destruir qualquer possibilidade de retratar o destino terreno.

Em comparação com essa erosão das aparências, a hostilidade dos Padres da Igreja diante da arte é quase insignificante; pois ela se volta apenas contra conteúdos e atitudes determinadas, e não fundamentalmente contra as aparências. A Igreja militante evitou que isso se desse com o evento histórico que tomara como seu impulso inicial, e que, por si só e de maneira real e inquestionável, conferia sentido e ordem a todas as aparências. Não sem alguma deturpação do dogma, mas com uma tenacidade consequente, a Igreja ocidental asseverou, contra as influências espiritualistas, que a aparição de Cristo seria um evento concreto, um fato central da história universal — sendo esta, para ela, a história real da conduta das pessoas entre si e delas para com Deus. No Oriente, as visões espiritualistas quase prevaleceram, transformando a história de salvação em cerimônia de triunfo; no Ocidente, por um momento pareceu que uma conduta mimética vivenciada de maneira imediata tencionava se desprender de uma vez por todas da realidade palpável; ou, pelo menos, os pressupostos para tal estavam dados no desen-

---

[19] "Natureza"; "*principium individuationis*", ou princípio da individualização, é um termo usado para se referir ao princípio que identifica o que uma coisa tem de distinta em relação a outras. (N. do T.)

volvimento dramático da obra de Agostinho. Ele se afastou o suficiente da espiritualidade neoplatônica e maniqueísta para ainda conservar a unidade da personalidade na sua sondagem analítica da consciência, a representação pessoal de Deus na sua especulação metafísica, e o acontecimento real na sua história universal teleológica; e já na maneira como formula o problema da luta pelo livre-arbítrio e pela predestinação fica clara a determinação, constitutiva da Europa, de não se servir da especulação para se livrar do real e de não se refugiar na transcendência, mas em vez disso de se envolver com o real e dominá-lo. Nele, a experiência da história de salvação é em tudo concreta, e é por isso que Agostinho foi capaz, como Harnack uma vez formulou,[20] de infundir no latim e nos idiomas da futura Europa a alma cristã e a fala que vem do coração.

Mesmo assim, no Ocidente sua força concreta não poderia senão permanecer por muito tempo inoperante. O imperativo de professar a verdade salvadora de Cristo para as tribos bárbaras que se difundiam coincidiu com a missão cultural da romanização; e uma vez que os mitos do cristianismo e da Antiguidade eram estranhos e inadequados para elas, a substância espiritual-sensível da cultura da Antiguidade tardia sofreu como um todo uma reinterpretação muitas vezes forçada, que destruiu completamente a já abalada sensibilidade dos povos antigos, e que ainda combateu e tolheu a sensibilidade dos mitos bárbaros. Tendências neoplatônicas e outras correntes místicas de caráter popular atuaram no mesmo sentido: mina-se a percepção e surge uma forma mais baixa, mais vulgar de espiritualidade, que não permitia nem apreender, nem mesmo dar forma às aparências. A princípio, essa situação não foi criada pela migração

---

[20] Adolf von Harnack (ed.), "Vorwort", *Augustin: Reflexionen und Maximen*, Tübingen, Mohr, 1922, p. V. (N. do A.)

Introdução histórica sobre a ideia e o destino do homem na poesia

propriamente dita dos povos; já nos séculos I e II, na Itália, pode-se detectar os inícios do espiritualismo vulgar, sob influência oriental. Mas, nesse caso, o simbolismo inscrito nos sarcófagos cristãos e nas pinturas das catacumbas ainda não se presta a uma reinterpretação racionalista, feita para ensinar e tornar compreensível o que é estranho, mas, em vez disso, retém na memória do iniciado no mistério o que este tem de mais próprio: assim, nessa pictografia que ilustra a oração dos mortos, está conservada, se não o próprio fenômeno aparente, pelo menos a memória genuína dele. O que ocorre mais tarde é diferente. Para o universo das ideias dos povos bárbaros da Europa ocidental, a complicada cultura mediterrânea, saturada de tantas pressuposições históricas, era algo radicalmente estranho e inassimilável; para eles, era bem mais fácil adotar as instruções e os dogmas por si sós, tal como existiam e atuavam, do que se apropriar das ideias histórico-sensoriais das quais haviam brotado. Essas ideias certamente não desapareceram; seu vínculo com as normas e dogmas adotados era estreito demais para permitir isso; entretanto, elas perderam o caráter de aparência sensível e se tornaram alegoria didática. Tal reinterpretação na chave do espiritualismo vulgar ocorreu em toda a tradição do mundo antigo, da mítico-pagã à cristã; a aparência perdeu seu valor próprio, sua propagação abandonou seu sentido literal; a ocorrência, que se difundia cada vez mais, denotava algo diferente de si, uma doutrina, e com efeito essa doutrina e nada mais; a figura sensível se perdeu. Uma erudição algo nebulosa brotou desse substrato; elementos astrológicos, místicos, neoplatônicos, distorcidos de uma maneira peculiar pelos estratos menos educados da sociedade, contribuíram para a reinterpretação visada, e daí surgiram criações abstrusas da hermenêutica alegórica.

A ofuscação do poder criativo dos sentidos se manifestou na historiografia dos inícios da Idade Média, inclusive no que diz respeito a ocorrências contemporâneas. A maior parte dos cronistas góticos e francos romanizados não tinha noção de como abordar o volumoso material dos acontecimentos. Seus relatos são crus; o conhecimento acerca da interioridade humana que a Antiguidade tardia detinha se perde em meio aos impulsos demasiado primitivos dos instintos de poder, e são narrados um evento violento atrás do outro, de maneira árida e banal. E paira sobre o todo, solta e como algo alheio, a aspiração por uma concepção espiritual; pois a espiritualidade se tornara um racionalismo empobrecido, que se expressava, por exemplo, na convicção de que Deus ajudaria a levar à vitória os fiéis ortodoxos, e à ruína os pagãos e hereges. Um dogmatismo tão rígido como esse, muito distante não só de uma formação espiritual mais refinada, como também da crença mitológica no destino, era incapaz de interpretar o evento individual e de dar vida ao seu encadeamento com o todo. Com isso, o posicionamento do cronista só se expressava diretamente aqui e ali — por exemplo, na introdução, ou em uma passagem conveniente —, e no mais as coisas transcorriam como bem lhes parecia. Ou então o cronista abdicava inteiramente do relato histórico e só oferecia uma série de fábulas áridas e dogmáticas, nas quais reinterpretava os eventos de maneira forçada. A situação era mais fácil para o sermão e para a poesia religiosa. Nesses casos, a alegoria reinterpretada podia atuar sem restrições, e uma metáfora dogmática sortia cada objeto, cada evento com um significado que a ele aderia como uma legenda, como um *titulus*,[21] que em todo caso não correspondia à sua essência. Além disso, cabe destacar que o estilo do escritor dos séculos VI e VII, a despeito da, ou melhor, devi-

---

[21] "Título", principalmente no sentido de "inscrição" ou "legenda", como o contexto também deixa claro. (N. do T.)

Introdução histórica sobre a ideia e o destino do homem na poesia

do à sua dificuldade de se expressar, amiúde se apoiava em uma tradição retórica artificial, o asianismo.[22]

O poder criativo dos sentidos foi restaurado ao longo de uma evolução interminavelmente lenta e difícil de reconstituir. Nas lutas da segunda metade do primeiro milênio, o cristianismo europeu por fim se constituiu como novo *orbis terrarum* [orbe terrestre]; e nele a história de Cristo passou a atuar de maneira unitária, cotidiana e incessante: converteu-se em um mito da origem dos povos, e junto a ela ganhou vida a percepção de que todas as demais tradições eram por ela abarcadas; e sua unidade peculiar entre aparência e significado, a proximidade e a concretude inauditas do milagre cristão enfim superaram o resíduo fantasmagórico da teoria dos dois mundos de Platão. Com a revigoração da *mimesis* pela liturgia que se iniciava, a imitação deixa de ser algo separado da verdade: a aparência é divina e o evento é a verdade; mas a real invenção da Europa ocidental, o que foi de um frescor singular para ela, é que a aparência e o evento voltaram a ser colocados em evidência, e foi logo na esteira disso que ela começou a se distinguir dos modelos orientais mais puramente espiritualistas. Restituir ao acontecimento real sua força como lenda, fazê-lo adentrar na experiência cotidiana com toda sua dignidade espiritual e encanto: eis o naturalismo dos inícios da Idade Média; e ele culmina em uma espiritualidade que abarca em si a vida terrena como um todo e em todas as suas camadas, a grande política não menos do que a profissão e a casa, os séculos não menos do que o curso do dia. A espiritualidade da história de Cristo lançava luz sobre todas as forças criativas das tribos bárbaras; colocava a seu serviço e subordinava ao

---

[22] Tradição retórica grega surgida no século III — associada a autores da região da Anatólia, ou Ásia Menor —, que se distinguia, entre outras características, por seu estilo mais exagerado. (N. do T.)

seu signo os mitos das grandes batalhas migratórias, de modo a compor uma imagem unitária do que seria a vida plena de sentido. Assim, por volta da virada do primeiro milênio, o espiritualismo vulgar se livrou do dogmatismo rígido. Ele deu lugar a uma espiritualização profunda, universal e onipresente do mundo terreno, e de maneira que sua sensibilidade permaneceu intacta e evidente; e conferiu às grandes lutas políticas seu sentido e sua verdadeira força motriz. O destino humano e a história universal outra vez passaram a compor a experiência efetiva, e aliás uma experiência irresistivelmente imediata, pois no drama supremo da salvação cada um agia e sofria junto aos demais; em tudo o que acontecera e acontecia todos os dias, é dele mesmo que se tratava. Não havia saída deste mundo terreno, espiritualizado do começo ao fim e mesmo assim real, desse destino individual decisivo para toda a eternidade.

Essa foi a base de onde surgiu a arte imitativa medieval. Ela visava imediatamente a exposição sensível dos conteúdos transcendentes; para as artes visuais, a mescla entre naturalismo e espiritualismo foi retratada da forma talvez mais completa e monumental por Dvořák, em sua obra sobre idealismo e naturalismo na escultura e pintura góticas,[23] e, dentre as suas formulações contemporâneas, a mais famosa é a expressão de Suger de Saint-Denis: *mens hebes ad verum per materialia surgit* [o espírito obtuso desperta para a verdade por meio das coisas corpóreas]. Entretanto, a espiritualização dos acontecimentos atuava para além do domínio eclesiástico e dos temas propriamente religiosos: envolveu instituições e eventos cujo caráter e origem não pareciam se prestar facilmente a tal iluminação espiritual.

---

[23] Max Dvořák, *Kunstgeschichte als Geitesgeschichte: Studien zur abendländischen Kunstentwicklung*, Munique, Piper, 1924, pp. 41 ss. (publicada primeiramente em 1918, no volume 119 de *Historische Zeitschrift*). (N. do A.)

Envolveu a força arrojada, bruta da poesia heroica, fez das relações feudais uma hierarquia simbólica, e de Deus, o senhor feudal supremo; interpretou os heróis como cavaleiros cruzados, associou seus atos de guerra ao caminho do peregrino, e forjou, com a morte de Roland em Roncevaux,[24] o paradoxo do mártir lutador, para quem a morte na batalha significa uma realização transcendental. Formou-se então, a partir dos pressupostos do espiritualismo vulgar, a imagem do homem perfeito, e talvez ainda não se tenha destacado com a ênfase devida o quão profundamente enraizado na Antiguidade está o ideal romântico. As ideias associadas aos termos "antigo" e "cristão" são ainda demasiado unilaterais; a Antiguidade não se resume à sensibilidade mundana, e foi só muito depois que se reconheceria que o legado imediato da Antiguidade para a Europa não veio nem da cultura grega ática, nem da atitude pragmática dos romanos, mas sim do neoplatonismo borrado pelo sincretismo e atrelado ao cristianismo, e a que nos referimos por meio da expressão "espiritualismo vulgar". O "ideal" do cavaleiro cristão dos épicos de corte é uma figura neoplatônica; nos poemas mais bonitos que esse ideal inspirou, em especial no *Percival* de Wolfram,[25] o idealismo genuíno da grande poesia europeia ganha vida plena pela primeira vez; conserva-se a variedade épica de cada personagem individual e de seu destino; mas a unidade do poema está no *sursum* [(mandamento de voltar-se) para cima] platônico de pu-

---

[24] Referência à Batalha de Roncevaux, nos Pireneus — hoje fronteira entre a Espanha e a França —, datada de 778. A batalha foi travada entre bascos e francos, e Roland era um dos comandantes do exército liderado pelo então rei dos francos, Carlos Magno. (N. do T.)

[25] Sobre isso, cf. Friedrich Neumann, "Wolfram von Eschenbachs Ritterideal", *Deutsch Vierteljahrsschrift für Literaturwissenschaft und Geistesgeschichte*, vol. 5, 1927, pp. 9 ss. (N. do A.)

rificação e santificação, agora mesclado, de maneira indescritível, com instintos germânicos; temos aí uma emanação da vida terrena, em que até mesmo a forma de vida mais particular e mais temporal é uma encarnação nobre do espírito, que é cabível exibir com pompa épica. Mas o efeito mais profundo da espiritualidade medieval é a transformação da ideia do amor físico; ela primeiro vem à tona na Provença, e se torna constitutiva para toda a poesia europeia das gerações futuras.

Toda poesia de amor reconhece o valor e a idealização do amado pelo amante; ela se baseia, em essência, no êxtase físico, que altera o aspecto usual da realidade, ou melhor, neutraliza-o completamente e só permite perceber o objeto do desejo e seus respectivos atributos. Porém, ao passo que, até o advento da trova, a verdadeira poesia de amor nunca expressara algo diferente do desejo físico em todas as suas variantes, nem louvara algo diferente das qualidades físicas de seu objeto — ao passo que o poeta sempre pensava muito bem antes de abordar um tema leve como esse, que não era da alçada da alta poesia, nem das grandes potências que formam um homem, e considerava sua situação amorosa atual ou professada algo que em última análise tinha a ver com o mero prazer, algo efêmero ou, em caso contrário, patológico e antinatural —, agora, enfim, consumava-se uma fusão do desejo físico com as bases metafísicas da formação, estranha para todas as culturas pregressas da Europa. Pesquisas importantes mostraram o quanto o provençalismo é devedor das concepções da Igreja, do culto a Maria, e das instituições feudais; também foram identificadas influências orientais e árabes, e aludidos centros culturais repletos da sensibilidade cortesã já nos inícios da Idade Média. Porém, em última análise, isso tudo — o que se aplica ainda mais aos paralelos com Ovídio — é só material; pois o espírito desse florescimento súbito é em tudo singular. O ambiente rural e a miscigenação, a tradição cultural

Introdução histórica sobre a ideia e o destino do homem na poesia

subterrânea da época grega e a corrente enérgica, mas ainda não violenta, desse movimento espiritual e político, que, vinda em parte do Oriente e em parte do Ocidente, confluía por ali por volta de 1100 — isso tudo provavelmente contribuiu mais para o quadro como um todo do que aquelas fontes temáticas passíveis de comprovação individual. O que é de fato fundamental é mesmo o caráter da Provença: a magia própria da terra, a unidade emergente entre o ambiente rural e a forma de vida, que proporcionava ao poeta consciência de si, júbilo pela terra natal, senso de aventura e o encanto misterioso da realidade bem delineada; foi a Provença que lhes deu força para combinar elementos até então meramente alegóricos e didáticos em uma nova visão do real. Mesmo assim, a força e a visão eram elas mesmas neoplatônicas; a força é o Eros, é o amor, e a visão é uma realidade espiritual que dá forma à vida. Desapareceu a reinterpretação nebulosa, forçada, pedante; a cultura da boa formação que se alçou sobre o espiritualismo vulgar emanava de uma percepção mais pura e segura; e é a partir dela que se compõe o ideal da vida perfeita e bem formada, realizado no cortejo amoroso e que possui uma afinidade estreita com a síntese mística das concepções neoplatônicas. Os poetas provençais fundiram espírito e corpo em uma visão poética; sua criação é mais artificialmente frágil e mais limitada do que a grega, é uma "segunda" juventude que precisou assimilar muita coisa antiga antes de poder se satisfazer por conta própria; e ela seguiu atrelada ao καιρός [*kairós* = oportunidade] único de um florescimento social muito particular e, por isso, apenas breve.

Contudo, mesmo com sua fragilidade, essa postura criou outra, nova, que se tornaria seu legado. Da experiência amorosa formulada com exagero e da sirvente,[26] da crítica à época, da re-

---

[26] Sirvente é uma forma satírica da poesia provençal. (N. do T.)

sistência diante da ausência de forma então em marcha — disso tudo surgiu o jogo dialético-antitético do *trobar clus*,[27] com seu duplo aspecto de idioma secreto e poema confessional; surgiram os desatinos passionais, para usar o termo expressivo de Rudolf Borchardt.[28] A inclinação para o jogo dialético, característica de todo o espiritualismo medieval, era algo natural para os provençais, e já o primeiro trovador, Guilhem de Peitieu, operava nessa toada. É apenas com o declínio dessa postura de corte, com Peire d'Alvernhe, Giraut de Bornelh e sobretudo Arnaut Daniel, que o esconde-esconde das antíteses passa a ser preenchido com um conteúdo substantivo, tornando-se assim raiz de uma tradição vigorosa. Trata-se mais uma vez de fazer alegorias; mas os enigmas não são interpretados, e talvez sequer contenham uma doutrina inteligível e universal, que todos poderiam interpretar. Eles contêm, em forma defensiva e esotérica, como que protegida por muros, a forma ameaçada e secreta da alma; o que fora a princípio um jogo, e em seguida resistência, tornou-se então o refúgio de um círculo cada vez menor de homens seletos, e por último a expressão de uma fissura interna da alma, que se ocupava em dominar a dor da paixão com a dialética alegórica; mas aqui, nesse ponto, o *trobar clus* rompe os limites estreitos do círculo cultural da Provença; aí está a ponte para o *dolce stil nuovo* e para Dante.

---

[27] Em provençal no original; trova fechada ou hermética, que se refere ao estilo poético mais rebuscado e enigmático do trovadorismo. (N. do T.)

[28] Rudolf Borchardt, *Die großen Trobadors*, Munique, Der Bremer, 1924, p. 48. (N. do A.)

2. A poesia de juventude de Dante

Os poetas provençais criaram suas canções para uma camada social específica, muito bem delimitada; era só a ela que se aplicava a forma de vida refletida nos poemas, e só ela compreendia e apreciava o jogo do amor expresso de maneira tão particular e tão fortemente esotérica, com sua terminologia muito bem consolidada e sua linguagem nada popular. Mesmo assim, não são só características sociológicas, ou seja, estamentais, que desde o início distinguem a grande poesia provençal de um exercício popular da arte; uma segunda distinção se estabelece com base na anterior, e diz diretamente respeito à sua forma espiritual e humana. E é ela que enfim confere aos provençais seu caráter inequívoco, distintivo. Ela encarna um sentimento de superioridade social e espiritual, prerrogativa de uns poucos, de uma elite da humanidade, que impõe exigências severas e define a atitude interior como um todo: a forma suprema da elegância e da moda, um sentimento recíproco de parceria, uma sociedade secreta de escolhidos.

Também se explica a partir daí que, para nós, boa parte dessa poesia pareça peculiar, difícil de entender ou exagerada. Isso porque a gênese histórica e filológica das ideias predominantes nesse círculo pode não revelar para nós, mesmo que as investiguemos com muito cuidado, todo o conteúdo efetivo que certas palavras e locuções ali possuíam, seu *dousa sabor* [doce sabor].[29] Quem, no presente, conhece um círculo de jovens que proclamam uma nova forma de vida espiritual, particular a eles, e em seguida se dispõe a prestar contas de como, nesse círculo, certas palavras e frases são despojadas de seu conteúdo habitual e ganham significados e nuances muito específicas, difíceis de entender para quem não faz parte do círculo e simplesmente intraduzíveis nos termos da linguagem ordinária — para essa pessoa, enfim, o melhor a fazer é achar uma analogia que facilite a compreensão da alta poesia provençal. E pode ser que algo a mais se esconda nessa poesia: um sopro de misticismo subjetivo, difícil de apreender e que não pode ser corretamente interpretado com nossos conhecimentos atuais, cuja origem pode estar nos movimentos heterodoxos da época; e nesse sentido é tentador pensar que há em Arnaut Daniel, por exemplo, um idioma secreto que esconde mais do que meros conteúdos eróticos. Seja como for: é certo que a poesia provençal nada tem de popular, universal e acessível a todos, sendo antes propriedade de um círculo específico, e que seu conteúdo é aquele que conta nesse círculo; e tal grupo de caráter aristocrático tem uma percepção unicamente sua da forma da vida nobre, ainda que não a tenha sistematizado de maneira consciente. Como se trata aqui de uma dessas vanguardas da história das formas, que prepara por si só o terreno do porvir e do devir, ao mesmo tempo em que o mundo ao redor, aferrado às suas instituições e costumes, ainda é capaz de impor ao novo movimento boa parte de seus conteúdos — então é natural que o que ela criou não tenha ido além do domínio dos sentidos, como se passa com toda "moda" frutífera.

---

[29] Referência a um verso do poeta provençal Bernart de Ventadorn, que Auerbach mencionará a seguir. (N. do T.)

A poesia de juventude de Dante

Sua missão e seu feito consistiram em moldar a sensibilidade, em dar a ela uma forma leve, audaz e elegante, e graças à plenitude e à liberdade de seu elã vital, transformaram-na a tal ponto que ela se tornou um simples sopro do que era, um extrato, e não raro um simples pretexto para seu jogo de conceitos sociopoéticos. Entre os provençais, o amor não é, fundamentalmente, nem prazer, nem desatino passional (ainda que essas duas categorias estejam ali representadas), e sim o propósito místico da vida nobre, e ao mesmo tempo também sua condição elementar e fonte de inspiração.

A poesia provençal chegou ao sul da Itália com a corte de Frederico II; também chegou como uma moda estrangeira às comunas do norte italiano e da Toscana, onde não encontrou terreno propício; os poemas de amor arrastados e pedantes que ali surgiram teriam sido há muito esquecidos, não fosse a pesquisa dedicada a rastrear os precursores de Dante.

Foi um único homem, Guido Guinizelli, de Bolonha, quem fundou o estilo novo na poesia italiana, criando assim o primeiro movimento literário no sentido moderno. A ordem social feudal e os costumes que lhe correspondiam jamais chegaram a florescer na Itália; não havia nenhum sinal de formação de nação, e até o começo do século XIII as produções espirituais italianas eram toscas, particularistas e em sua maioria de origem estrangeira.[30] As batalhas dos Staufer[31] e o poderoso movimento das ordens mendicantes, em especial a franciscana, incluíram a

---

[30] Sobre isso, cf. Karl Vossler, *Die göttlich Komödie*, Heidelberg, Winter, vol. 2, 1925, 2ª ed., pp. 395-432. (N. do A.)

[31] A casa dos Staufer — ou Hohenstaufen, como também era conhecida — foi uma família nobre germânica, que chegou a se estabelecer como dinastia real durante o Sacro Império Romano-Germânico. Frederico II (1194-1250), mencionado por Auerbach, pertencia a essa casa. (N. do T.)

Itália na comunidade europeia medieval, frente à qual ela permanecera alheia por séculos; a importância que o próprio São Francisco de Assis teve para a reabilitação da fantasia e para a revitalização da percepção sensível é algo que eu mesmo, assim como vários outros, já tentei mostrar em outro trabalho,[32] e isso, aliás, é há muito sabido pelos historiadores das artes plásticas. O que aconteceu foi um renascimento de todas as forças sensíveis; a partir delas, plasmou-se não só a expressão imediata da experiência religiosa, como também a busca pela forma política das comunas; e essas mesmas forças conferiram uma particularidade concreta e cristalina às obras de arte e aos acontecimentos narrados por cronistas e contadores de história. Isso, porém, só no âmbito sensível; no curso do século XIII, as grandes correntes políticas e religiosas minaram e anularam uma à outra, e o que serviu de inspiração para os poemas de Dante não foi um movimento grande e universal, e sim a cultura formal de um círculo pequeno, que acolheu de modo consciente a tradição provençal, sendo aliás ainda mais fortemente esotérica e mais alheia ao estilo popular do que ela. Isso porque, como Guinizelli, seu fundador, não dispunha do substrato sociológico próprio dos provençais, e como ele, por outro lado, era seu herdeiro, no sentido de que sua poesia era alta poesia, era a expressão de uma forma de vida seleta, aristocrática, hostil à expressão comum — ele então substituiu a Provença cavaleiresca pela pátria imaginária do *cor gentile*[33] — por algo completamente espiritual, por algo que era *ethos* religioso, sem ser religião universal, que era

---

[32] Cf. Erich Auerbach, "Über das Persönliche in der Wirkung des heiligen Franz von Assisi", *Deutsche Vierteljahrsschrift für Literaturwissenschaft und Geistesgeschichte*, vol. 5, nº 1, 1927, pp. 65 ss. (N. do A.)

[33] Em italiano no original: coração gentil; "gentil", nesse contexto, tem o sentido de "nobre". (N. do T.)

uma pátria comum, sem ser um país terreno, e que foi a primeira diretriz artística autônoma da nova Europa e a única que ligava os companheiros do *dolce stil nuovo*; e até mesmo quem mais se destacava entre eles estava tão fortemente vinculado aos demais pelo sentimento comum, que dali brotou aquela atmosfera absolutamente inebriante e excitante que é própria de uma união secreta de iniciados e amantes. "*Al cor gientil repadria sempre amore*"[34] — isso é algo em tudo diferente de Bernart de Ventadorn, quando escreve "*Chantars no pot gaure valer*" ["Cantar não pode valer nada"], ou "*Non es meravelha s'eu chan*" ["Não é de admirar se eu canto"]. O elã vital dos provençais — livre e, apesar de toda sua ênfase na forma, ingênuo — converte-se em um credo, em um *ethos* fundamentado com rigor e que implica forte obrigação; a educação do sentimento e da atitude, que para Bernart era algo natural, uma vez que lhe fora dada por sua terra e seu ambiente, e a que só faltava acrescentar o temperamento alvissareiro que lhe era próprio — essa mesma educação foi algo que a autodisciplina de Guinizelli precisou conquistar por conta própria, e era ela o que mais importava para ele. No seu caso, estava ausente o vínculo estamental próprio aos provençais; a comunidade do *cor gentile* é uma aristocracia de quem partilha o mesmo espírito, e aliás um espírito que possui conteúdos e ordens de caráter inconfundivelmente específico e secreto. É por isso que essa poesia é também obscura; mas na obscuridade que os poetas das gerações mais velhas criticavam em

---

[34] "Ao coração gentil retorna sempre o amor", poema de Guido Guinizelli, discutido a seguir por Auerbach. Muitos poemas da época não possuíam título próprio, sendo identificados pelo primeiro verso, como aqui; por isso, nesses casos, o que Auerbach tem em vista não é só o conteúdo do verso citado, e sim o poema como um todo. (N. do T.)

Guinizelli[35] há uma consistência muito maior e uma disciplina bem mais uniforme do que no caso dos provençais. Já foram feitas várias tentativas de interpretá-la, isto é, de explicar o incompreensível como um sistema racional,[36] mas sempre em vão, já que o resultado acaba se tornando forçado e fantasioso; é provável que isso se deva não só aos preconceitos e à falta de recursos dos intérpretes, e sim ao caráter intratável da tarefa, pois uma autêntica doutrina secreta não é um sistema racional ocultado só por motivos externos, passível de ser conhecida por todos tão logo tais motivos deixem de atuar; ela é, em vez disso, algo secreto por natureza, que não é inteiramente conhecido sequer pelos iniciados, e que, portanto, perde sua identidade tão logo se tenta torná-lo de conhecimento de todos. Já que tais tentativas foram em vão, e que por vezes beiraram o ridículo de tão fantasiosas, cabe não buscar se desfazer da obscuridade afinal presente na maior parte dos poemas do estilo novo, não ir atrás de explicações históricas para cada caso individual — o que é inviável, porque o número de excentricidades é grande demais,

---

[35] Cf. "*Poi ch'avete mutata la manera*", de Bonagiunta da Lucca, *in* Ernesto Monaci, *Crestomazia Italiana dei Primi Secoli*, Città di Castello, S. Lapi, 1912, nº 104, p. 303. (N. do A.) [Erich Auerbach se refere aqui a Bonagiunta Orbicciani (1220-1290), da comuna toscana de Lucca; o crítico menciona o soneto que Bonagiunta escreveu para criticar o doce estilo novo, e em especial Guido Guinizelli. O verso inicial pode ser assim vertido: "Tu, que mudaste a maneira" — no caso, a maneira de fazer versos, de falar de amor, como fica claro ao longo do poema. (N. do T.)]

[36] Uma tentativa recente nesse sentido, muito inspirada e consistente, encontra-se em Luigi Valli, *Il linguaggio segreto di Dante e dei "Fedeli d'Amore"* (Roma, Optima, 1928). Não creio que seu livro invalide a objeção acima mencionada. Cf. as observações de Benedetto Croce na resenha a um livro de Mauclair, na edição de 20/9/1928 de *Critica*; e a minha crítica na edição de 1928 do *Deutsche Literaturzeitung* (pp. 1357-60). (N. do A.)

A poesia de juventude de Dante

porque as relações e correspondências de conteúdo e expressão são por demais evidentes, e porque a alusão a um significado secreto, acessível só aos escolhidos, é frequente demais. A opinião hoje dominante de que se trata de uma convenção ou moda puramente literária tampouco parece tocar no ponto essencial, ainda que a ideia seja por vezes concebida em chave tão ampla, que acaba quase acertando o alvo. É inegável que aqui, como em toda a Idade Média, a literatura não é autônoma no sentido que atribuímos ao termo; antes, o elemento primário, a fonte da poesia — o Amor — é algo de caráter religioso, e o estilo novo tem a peculiaridade de que sua inspiração religiosa é não só mística, mas também em grande medida subjetivista: seus atributos são a força do Amor como um veículo da sabedoria divina, o vínculo direto da dama com o reino de Deus, seu poder de conceder ao amante os dons da fé, do conhecimento e da regeneração interior, e, por fim, a restrição expressa dessas dádivas aos amantes, e a correspondente polêmica ácida contra todos os outros, os incultos e os inferiores, que nada entendem e em relação aos quais é preciso ter cautela. Essa atitude, que lembra as correntes místicas, neoplatônicas e averroístas, implica, no mínimo, uma sublimação fortíssima das doutrinas eclesiásticas, e é algo independente delas, mas que em todo caso ainda consegue encontrar lugar dentro da Igreja, mesmo beirando a heterodoxia. E, com efeito, alguns daquele círculo foram considerados espíritos livres.

Guinizelli escreveu poesia entre 1250 e 1275; os poetas mais importantes de seu grupo foram Guido Cavalcanti (*c.* 1250-1300), Dante Alighieri (1265-1321) e Cino da Pistoia (mais ou menos da mesma idade de Dante, morto em 1337). De início, Dante não trouxe uma nova atitude para o círculo do estilo novo; Cavalcanti foi mais original do que ele, em termos de orientação espiritual. Na submissão ao poder do Amor, no

Dante como poeta do mundo terreno

exagero da sensibilidade esotérica, no estilo solene — nisso tudo Dante foi um seguidor fiel de Guinizelli.

Mas ele foi uma voz nova desde o primeiro dia; uma voz humana de tal amplitude e potência, que nenhum de seus contemporâneos se compara a ele em termos de poder de sugestão. Parece-me inquestionável que ele produziu esse efeito mesmo naquela época, ainda que só no pequeno círculo formado pelos seus jovens companheiros, abertos a esse tipo de coisa. Quando ele, no "Purgatório", prefere não revelar seu nome a um romanholo morto há cerca de cinquenta anos, porque ainda não alcançara muita ressonância e seu interlocutor não o conhecia[37] — isso nada diz sobre sua fama literária, em uma época em que a poesia vernacular de estilo elevado era algo inteiramente novo e propriedade de um círculo pequeno e bem delimitado. Outras evidências importam bem mais. Cavalcanti, a figura mais brilhante de todo o grupo em termos de berço, posição e espírito, que era bem mais velho e influente do que Dante, logo o reconheceu como amigo e companheiro, e até no soneto em que declara enjeitar amargamente o velho amor que o amigo despertara (*"Io vegno il giorno a te infinite volte"*),[38] a certa altura seu amor cheio de admiração acaba aflorando. Em *Vida nova*, Dante já alude à opinião que se fazia dele nesse círculo; como quando um amigo lhe pede para falar da essência do Amor, *"avendo forse per ludite parole speranza di me oltre che degna"*;[39] também

---

[37] Dante, "Purgatório", XIV, 19-21. (N. do A.)

[38] "Venho a ti infinitas vezes ao dia." Dante Alighieri, *Le opere di Dante. Testo critico della Società Dantesca Italiana*, Florença, R. Bemporad, 1921, p. 64. (N. do A.)

[39] "Tendo talvez pelas palavras ouvidas esperança de que nem sou digno", da canção *"Donne ch'avete* [...]". Dante, *Vida nova*, XX. (N. do A.) [No contexto está claro que "as palavras ditas" (*"ludite parole"*) referem-se à canção que Erich

A poesia de juventude de Dante

a alusão da passagem famosa de *Convívio* — aos *"molti che for-sechè per alcuna fama in altra forma m'aveano imaginato"*[40] — não pode se referir a outra coisa, senão à sua fama poética. Em um dos primeiros cantos do "Inferno", Dante se faz acolher sem reservas pelos grandes poetas da Antiguidade,[41] algo a que só se permitiria um homem que, como ele, sabia que os leitores iniciados não achariam ridícula tal presunção; e o mesmo vale para a clara alusão a si mesmo na cena com Oderisi da Gubbio.[42] Enfim, toda essa presunção, toda essa atitude de Dante é própria de um homem que já encantava desde a primeira flor da idade, que era desde cedo tido como um predestinado entre os companheiros do estilo novo. Mas os exemplos e considerações teóricas que falam mais alto a favor da tese aqui defendida são as passagens de seu grande poema, nas quais ele é saudado pelos companheiros mortos de sua juventude com os versos mais famosos de seu próprio punho: os belos encontros, com ar de devaneio, com o músico Casella ("Purgatório", II) e com o jovem rei Carlos Martel ("Paraíso", VIII) ecoam a lembrança das noites em Florença nas quais aquelas canções cativaram pela primeira vez

---

Auerbach menciona, também de *Vida nova*, e que será discutida mais adiante. (N. do T.)]

[40] "Muitos que talvez por alguma fama sob outra forma me haviam imaginado." Dante, *Convívio*, I, 3. (N. do A.)

[41] Dante, "Inferno", IV, 97 ss. (N. do A.) [Passagem em que Dante, ao lado de seu mestre Virgílio, encontra os espíritos de Homero, Horácio, Ovídio e Lucano, que o acolhem em seu grupo. (N. do T.)]

[42] Dante, "Purgatório", XI, 98 ss. (N. do A.) [Nessa passagem, Oderisi diz que a "glória da língua" passara de um Guido (Guinizelli) a outro (Cavalcanti), e que agora "talvez" seu sucessor já tenha chegado — e, embora o verso não explicite quem seria esse sucessor, o contexto deixa claro que se trata de uma alusão ao próprio Dante. (N. do T.)]

a fina flor da juventude de então. Até mesmo Bonagiunta da Lucca, um poeta da geração mais antiga, que reprovara o *dolce stil nuovo*, saúda Dante com a primeira de suas grandes canções: "és tu, diz ele, o autor daqueles versos do estilo novo, que começam por: '*Donne ch'avete intelletto d'amore?*'".[43]

Vamos tentar ouvir um pouco melhor a voz do jovem Dante, comparando seus poemas aos de seus companheiros, a começar pelo poema mais conhecido de *Vida nova*, o soneto à saudação da amada. Ele diz:

> *Tanto gentile e tanto onesta pare*   1
> *La donna mia, quand'ella altrui saluta,*
> *ch'ogne lingua deven tremando muta,*
> *e li occhi no l'ardiscon di guardare.*
>
> *Ella si va, sentendosi laudare,*   5
> *benignamente d'umiltà vestuta;*
> *e par che sia una cosa venuta*
> *da cielo in terra a miracol mostrare.*
>
> *Mostrasi sì piacente a chi la mira,*   9
> *che dà per li occhi una dolcezza al core,*
> *che 'ntender no la può chi non la prova;*
>
> *e par che de la sua labbia si mova*   12
> *un spirito soave pien d'amore,*
> *che va dicendo a l'anima: Sospira.*[44]

---

[43] Dante, "Purgatório", XXIV, 49-51. (N. do A.) [Paráfrase dos versos de Dante, que trazem o nome de sua canção de juventude: "Ó damas que entendeis de amor [...]"; ou, mais literalmente: "Donas que haveis do amor entendimento". (N. do T.)]

[44] "Tão gentil e tão honesto é o ar/ de minha dama, quando outrem saúda,/ que toda língua, tremendo, fica muda,/ E os olhos não a ousam fitar.// Ela se vai,

A poesia de juventude de Dante

Em Guido Guinizelli, temos o mesmo tema em duas formas diferentes. Na primeira, ele o associa ao louvor da amada:

Voglio del ver la mia donna laudare   1
et asenbrargli la rosa e lo giglio.
como stella diana splende e pare,
e zo ch'è lasù bello a le somiglio.
   verde rivera me rasenbla, l'aire   5
tutti coluri e flor, zano e vermeglio,
oro e azuro e riche zoi per dare.
medesmamente amor rafina meglio.
   Passa per via adorna, e sì gentile   9
cha sbassa argoglio a cui dona salute
e fal de nostra fe se no la crede;
   e non ni po apresare homo ch'è vile.   12
ancor ve dico c'ha mazor vertute:
nul hom po mal pensar fin che la vede.[45]

---

sentindo-se louvar,/ De benigna humildade vestida;/ E parece ser uma coisa des-
cida/ Do céu à terra num milagre a mostrar.// Mostra-se tão agradável a quem a
mira/ Que pelos olhos ao coração leva um dulçor/ Que não entende quem não o
prove,// E de seus lábios como que se move/ Um espírito suave repleto de amor,/
Que à alma vai dizendo: Suspira." Dante, *Vida nova*, XXVI. (N. do A.)

[45] "Quero veramente minha dama louvar/ e à rosa e ao lírio compará-la,/
como estrela diana aparece a brilhar/ e ao que é belo no céu ela se iguala.// A ela
semelham a verde campina e o ar,/ todas as cores de flor, amarelo e vermelho,/
ouro e azul, e preciosas joias a presentear:/ e até mesmo o amor se refina melhor.//
Pela rua passa ornada, e tão gentil/ que dobra o orgulho a quem saúde/ e nossa fé,
se não a tem, se lhe revela.// E não se aproxima homem que seja vil,/ e digo ainda
que tem uma maior virtude:/ homem algum pode mal pensar diante dela." *Apud*
E. Monaci, *op. cit.*, p. 103. (N. do A.)

O outro soneto retrata a impressão que a saudação produz nele próprio:

Lo vostro bel saluto e l gentil sguardo   1
che fate quando v'enchontro, m'ancide;
amor m'assale e già non à reguardo
s'elli face peccato over mercede.
  ché per mezzo lo chore me lanciò un dardo   5
ched oltre 'nparte lo talgla e divide,
parlar non posso, ché 'n gran pene ardo
si come quelli che sua morte vede.
  Per li occhi passa come fa lo trono,   9
che fere per la finestra de la torre
e ciò che dentro trova spezza e fende.
  remagno chomo statua d'ottono   12
ove vita nè spirito non richorre,
se non che la fighura d'omo rende.[46]

Por último, gostaria de acrescentar um soneto de Cavalcanti, com motivo similar:

Chi è questa che ven ch'ogn' om la mira   1
e fa tremar di chiaritate l'a're,

---

[46] "Vossa bela saudação e o gentil olhar/ Quando vos vejo, são minha morte;/ Amor me acomete sem se importar/ se me traz sofrimento ou boa sorte,// pois no coração lançou-me um dardo/ que o corta e rompe de ponta a ponta;/ nem falar posso, em tantas dores ardo/ como aquele a quem a morte desponta.// Pelos olhos passa como faz o raio,/ que atravessa a janela da torre/ e destroça tudo o que há pela frente;// como estátua de metal dali não saio,/ sem vida nem espírito que a percorre,/ mera figura de homem, somente."

A poesia de juventude de Dante

> *e mena seco amor si che parlare*
> *null' omo pote, ma ciascun sospira?*
>   *O Deo, che sembra quando li occhi gira*   5
> *dica'l Amor, ch' i'no'l savria contare:*
> *cotanto d'umiltà donna mi pare,*
> *ch'ogn'altra ver di lei i'la chiam'ira.*
>   *Non si poria contar la sua piagenza,*   9
> *ch'a lei s'inchina ogni gentil virtute,*
> *e la beltate per sua dea la mostra.*
>   *Non fu si alta già la mente nostra*   12
> *e non si pose in noi tanta salute,*
> *che propiamente n'avian canoscenza.*[47]

O que primeiro chama a atenção ao considerar esses quatro poemas[48] é que Dante se limitou a expor, da maneira mais enfática possível, o evento da saudação e da passagem da amada com seus efeitos imediatos, enquanto tanto um como o outro

---

[47] "Quem é essa que todo homem admira/ e de claridade faz tremer o ar,/ e consigo traz amor tal que falar/ homem algum consegue, e só suspira?// Ó Deus, a que semelha quando os olhos gira,/ diga-o Amor, pois eu não saberia descrever:/ dama de tanta humildade parece-me ser/ que em todas as outras eu veria apenas ira.// Não há como descrever seu encanto,/ A beleza nela encontra sua divindade,/ e a ela se inclina todo nobre elemento,// Nosso espírito nunca se elevou tanto/ e não nos foi dada tamanha capacidade/ para dela termos o devido conhecimento." Guido Cavalcanti, *Le rime*, Ercole Rivalta (ed.), Bolonha, N. Zanichelli, 1902, p. 108. (N. do A.)

[48] Cf. ainda a crítica ao primeiro poema de Guinizelli em Giuseppe Lisio, *L'arte del periodo nelle opere volgari di Dante Alighieri e del sècolo XIII: saggio di critica e di storia letteraria* (Bolonha, N. Zanichelli, 1902, p. 54); e o cotejo entre os sonetos de Dante e Cavalcanti em K. Vossler, *op. cit.*, vol. 2, p. 561, que também traduziu os dois poemas para o alemão. (N. do A.)

Guido oferecem ora mais, ora menos do que isso. O primeiro poema de Guinizelli começa pela intenção do poeta: "*voglio del ver la mia donna laudare*" ["quero veramente minha dama louvar"]. Seguem-se a isso várias comparações, que parecem mais se justapor uma à outra, de maneira cumulativa, do que reforçar uma à outra, de maneira planejada; o tema da saudação surge no fim, como um novo motivo e ao mesmo tempo corolário do todo, mas não é visto como um evento; fica patente que, para Guinizelli, só o que interessa é ressaltar o milagre, que ele expõe enumerando seus efeitos com muita elegância, mas de maneira marcada demais, como se se tratasse de fatos fáceis de registrar; e já no terceiro verso após introduzir esse motivo, no décimo primeiro do soneto, ele se empolga a tal ponto com a frase em que fala da conversão, aliás excessivamente positiva, que é impelido a empregá-la mais duas vezes nos versos finais. O outro poema de Guinizelli é muito mais uniforme em termos temáticos; mas também aqui não se trata, em absoluto, do evento, e sim apenas do efeito milagroso, que ele mais uma vez esgota logo no segundo verso, ao empregar essa palavra crassa, "*ancide*"; o restante do poema é um comentário a essa palavra; e, no primeiro terceto, surge, completamente de surpresa, a bela imagem da trovoada, a seguir desdobrada até a conclusão, uma das passagens mais fortes que conservamos dele; ela torna evidente o quão nobre e autêntico é seu *pathos*, e o quanto ele se preocupa com o concreto, mas também que o que está na origem dessa preocupação é o elemento alegórico e analítico.

O Guido mais jovem já começa altissonante, como se quisesse nos tragar evento adentro, e realmente consegue isso, sem perder o fôlego, até o fim do quarto, e mesmo do quinto verso. Mas, ao examinar mais de perto, logo se vê que a força sensível já se esgota a partir do segundo verso; pois a imagem do ar trêmulo, a asserção de que "*ciascun sospira*", está tão frouxamente ligada à ideia de um evento real, como o está a antítese só imaginada, dura, entre "*umiltà*" e "*ira*". Ele logo cuida não haver palavras para descrever aquilo que ele não pode descrever, e a elegância de suas desculpas não deve nos enganar quanto ao fato de que o tom do primeiro verso promete algo que o poema não cumpre.

O começo do poema de Dante é bem menos dramático do que o de Cavalcanti; ele não parece em absoluto falar do presente, mas se entregar a uma memória — até que ele é transportado para dentro do acontecimento na segunda parte do período que traz a sequência de comparações, com sua intensificação sutil e penetrante; e agora que o poeta está ali, o que se segue é uma das raras passagens em se pode apreender e indicar algo inteiramente novo em uma forma poética: a retomada do motivo como algo presente, com as palavras "*Ella si va* [...]". Por meio dessas palavras, surge a ilusão de um acontecimento contínuo, tal como realmente transcorreu também na concepção de Dante: a dama aparece e faz saudações, todos ficam mudos e com vergonha de encará-la; agora ela passa, e ainda é possível vê-la, pois se faz em torno dela um burburinho, e é só nesse momento que surge a primeira imagem metafórica, formada de maneira natural pela inspiração do momento; só quando ela se foi, depois de sair de vista, no nono verso, começa a lembrança do prazer contemplativo, cada vez maior, proporcionado por essa visão, cujo relato chega ao fim com um suspiro profundo: que é o clímax do mergulho contemplativo no que acaba de acontecer, e ao mesmo tempo encerra a meditação e desfaz o feitiço.

No primeiro poema de Guinizelli, os motivos se acumulam. É muito rico nesse ponto, é um inventor genial, e quase todos os motivos e imagens do estilo novo remontam a ele. Foi o primeiro que ousou apresentar a dama, que na poesia provençal ainda era, ao menos no que tinha de fundamental, uma criatura terrena, como agente da graça e do conhecimento mais excelsos, e criou todo o aparato retórico que tal mudança exigia, ou ao menos seu arcabouço. Essa retórica, baseada em um *ethos*, consuma-se e se realiza de forma plena quando há espaço para se tornar puramente teórica: assim, na famosa canção sobre o lugar e a natureza do amor (*"Al cor gientil repadria sempre amore"*[49]), quando Guinizelli espraia os pensamentos nobres em uma série de comparações alegóricas, para em seguida tirar uma nova ideia de cada alegoria, seu movimento parte da afirmação, passa pela demonstração e pela metáfora conectiva, e chega, enfim, à imagem derradeira, encantadora, que por sua vez deságua em um *bel parlare*, em um ditado astuto, com o qual se captura a sensibilidade da criação nobre em conceitos puros e em alguma medida antitéticos.

Mas, em Guinizelli, a frieza intelectual, que só se inflamava no jogo dos significados e na medida em que estes alcançavam a dignidade das categorias éticas (uma mentalidade que Dante não rejeitou, mas que incorporou a um contexto maior), acabou por limitar o seu real poder de apreensão. Talvez a fuga do evento fosse uma consequência necessária da transformação interna que sua atitude sofreu, quando ele ousou fazer poesia em estilo elevado em sua terra natal, ainda não formada; ou pode ser que o idioma ainda rústico, por mais que já se movesse com grande desenvoltura no estilo popular, já no estilo patético se adaptasse melhor a um estado de espírito do que a um evento. Isso seria estranho, pois a história do idioma costuma ser a oposta; mas é certo que, no *dugento* italiano, o atrito entre a juventude e o arcaísmo estéril foi muito maior do que, por exemplo, no francês ou no alemão; até pouco antes, o idioma literário ain-

---

[49] *Apud* E. Monaci, *op. cit.*, p. 301. (N. do A.)

da era um latim senil, e quando surge a retórica do *volgare illustre*, mal havia uma literatura em idioma vulgar. Guido Guinizelli, em seus poemas de estilo elevado — e há outros dele que sobreviveram —, era um poeta filosófico-retórico, e nada além disso: ele menciona um evento apenas para sondar intelectualmente o seu efeito. No panegírico acima discutido, ele expõe, em apenas cinco versos, quatro variantes do efeito ético da saudação, e, dado que o espaço exíguo e a imposição das rimas não conferem liberdade para o jogo alegórico e para o desdobrar do pensamento, o que ele faz é juntar uma declaração em cima da outra, cumulativamente.

Há ainda outra passagem de *Vida nova* em que Dante descreveu o efeito ético do olhar da dama. A solução que então adotou para isso foi retratar o despertar do amor proporcionado por sua visão (*"Ne li occhi porta la mia donna Amore"*[50]); a escala da catarse interior se amplia primeiro com o olhar, depois com a saudação, com a troca de palavras e, por fim, com o sorriso, que antecede o despertar do Amor; mais uma vez, vivemos o evento em curso na companhia do felizardo que participa desse encontro maravilhoso; e a antítese entre a causa aparentemente insignificante e o efeito profundo, que em Guinizelli permanece como algo rígido e dogmático, em Dante se torna um jogo jovial e doce, graças à repetição dos paralelos e ao retorno constante à atmosfera amável do evento sensível. Ainda assim, o soneto como um todo não é dos mais felizes; é desvirtuado pela apóstrofe (*"aiutatemi donne"*) no meio do poema, um recurso que, embora exerça grande efeito em outras partes da obra de Dante, aqui, no verso que fecha os quartetos, atua como uma interrupção in-

---

[50] "Nos olhos minha dama porta Amor." Dante Alighieri, *Vida nova*, XXI. (N. do A.)

Dante como poeta do mundo terreno

sossa.[51] Em outra ocasião, no terceiro dos sonetos da canção de juventude *"Donne ch'avete intelletto d'amore"*, ele pede às mulheres que sigam sua dama, se querem parecer nobres;[52] com o olhar dela, a força do Amor mata todos os pensamentos vis; e se seguem a isso, em escalada progressiva, os motivos de Guinizelli. Dante parte da afirmação abstrata de Guinizelli — *"e non si po apresare homo ch'è vile"*[53] —, e, graças à revelação de seu anseio irrealizável na prática, à disjunção concreta que dá à imagem intensidade e necessidade, transforma tal afirmação no seguinte:

> *e qual soffrisse di starla a vedere*
> *diverria nobil cosa, o si morria.*[54]

Ambas as soluções são compostas de maneira em tudo paralela: a diferença é que, em Dante, ela é realmente um corolário; com isso, o efeito ético se converte em esperança "anagógica", ao passo que, no caso de Guinizelli, trata-se de uma afirma-

---

[51] Referência ao oitavo verso (*"Aiutatemi, donne, farle onore"*), em que o poeta pede às damas que ouvem seus versos que o ajudem a achar palavras para honrar a mulher amada. No poema, o pedido de fato surge de maneira abrupta, parece não seguir naturalmente do que vinha antes; de resto, interrompe a descrição da cena do encontro com a dama, retomada no verso seguinte. (N. do T.)

[52] Já mencionada em outro ponto, a canção se divide em cinco sonetos e está no capítulo XIX de *Vida nova*; Auerbach se refere a uma passagem que começa nos versos 31 e 32 da canção, no início do terceiro soneto. (N. do T.)

[53] "E não se aproxima homem que seja vil", verso 12 do poema *"Voglio del ver la mia donna laudare"*, de Guido Guinizelli, já citado por Erich Auerbach. (N. do T.)

[54] "E como sofria por estar a vê-la/ algo nobre se tornaria, ou morreria", versos 35 e 36 de *"Donne ch'avete intelletto d'amore"*. (N. do T.)

ção que chega à conclusão de maneira em tudo acidental, prescindindo da escalada prometida.[55]

A grande canção que discutimos é instrutiva para nós ainda em outro aspecto. Já falamos do feitiço que chega ao seu ápice e se desfaz na conclusão do soneto da saudação, com a palavra "*sospira*". Ora, quase todo poema de Dante, desde o primeiro, visa não só agradar ao ouvinte e conquistar seu aplauso, mas sim, antes de tudo, encantá-lo e cativá-lo; e, nos seus poemas mais belos, seu tom não é o de uma mensagem, e sim o de uma evocação, de uma chamada à comunhão de sua essência mais íntima, de uma ordem para que o sigam, tanto mais emocionante e instigante por não ser dirigida a qualquer um, mas só aos escolhidos. Vamos ler e refletir: "*Donne ch'avete intelletto d'amore* [...]". Essa é uma interpelação; mas é mais do que isso. É um chamado, uma evocação, um pedido veemente, um gesto de profunda confiança. Com um só movimento, o orador separou o grupo dos escolhidos do círculo dos vivos e reuniu os escolhidos ao seu redor, e eis que lá estão eles, sem nenhuma outra distração, prontos para ouvi-lo. A apóstrofe é o recurso artístico preferido de Dante; mas não se deve achar que, em seu caso, tal palavra denota uma espécie de artifício técnico, pois, é, na verdade, a expressão natural da enorme força de seu espírito. Na Europa, a apóstrofe é tão antiga quanto a poesia: Homero a usou

---

[55] Guinizelli: "*ancor ve dico c'ha mazor vertute:/ nul hom po mal pensar fin che la vede*" ["e digo ainda que tem uma maior virtude:/ homem algum pode mal pensar diante dela"]. Dante: "*ancor l'ha Dio per maggior grazia dato/ che non pò mal finir chi l'ha parlato*" ["e ainda Deus por maior graça outorgou/ que não pode acabar mal quem lhe falou"]. (N. do A.) [Auerbach compara aqui os versos finais de ambos os sonetos ("*Voglio del ver* [...]" ["Quero veramente [...]"], de Guinizelli, e os versos finais do terceiro soneto da canção "*Donne ch'avete* [...]" ["Damas que [...]"], que equivalem aos versos 41 e 42 do conjunto. (N. do T.)]

com frequência (pense-se na fala de Crises aos Atridas no começo da *Ilíada*, que evoca muito fortemente a ideia das mãos erguidas em súplica[56]); e no "οὐ μὰ τοὺς ἐν Μαραθῶνι"[57] de Demóstenes, lembrado por todos que se dispõem a adotar o tom dos gregos. A oração, hinos e *sequentias* da liturgia cristã deram vida nova à apóstrofe; mas, ao que tudo indica, seria vão procurar, em qualquer obra da literatura profana medieval, por uma evocação capaz produzir o mesmo impacto. Mesmo os provençais, que tentaram, mais de uma vez, algo nesse sentido no exórdio e na tornada das grandes canções,[58] não entenderam bem a apóstrofe; ela era em tudo estranha a Guinizelli. Dante as reviveu.

Já seu primeiro soneto — "*A ciascun' alma presa e gentil core*" ["A tod'alma presa e gentil coração"] — começa com uma convocação enfática aos escolhidos pelo Amor; mas o que então não passava de um convite leve e charmoso, logo se torna uma evocação clamorosa, um chamado suplicante.

"*O voi che per la via d'Amor passate — Morte villana, di pietà nemica — Piangete, amanti, poi che piange Amore — Donne*

---

[56] Referência a uma das primeiras passagens da *Ilíada*, em que Crises, sacerdote de Apolo, suplica a Agamêmnon e Menelau — os Atridas, isto é, filhos de Atreu, mencionados por Auerbach — que lhe devolvam sua filha Criseida, em vão. (N. do T.)

[57] "*Ou má toús en Marathóni*" ["pelos que lutaram em Maratona"]. Referência a um trecho de um célebre discurso de Demóstenes ("Sobre a coroa"); na seção 208 dessa obra, Demóstenes evoca as almas que morreram em batalha — e em especial, no trecho citado por Auerbach, na de Maratona —, para elogiá-las por sua bravura, e, por extensão, pela do povo de Atenas. (N. do T.)

[58] O exórdio corresponde aos versos introdutórios do poema provençal, e a tornada, às estrofes finais. (N. do T.)

ch'avete intelletto d'amore — Voi che portate la sembianza umile — Se'tu colui c'hai trattato sovente — Deh peregrine che pensosi andate"[59] — esses versos iniciais dos poemas de *Vida nova* revelam, já nas apóstrofes do exórdio, a intensidade até então inaudita da voz dantesca; eles traçam o círculo mágico que envolve aqueles cativados pela inspiração do poeta, que então precisam segui-lo até que ele os libere. Essa abordagem que envolve de imediato também pode ser encontrada no curso de seus poemas; mesmo a observação serena, despojada de todo sentimentalismo, entende o impacto da palavra "*sospira*", que conclui o soneto da saudação, quando a compara ao "*ciascun sospira*" do soneto de Cavalcanti supracitado. Ou ainda este outro exemplo: no sonho da canção "*Donna pietosa e di novella etate*",[60] aparece concretamente para ele, em meio aos maus agouros, a figura do mensageiro que se aproxima e diz:

> [...] *Che fai? non sai novella?*
> *Morta è la donna tua, ch'era si bella* [...][61]

---

[59] "Ó vós que passais pelo caminho do Amor" (*Vida nova*, VII) — "Morte vil, inimiga da piedade" (VIII) — "Chorais, amantes, porque chora o próprio Amor" (VIII) — "Ó damas que sabeis do Amor" (XIX) — "Vós que portais o semblante humilde" (XXII) — "És tu quem já tratou diversas vezes" (XXII) — "Ai, peregrinos, que andais cismando tanto" (XL). (N. do T.)

[60] "Dama piedosa, e de tenra idade." Dante, *Vida nova*, XXIII. (N. do A.)

[61] Na canção mencionada, Dante relata os delírios causados por uma febre, que giravam em torno da ideia da morte de sua amada Beatriz — e que se revelariam um sonho profético. A certa altura do delírio, o poeta vê se aproximar uma figura "macilenta e rouca", para lhe contar as más notícias: "Que foi? Não sabe as novas?/ É morta sua dama, que era tão bela". (N. do T.)

Dante sempre amou as apóstrofes, e continuou a empregá-las, com as mais variadas nuances. Dos grandes poemas que viriam mais tarde, lembremos os versos:

Voi ch'intendendo il terzo ciel movete
udite il ragionar ch'è nel mio core[62]

Ou este:

Amor che movi tua vertù dal cielo [...][63]

Também nesses casos, deve-se ter em mente que a imediaticidade das apóstrofes não está presente só no começo dos poemas, mas também aparece, com frequência, no meio deles — é o caso, por exemplo, da canção "*La dispietata mente*",[64] que recorre várias vezes à apóstrofe, ou do magnífico "*Io son venuto al punto de la rota*",[65] em que a tensão que ameaçava irromper desde os primeiros versos é enfim relaxada quase completamente: "*Canzone, or che sara di me* [...]" ["Canção, agora o que será de mim [...]"]. Seria preciso transcrever cem versos da *Divina comédia*, ou quem sabe mais, se quiséssemos dar uma ideia do quão rico é seu grande poema em termos de apóstrofes. A pri-

---

[62] "Vós que cientes o terceiro céu moveis/ ouvi as razões de meu coração." *Le opere di Dante, op. cit.*, p. 169. (N. do A.) [Versos de um poema de *Convívio* (II, 11). (N. do T.)]

[63] "Amor cuja virtude é pelo céu movida [...]" *Le opere di Dante, op. cit.*, p. 95. (N. do A.)

[64] "A desapiedada mente." *Idem, ibidem*, p. 71. (N. do A.)

[65] "Cheguei ao ponto da rotação." *Idem, ibidem*, p. 103. (N. do A.)

meira é a interpelação a Virgílio: *"Or se'tu quel Virgilio* [...]".[66] A última, a oração a São Bernardo no último canto, ou, caso se queira, o vocativo *"O luce eterna"*, no verso 124. Fazem parte dessa longa lista ordens imperiosas e pedidos ternos, súplicas em face da mais profunda dor e demandas altivas, apelos patéticos e exortações pedagógicas, saudações amigáveis e reencontros doces; algumas dessas apóstrofes são preparadas com grande antecedência, espalhando-se, após toda uma progressão de períodos, por vários versos impressionantes, e outras que se resumem a uma interjeição: *"Deh..."*.[67]

---

[66] "És tu aquele Virgílio." Dante, "Inferno", I, 79. (N. do T.)

[67] Penso em Pia de' Tolomei, em Dante, "Purgatório", V, 130. — A apóstrofe tem parentesco próximo com a evocação propriamente dita ("Se mai continga [...]", em Dante, "Paraíso", XXV, 1). Esta última não se volta a uma pessoa, e sim evoca, por desejo ou horror, a imagem de uma situação inexistente. Ocorre-me mais uma vez Homero com seu ὡς ἀπόλοιτο καί ἄλλος [*hōs apóloito kaí állos* = assim pereça todo] (*Odisseia*, I, 47), ou o divertido αἴ γὰρ τοῦτο γένοιτο [*ai gár toúto génoito* = tomara que isso aconteça!] (*Odisseia*, VIII, 339), e muitas outras passagens da poesia antiga ainda mais incisivas do que essas. Dante também renovou essa forma retórica; pois, ainda que ela ocasionalmente possa ter ocorrido na literatura medieval que o precedeu (afinal, praticamente qualquer formulação optativa guarda parentesco com ela, e dela só se distingue pelo grau de intensidade), Dante foi o primeiro que deu a ela seu grande poder de sugestão e sua capacidade de se moldar conforme os eventos. Os provençais a empregaram algumas vezes; chamaram-me a atenção, no caso de Bernart de Ventadorn, por exemplo, os versos: *"Ja Deus nom don aquel poder"* ["Que Deus nunca me dê o poder"] (Carl Appel [ed.], *Bernart von Ventadorn, seine Lieder, mit Einleitung und Glossar*, Halle, N. Niemeyer, 1920, p. 85); ou *"Ai Deus! car se fossen trian"* ["Ai Deus, pois se fosse possível distinguir"] (*idem, ibidem*, p. 186), e também algumas passagens de Peire d'Alvernhe. Guinizelli e os primeiros poetas do estilo novo a ignoram completamente; mesmo Dante mal chegou a empregá-la em *Vida nova*, só temos aí algo que soa mais ou menos nesse sentido no soneto dos peregrinos (*Vida nova*,

Estabelecemos que, na poesia de juventude de Dante, o evento concreto entra no lugar da atitude retórica de Guinizelli, e que seu tom não é mais o de uma mensagem, e sim o de uma evocação — mas tais elementos não são as únicas causas do feitiço que sua voz provoca. Há um elemento inteiramente novo também na construção das palavras e frases; por enquanto, não temos como designar isso de outra maneira, senão dizendo que, em sua obra, os pensamentos se tornam melodia, graças à sua articulação. Ao cotejar os poemas do estilo novo com as canções provençais mais famosas — por exemplo, *"Can vei la lauzeta"* de Bernart de Ventadorn,[68] ou *"Alba"* de Giraut,[69] ou *"Ab l'alen tir vas me l'aire"* de Peire Vidal[70] —, salta à vista o quão pouco da construção sintática dessas obras de arte é regida por articulações lógicas. Não é que conjunções causais, consecutivas, finais e comparativas não apareçam, ocasionalmente, nessas canções; mas elas não governam o todo, que é antes amarrado por algo difícil de descrever, por sua atmosfera lírica difusa, irracional. As variadas objetivações da atmosfera que formam as seções individuais dos poemas são, no mais das vezes, justapostas sem nenhuma relação inteligível; nesse aspecto, é muito pequena a diferença entre a poesia provençal e a popular. A consequência disso é

XL). Cabe mencionar algumas passagens de outras canções (por exemplo, em *"Cosi nel mio parlar* [...]" ["Assim, em meu falar"], em *Le opere di Dante, op. cit.*, p. 107, v. 53), e a bela frase de *Convívio*, I, III (*"Ahi piaciuto fosse"* ["Ai, quem dera fosse]"); com efeito, só na *Divina comédia* essa forma encontraria plena expressão. (N. do A.)

[68] "Quando vejo a cotovia." C. Appel, *op. cit.*, p. 249. (N. do A.)

[69] "Alvorada." Adolf Kolsen, *Sämtliche Lieder des Trobadors Giraut de Bornelh*, Halle, M. Niemeyer, 1910, p. 342. (N. do A.)

[70] "Com um alento aspiro o ar [...]" Joseph Anglade (ed.), *Les poésies de Peire Vidal*, Paris, H. Champion, 1913, p. 60. (N. do A.)

que os períodos são regidos por articulações temporais, e as articulações lógicas, se não são muito simples, facilmente se tornam obscuras e imprecisas; a preferência por métricas mais curtas, em especial o octossílabo, também atua no mesmo sentido, já que com isso se cria um ritmo que parece saltitar, em oposição ao longo fluxo de períodos que o domínio do decassílabo — do *superbissimum carmen*[71] — permite e requer. Naturalmente, também há exceções entre os provençais, em particular entre os tardios; ou melhor, temos no *trobar clus* um esforço claro de articulação das ideias, mas o resultado é sempre arbitrário, impreciso e errático, por um misto de intenção e imperícia. Nesse ponto, aliás, é possível mostrar que o lirismo puro dos primeiros poetas tem um efeito não só mais harmônico, como até mais racional do que a contemplação obscura do *trobar clus*. Em um caso, como no outro, é raro encontrar uma sintaxe e uma articulação harmônicas e lógicas, ou um fluxo uniforme dos períodos; vejamos uma das raras exceções a isso, nos versos de Guilhem de Cabestahn:

> *Lo jorn qu'ie us vi, dompna, primeiramen,*
> *Quan a vos plac que us mi laissetz vezer,*
> *Parti mon cor tot d'autre pessamen*
> *E foron ferm en vos tug mey voler*[72]

---

[71] Cf. Dante, *De vulgari eloquentia*, livro II, cap. V, § 8. (N. do A.) ["Verso mais soberbo" — é como Dante qualifica nessa passagem o que chamamos hoje de decassílabo. (N. do T.)]

[72] "O dia em que eu vos vi, senhora, pela primeira vez,/ Quando vos foi grato permitir que eu vos contemplasse,/ Todo outro pensamento partiu de meu coração,/ E em vós repousaram firmes todos os meus desejos." Arthur Langfors (ed.), "Le troubadour Guilhem de Cabestanh", *Annales du Midi*, XXVI, 1914, p.

Embora também nesse caso a articulação seja só temporal, a simples continuidade, ao longo de quatro versos decassílabos, de um motivo consistente, bem marcado e coeso, produz um efeito quase oposto ao provençal, e remete ao tom do estilo novo italiano.

Já a alta poesia italiana tem uma estrutura muito mais lógica e refletida desde o início, ou seja, já com os poetas sicilianos, com Guittonne ou Bonagiunta. Eles já começam delimitando melhor o objeto do que os trovadores, só raramente deixam algo obscuro ou não dito, e suas frases podem ser identificadas de maneira mais objetiva e palpável, em comparação aos provençais. Mesmo para Guinizelli a sintaxe bem pensada é algo mais natural, ainda que seja no seu caso sublimada e ajustada ao *ethos* do *cor gentile*; como já observamos, seus poemas de estilo elevado são pouco concretos, pouco palpáveis, mas em compensação o elemento intelectual aparece com muito mais força; se Bonagiunta o condena por ser ininteligível, isso não se deve tanto às associações erráticas e arbitrárias, como no *trobar clus*, mas é antes de tudo provocado pela novidade e pela sublimação inusitada das categorias conceituais nas quais Guinizelli baseou a espiritualidade do estilo novo. É aliás muito instrutiva quanto a isso a *tenzone* com Bonagiunta sobre a obscuridade de sua poesia;[73] a provocação de Bonagiunta (*"Poi ch'avete mutata la manera"*), com seu bom humor algo grosseiro, composta por três frases claramente articuladas, que na verdade são uma só, com antítese e chave de ouro, é uma peça bem representativa da sobriedade da

---

45; Erhard Lommatzsch, *Provenzalisches Liederbuch*, Berlim, Weidmannsche, 1917, p. 159. (N. do A.)

[73] E. Monaci, *op. cit.*, p. 303. (N. do A.) [A *tenzone* é um gênero de poesia em que, via de regra, um poeta debate com outro; uma controvérsia intelectual sob a forma de versos. (N. do T.)]

literatura italiana em seus inícios, evidente também nas novelas e anedotas da época; e a resposta elegante, notável de Guinizelli (*"Omo ch'è sagio non corre legero"*[74]) mostra, com a riqueza de sua articulação lógica, que sua disciplina e espiritualidade elevada afiaram sua inteligência para lutas como essa, em vez de embotá-la. A comparação com um poema provençal de teor semelhante, a *tenzone* de Giraut sobre o *trobar clus* (*"Era m platz, Giraut de Borneill"*[75]), evidencia bem a diferença na racionalidade da construção sintática; Giraut tenta fazer com que o todo permaneça algo puramente teórico, mas não consegue; a argumentação permanece em registro muito genérico, indefinido, nenhuma ideia é apreendida com firmeza, e as conexões entre elas são erráticas; ao fim, a disputa se dissipa completamente e o poema toma um rumo inesperado. Guinizelli, ao fazer versos de tom elevado — e poemas como o soneto *"Chi vedesse a Lucina un var chapuço"*[76] mostram que ele também era capaz de adotar outros tons —, concatena muito bem as ideias e as ilustra por meio de comparações; quando tem espaço para desenvolvê-las, elas se encadeiam uma a uma, e o resultado é de uma clareza cristalina. A seriedade profunda e o *ethos* de sua inspiração impedem que ele soe professoral; mas persiste certa rigidez e uniformidade excessiva na sintaxe; isso é consequência natural de sua temática puramente intelectual. Ele é amiúde impelido, no meio do poema, a fazer uma nova introdução, por começar um novo pensamen-

---

[74] "O homem que é sábio não corre ligeiro", isto é, como se depreende da leitura do soneto: quem é sábio não se precipita, não age, e nem julga os outros de maneira leviana, como teria feito seu rival. (N. do T.)

[75] "Agora me agrada, Giraut de Bornelh." A. Kolsen, *op. cit.*, p. 374; Carl Appel, *Provenzalische Chrestomathie*, Leipzig, Reisland, 1895, p. 126. (N. do A.)

[76] "Quem visse em Lúcia um capuz de pele." E. Monaci, *op. cit.*, p. 299. (N. do A.)

to que, a despeito de estar ligado ao anterior pela temática, não é inerente a ele em termos poéticos, e por isso parece algo inteiramente novo, de modo que o todo claramente funciona como uma sequência. Ele mesmo decerto sentiu a necessidade de dar ao todo uma coerência mais palpável, mais central, mas os meios que mobilizou para isso — a retomada de uma palavra ou sonoridade, a repetição das mesmas construções e figuras de linguagem, em especial a comparação e a antítese — acabam reforçando ainda mais, na grande canção "*Al cor gentil*", onde aparecem mais nitidamente, a impressão de certa rigidez dogmática. Alcança-se com isso um efeito uniforme, um tipo de harmonia mais linear, que opera de maneira muito pura, mas que ainda é muito rala, se comparada a Dante.

Dante não é menos claro ou completo do que seu mestre, nem na expressão, nem na articulação; mas o que o mestre considerava ser o principal e o decisivo, é para Dante só um produto de forças mais profundas. A construção sintática de seus poemas não é nem pré-reflexiva como na trova de amor, nem puramente reflexiva, como em Guinizelli; é de um terceiro tipo. Isso tem a ver com a circunstância, já mencionada, de que o que dá ensejo a um poema de Dante não é tanto um sentimento ou ideia, e sim uma ocorrência; mas a descrição do fenômeno não esgota a questão, pois só raramente o que está em jogo são ocorrências reais ou que só se pode conceber empiricamente; em vez disso, o que está em jogo, no mais das vezes, são visões. Considere-se o conteúdo do poema final de *Vida nova*: "*Oltre la spera*" ["Além da esfera"]. A partir do motivo "meu espírito muitas vezes pensa demoradamente na amada morta" — um poeta como Guinizelli não tiraria mais do que dois versos; para escrever mais, precisaria se afastar do ponto de partida, e, portanto, de si mesmo, precisaria introduzir algo além disso, um motivo similar, mas novo, quem sabe uma descrição do estado da falecida,

A poesia de juventude de Dante

uma troca de palavras ou uma mensagem dela, em resumo, algo diferente seria coordenado com o primeiro motivo e viria na sua sequência. Mas Dante enxerga em sua plenitude o evento visionário da peregrinação de seu espírito; não há mais nada de metafórico nessa ideia, ela é antes um acontecimento real, como que capturado em câmera lenta; o único tema do poema é a ascensão, o retorno e o relato de seu espírito. Ora, uma vez que há ali a presença de algo que espera e fica neste mundo — que faz com que o evento da peregrinação apareça com ainda mais intensidade e nitidez —, o espírito do poeta se divide: o que ascende e se torna *"spirito"* [espírito] é só o *"sospiro"* [suspiro] ao qual o Amor confere *"intelligenza"* [inteligência];[77] e assim como Noé podia observar o voo da pomba,[78] ou como, hoje, observamos o avião que arrisca o voo perigoso e continuamos a segui-lo em pensamento, muito depois de sumir da nossa vista — assim também se faz presente, nas primeiras palavras do poema, e aliás até na descrição do que o espírito vê ao chegar ao seu destino e por ali se demorar, a sensação de quem ficou para trás, observando. Essa contraposição embutida no evento (que também é formulada de maneira refletida na conclusão do poema)

---

[77] Alusão às primeiras estrofes do soneto, que começa pela descrição de um "suspiro" que sai do coração do poeta e se dirige para "além da esfera que gira mais alto", isto é, que ascende aos céus; a partir do terceiro verso, o poeta revela que foi o Amor, aos prantos, que conferiu a tal suspiro a "inteligência" que faz com que ele assim ascenda. Na estrofe seguinte, Dante descreve o que esse "espírito peregrino" saído de seu coração viu ao chegar a seu destino celestial: a visão da mulher amada, cercada de esplendores. (N. do T.)

[78] Alusão às passagens do *Gênesis* (8), em que Noé solta uma pomba para ver até onde vai; da primeira vez, ela não vai longe, mas Noé repete o experimento nos dias seguintes, até o dia em que a pomba desaparece de vista e não retorna. Nesse dia, Noé entende que há terra por perto e que o dilúvio cedeu. (N. do T.)

intensifica e ressalta a unidade da obra como um todo, construída em cima de um só motivo, com suas articulações; identificamos esse motivo já nos primeiros versos, e nada de "novo" é em seguida adicionado a ele.

Nos poemas de seu período de juventude, Dante é sempre extremamente econômico com motivos novos e "adicionais"; e o motivo principal de cada poema já é, no mais das vezes, tão fortemente especificado, é uma ocasião singular a tal ponto concreta que não tolera nenhum adendo, e deriva sua intensidade da articulação interna e da maneira aguda como ele apresenta suas visões. Mas mesmo quando toma como motivo um tema bastante genérico, sob as suas mãos de artista e sob seu olhar que vê ao mesmo tempo longe e em detalhe, esse tema se transforma em uma estrutura bem definida, que nada tem de especulativa, sendo, em vez disso, uma espécie de criação histórica real. Um exemplo bem claro disso é seu poema programático sobre o Amor e o *cor gentile*;[79] Guinizelli, em sua grande canção tratadística, só conseguiu compor um todo poético a partir dos elos de sua sequência de ideias graças ao emprego de metáforas coerentes entre si; o verso inicial, ainda que possa ser interpretado também no sentido de um resumo sintético, não significa, no contexto do poema, senão o primeiro elo de uma cadeia; já o verso inicial de Dante é claramente a soma da ideia como um todo, e o que se segue é o evento do despertar do amor, de acordo com a visão que se formou. A divisão que ele mesmo atribui ao poema é só aparente (ele mesmo o diz com as palavras "*potenzia*" e "*atto*"[80]); pois a segunda parte não é em absoluto algo

---

[79] Dante, *Vida nova*, XX. (N. do A.) [Vale a pena mencionar o primeiro verso do poema, pois Auerbach se refere a ele a seguir: "*Amore e 'l cor gentil sono una cosa*". Ou seja: "O Amor e o coração gentil são uma só coisa". (N. do T.)]

[80] Auerbach se refere à divisão que o próprio Dante propõe na sequência

autônomo, acrescentado, e sim o desdobramento e a atualização do que está dado nos primeiros versos; e é por isso que, apesar do tom didático, o poema causa a impressão de que flagramos o desabrochar de um botão. O motivo mais geral que os poetas do estilo novo sempre voltam a abordar é o enaltecimento da dama, e não há como negar que mesmo Guinizelli, embora tenha nesse ponto inventado motivos novos e importantes, e infundido nele o espírito novo do "coração nobre", é de uma concretude muito menos imediata do que as trovas de amor nórdicas ou provençais; pois se limita a acumular declarações ("*Voglio del ver la mia dona laudare*" ou "*Tengnol di foll'enpres'a lo ver dire*"[81]), ao passo que os trovadores deixavam o sentimento fluir de maneira irrestrita e inteiramente lírica. Em *Vida nova*, Dante abordou o tema em sua forma mais genérica uma única vez, a saber, na grande canção "*Donne ch'avete* [...]"; ao longo do livro, preferia tratar um motivo ou evento particular de cada vez, mas aqui fala expressamente do tema mais geral: "*io vo'con voi de la mia donna dire*" ["vou convosco falar de minha dama"]. Por enquanto, vamos ignorar que as palavras "*con voi*" e a confissão fundamental dos versos terceiro e quarto[82] trazem uma abordagem do tema inteiramente nova, por seu caráter insinuante e individualizador; antes, ao tratar das apóstrofes, já ensaiamos a explicação desse "convosco", e só cabe agora lembrar o quão im-

---

do poema, ao comentá-lo; Dante a essa altura explica ao leitor de *Vida nova* que o soneto tem duas partes: nos quartetos, falaria do Amor em potência, e nos tercetos finais, falaria do Amor em ato. Cf. Dante, *Vida nova*, XX. (N. do T.)

[81] "Quero veramente minha dama louvar"; "Considero louca empresa a bem dizer". E. Monaci, *op. cit.*, pp. 298 e 300. (N. do A.)

[82] "[...] *non perch'io creda sua laude finire,/ ma ragionar per isfogar la mente.*" (N. do A.)

pactante é o uso dessa forma retórica em Dante. Vamos agora nos ocupar da estrutura global do poema: ele não é perfeito, pois nele Dante ainda não conseguia evitar a justaposição das imagens isoladas, como conseguiria mais tarde, mesmo ao abordar os motivos mais universais. E ainda assim há uma grande diferença em relação a Guinizelli; pois se é verdade que o poema como um todo também é "juntado", e que alguns dos versos do quarto soneto da canção, sobre o elogio do corpo nobre, são um mosaico de metáforas e declamações enaltecedoras — ainda assim o que ele vai juntando e encadeando, levado pelo fluxo temático, é uma sequência de visões que brotam de uma concepção central: a cena celestial, a aparição da dama ao passar pela rua, o Amor que zela por ela. Para nós, tais visões não parecem plenamente vivas, e algumas soam forçadas; mas até mesmo esse caráter forçado tem algo de novo: não se trata do capricho do *trobar clus*, nem da elucubração rígida e enfática de Guinizelli; e sim de uma verdadeira força: é o ímpeto avassalador de depurar o sentimento para extrair o máximo de sua intensidade, destacando-o inteiramente da esfera da subjetividade, da esfera propriamente sentimental, para tentar ancorá-lo nas regiões sublimes onde está a validade objetiva, o absoluto supremo. Isso é tudo o que importa para ele, e esse empenho se reflete nas metáforas e contrastes exagerados, que sobrepujam até mesmo a retórica mística do estilo novo; ainda hoje sentimos a força dessa vontade, e é por isso que esse poema bastante irregular ainda tem a mesma magia. É a magia da unidade movida pela paixão, que deseja envolver o cosmos inteiro na própria experiência. O sentimento do poeta é tão convicto em sua atitude que o efeito que produz não decorre da organização racional do poema, ainda falha; antes, as partes do poema, e ele como um todo, atuam como uma irradiação de poder, como os incensos de um feitiço abrasador.

A poesia de juventude de Dante

Portanto, a unidade da lírica de juventude de Dante, ainda mais evidente em outros poemas, que têm motivos mais concretos e definidos com maior precisão, não é de caráter racional, e sim visionário; da mesma forma, as imagens que compõem os poemas não são evocadas pela enumeração de seus traços, e sim pelo que têm de mais pleno e real, sendo extraídas de uma essência central, e é assim que operam; elas abrigam forças irradiadoras, almejam o poder e o conquistam. A voz de Dante sempre fala desde o centro de um lugar muito bem definido, inconfundivelmente único; ele sempre quer arrastar os ouvintes para dentro desse lugar; para ele, não bastam a simpatia do sentimento ou a aclamação, e nem mesmo, talvez, o deslumbre intelectual; ele exige que o sigam até a singularidade mais extrema do lugar real que evoca. Seria impreciso e talvez injusto se se pretendesse dizer que ele viveu de maneira mais imediata e intensa do que os poetas medievais que vieram antes; em seus versos, há algo de muito forçado, um exagero excessivo que não é fruto da moda dominante, e sim da sua vontade de se expressar a qualquer custo; em vez disso, o que se passa é que os poetas que o precederam tendiam a ir muito além de sua experiência, por assimilar, ou de maneira associativa, ou pela articulação de ideias, tudo quanto pudesse ter alguma relação com a experiência, tudo quanto pudesse ilustrá-la metaforicamente, ou ornamentá-la; ao passo que Dante se mantém rigorosamente junto ao ponto de partida concreto, exclui tudo quanto seja diferente, alheio, aparentado ou similar, jamais se move rumo à extensão, e sempre rumo à profundidade, faz desaparecer tudo mais ao redor e mergulha cada vez mais fundo em um determinado motivo, com uma concentração obstinada e amiúde excruciante. Suas metáforas caracterizam isso muito bem. Na lírica de *Vida nova*, quase nunca têm um valor poético em si, como têm para os provençais ou para Guinizelli; nunca levam a um território novo, não proporcionam uma imagem nova e não trazem descontração e relaxamento: são amiúde parcimoniosas e curtas, jamais extrapolam o evento, e seu objetivo não é nem a fruição poética, nem a elucidação intelectual, nem tampouco uma combinação entre ambas; elas são pura expressão, e só aparecem quando apropriadas a esse fim. Assim, a composição da maior parte de seus poemas é de uma tal precisão e coerência, que, para as gerações mais antigas, devem ter dado a impressão de serem ao mesmo tempo pobres e empolados. Só raramente se via uma das ornamentações poéticas usuais; se isso porventura ocorria, ela não exibia nem um pouco de bom gosto, nem despertava fruição, sendo antes tão desmedidamente exagerada, sendo transposta ao real com uma seriedade tão grande, que afinal assustava e repelia; com isso, o poema como um todo, justamente por se limitar à circunstância concreta singular em que se expunha, sem reservas, algo de sua pessoa e de sua autobiografia, tornou-se algo a tal ponto intenso que perturbava e ofendia o ouvinte que não estivesse pronto para se entregar a ele apaixonadamente.

Em relação a seus predecessores, o estilo da poesia de juventude de Dante significa tanto uma limitação como um enriquecimento: uma limitação quanto ao motivo, que tinha contornos muito mais definidos e específicos, e ao qual ele se aferrava no curso do poema de maneira bem mais rigorosa e firme; sobre isso, é preciso lembrar que tal procedimento, que por sua própria natureza produz um efeito mais imediato e realista, mesmo quando discorre sobre coisas audaciosas e extraordinárias, era há muito conhecido e difundido, e não só na poesia de estilo elevado; poemas de conteúdo cômico, pastoral ou polêmico já haviam sido tratados dessa maneira inúmeras vezes; havia uma tendência natural para isso justamente na Itália, e, no curso desta investigação, já citamos dois poemas nos quais essa limitação, essa circunscrição ao concreto, é empregada com alguma maestria: um de Bonagiunta (*"Poi ch'avete mutata la manera"*), e outro de Guinizelli (*"Chi vedesse [...]"*). Só o estilo elevado da poesia profana não estava até então aberto a isso, pois tal estilo era associado a uma concepção artificial, irrealista, retórica — uma concepção muito antiga, da qual Dante se desvinculou só bem aos poucos e sem jamais extrair de modo consciente todas as consequências disso. O enriquecimento, por sua vez, está no aprofundamento e na articulação interna do motivo unitário, que se adapta melhor à realidade variável do acontecimento e se desdobra de maneira mais natural.

A presença do evento no curso de sua exposição, o caráter evocativo de seu tom, a unidade visionária de sua composição — são esses elementos, difíceis de distinguir entre si e que tendem o tempo todo a se misturar na análise, que constituem o que há de novo na sua voz, e foram eles que revelaram ao mundo europeu uma nova possibilidade para a poesia patética. Embora Dante tenha herdado de seus predecessores a mística do *cor gentile*, as formas poéticas da canção, do soneto e da balada, e mesmo toda a terminologia da retórica amorosa — o que afinal resultou disso foi algo inteiramente novo, e também em última análise muito mais simples, mesmo com todo o seu incontido enaltecimento de si, mesmo com a limitação às experiências extraordinárias e acessíveis só para poucos. Leia-se como prosa estas frases: *"Tanto gentile e tanto onesta pare la donna mia, quando ella altrui saluta, ch'ogne lingua deven tremando muta e li occhi no l'ardiscon di guardade"*. Ou: *"E perchè me ricorda ch'io parlai de la mia donna, mentre che vivia, donne gentili, volentier con vui, non von parlare altrui, se non a cor gentil che in donna sia"*.[83] Is-

---

[83] "Tão gentil e tão honesto é o ar de minha dama, quando outrem saúda, que toda língua, tremendo, fica muda, e os olhos não a ousam fitar"; "E porque me recordo que de minha dama, enquanto vivia, de bom grado eu vos falava, gen-

so é claro e simples, um fluxo contínuo que percebemos só de olhar, e ainda mais ao ouvir tais frases. Guinizelli não era capaz disso: como acumula pensamentos, precisa o tempo todo recomeçar; o fluxo do *pathos* é interrompido várias vezes, toma-se um novo fôlego, e após algumas palavras o fôlego acaba (isso é algo que só se entende depois que se lê os seus poemas). Os versos de Dante se destacam de tudo o que até então fora escrito depois da Antiguidade, pois têm, além da mais cristalina simplicidade, algo de fortemente pulsante, um movimento interior que não para, como o da própria natureza. A impressão que aqui descrevemos é puramente sensorial, e em grau ainda mais elevado do que o discutido até aqui, pois as forças que a produzem são ainda mais puramente inconscientes e involuntárias. Para ter uma ideia mais exata disso, é preciso desconfiar da simplicidade enigmática dos versos. *"Ne li occhi porta la mia donna Amore, per che si fa gentil ciò ch'ella mira."*[84] Pode haver algo mais claro, mais simples? Um nexo causal quase didático, cada oração com a mesma métrica, cada palavra em seu lugar, segura e clara — nada fora do prosaico na construção da frase, exceto pelo *"ne li occhi"* no começo. Mas que conteúdo! A grandeza do sentimento, a fina flor da atitude do *cor gentile*, está aí contida como premissa axiomática; é como se, chegando ao ápice, um novo horizonte se abrisse, a seguir tomado como ponto de partida; e em cada uma dessas palavras claras, simples, pulsa todo um mundo de arroubos sentimentais. Isso é algo que se observa com ainda

---

tis damas, a outrem não falo senão ao coração gentil de mulher." Da canção *"Li occhi dolenti"*, em Dante, *Vida nova*, XXXI. (N. do A.)

[84] "Nos olhos minha dama porta Amor, pelo qual se faz gentil o que ela mira." Dante, *Vida nova*, XXI. (N. do A.) ["Gentil" tem aqui o significado de "nobre", de modo que a ideia é que o olhar da dama enobrece aquele a quem ela se dirige. (N. do T.)]

mais nitidez em frases de articulação mais robusta. "*Donne* [...] *i'vo'con voi de la mia donna dire, non perch'io creda sua laude finire, ma ragionar per isfogar la mente. Io dico che pensando il suo valores, Amor si dolce mi si fa sentire, che s'io allora non perdessi ardire, farei parlando innamorar la gente.*"[85] Tais frases, assim como as citadas acima, parecem trazer afirmações serenas, formuladas com cuidado, e essa ponderação visível, presente já na própria forma lógica das frases, fortemente prosaica, é reforçada ainda mais pela métrica uniforme e pelo seu encaixe no sistema de rimas. Só que, ao considerar o conteúdo dessas frases em verso, percebe-se que não se trata de fatos ou pensamentos, e sim de uma verdadeira torrente de sentimentos cheios de paixão, que foram aí sujeitados, ao que parece sem o menor esforço, a uma forma fortemente cerrada tanto na métrica como em termos sintáticos. "*Can vei la lauzeta mover de joi sas alas contra l rai, que s'oblid 'e s laissa chazer per la doussor c'al cor li vai, Ai! tan grans enveya m'en ve de cui qu'eu veya jauzion* [...]."[86] Esse também é um período longo, contínuo; mas vejam como aqui o sentimento passional é livre para fluir de maneira mais solta, ingênua, e realmente mais simples! Esse "cantem como a ave canta" é algo que a segunda geração de grandes poetas provençais já não dominava, nem desejava; em seu lugar entrou o esforço em captu-

---

[85] "Damas [...] vou convosco falar de minha dama, não por crer assim concluir o louvor a ela, mas falar para desafogar a mente. Digo que, pensando em seu valor, Amor se faz em mim sentir tão doce que, se eu não perder o ardor, falando farei com que se enamorem." (N. do T.)

[86] "Quando vejo a cotovia mover com contentamento as asas contra os raios de sol, a tal ponto que se esquece e se deixa cair pela doçura que lhe atinge o coração, Ah! fere-me então tão grande inveja de quem eu veja contente [...]" Trata-se de parte da primeira estrofe de um poema de Bernart de Ventadorn, já mencionado por Auerbach. (N. do T.)

rar as sensações pelo pensamento, um esforço presente já desde o início entre os provençais, mas com mais força em autores como Giraut de Bornelh e Arnaut Daniel. A dialética sentimental — tal nome nos parece o que melhor corresponde ao objeto[87] — consiste em compor um sistema lógico, ou aparentemente lógico, a partir das palavras que denotam o sentimento, seu surgimento, estado psicológico e efeitos, e quem sabe em esconder nesse sistema uma sabedoria secreta. Tentativas de chegar a um dogma do amor são antigas; elas foram inspiradas, por um lado, pelo modelo de Ovídio, e por outro pela inclinação do espiritualismo vulgar a submeter a sensibilidade a um significado racional; o exemplo mais famoso é o livro de Andreas Capellanus.[88] Mas quem primeiro deu a tal forma um caráter realmente poético foram os últimos provençais, e em suas obras, com efeito, temos uma intensificação tão extrema e um contraste tão nítido entre as posições conceituais, que parece surgir deles a imagem de uma luta trágica. Mesmo os poemas mais peculiares dentre os compostos dessa maneira, aliás amiúde bem sugestivos, baseiam-se em uma concepção estética que aspira conscientemente a algo extraordinário, paradoxal e difícil de compreender; isso decorre da própria técnica dos contrastes, uma forma muito abstrata e nada realista, na qual é muito fácil que o motivo real do poema acabe se dissipando; mas, de maneira mais geral, a geração que primeiro voltou a tentar sujeitar a livre efusão lírica a uma estrutura firme tinha uma predileção pelos nexos puramente formais para tramar conceitos e rimas, e embora jamais tenha preterido, em nome disso, o sentimento, que sempre continuou

---

[87] Quem o usa é K. Vossler, *op. cit.*, p. 433. (N. do A.)

[88] Ou André Capelão, autor do século XII; Auerbach se refere ao tratado *De Amore*. (N. do T.)

A poesia de juventude de Dante

sendo a verdadeira substância de sua expressão, mesmo assim a realidade viva subjacente ao sentimento foi preterida; trata-se, portanto, de uma racionalidade inautêntica, errática e fantástica, que não tinha por objetivo dar forma conceitual elaborada a uma circunstância empírica, e sim jogar com contrastes e metáforas obscuras. Se, portanto, tal poesia revela certo parentesco com o instinto lúdico e ao mesmo tempo lógico e retórico do espiritualismo vulgar, e se podemos remontá-la, em última análise, à tradição retórica decadente da Antiguidade tardia, então, por outro lado, a dialética sentimental de Dante revela, e a princípio de modo inteiramente inconsciente, um retorno às fontes autênticas da retórica antiga, e com isso à própria Grécia. Isso porque, embora não soubesse grego, só tivesse uma ideia muito vaga de Homero e ignorasse completamente os autores trágicos — embora a formação clássica que ele obtivera para si se resuma a um conjunto de autores latinos reunidos de maneira que, hoje, julgamos indiscriminada e aleatória —, Dante é, ainda assim, o herdeiro autêntico da Grécia mais nobre, a do "idioma que criou μὲν [*mén* = de um lado] e δὲ [*dé* = de outro]";[89] suas frases são as primeiras, desde a Antiguidade, que contêm um mundo e ao mesmo tempo são tão simples que mais parecem saídas de

---

[89] Dito de Wilamowitz. (N. do A.) [Auerbach faz aqui uma alusão não literal a uma observação do filólogo alemão Ulrich von Wilamowitz em trabalho sobre a história do idioma grego (*Geschichte der griechischen Sprache*, Berlim, Weidmannsche, 1928), apresentado como conferência em 1927 e publicado no ano seguinte. Nesse texto, Wilamowitz observa que a articulação de ideias por meio das partículas μὲν e δὲ seria característica do grego clássico, ou "desenvolvido", como diz. Usadas em conjunto, essas duas partículas servem como conjunções coordenativas, em geral com função adversativa, ou seja, para articular orações opostas em uma mesma frase, como na construção "de um lado isso, de outro, aquilo". (N. do T.)

Dante como poeta do mundo terreno

um manual, que expressam o sentimento mais profundo e ao mesmo tempo são tão claras como um pensamento, que parecem vibrar com paixão indomável e ao mesmo tempo se movem com serenidade dentro de uma métrica rigorosa; e sobretudo as primeiras nas quais a retórica não asfixia o real, mas em vez disso dá forma a ele e o registra.

O próprio Dante discutiu essas coisas em chave teórica, e esta é a ocasião para nos ocuparmos da sua exposição a respeito. No sexto capítulo do segundo livro em *De vulgari eloquentia*, ele trata da *constructio* da sintaxe. Eis o que afirma a passagem que mais nos interessa:

> Nosso objetivo é na verdade a construção (*constructio*) congruente. Mas antes de chegar à distinção que agora queremos atingir, cabe uma outra, não menos difícil, a saber: aquela com maior grau de urbanidade. Pois há vários graus de construção sintática, a saber: a inculta, empregada por quem não teve educação, como na frase: *Pedro ama muito dona Berta*. Há também a puramente culta, usada por acadêmicos e professores rigorosos, como: *Eu sofro do maior dos pesares, porque quem quer que viva no exílio só revê a pátria em sonho*. Há também uma que é ao mesmo tempo culta e agradável, usada por várias pessoas que aprenderam a retórica de modo superficial, como: *O louvável discernimento do Marquês d'Este e sua generosidade, posta à disposição de todos, fazem com que ele seja adorado*. E há também aquela que é culta e agradável, e além disso sublime, empregada por escritores ilustres, como: *Saquearam a maior parte das flores do teu seio, ó Florença, mas é em vão que avança, rumo à Trinácia, esse segundo Totila*. Denominamos esse o grau mais excelente de construção, e é ele, como já foi dito, que buscamos quando queremos o que

há de melhor. É nesse nível que as canções mais ilustres são compostas, como a de Giraut...

Seguem-se outros exemplos, e por sinal apenas poéticos: canções provençais e italianas; depois ele avança:

Não se espante, leitor, que tantos autores lhe venham à memória: só pudemos indicar a construção que chamamos de suprema por meio de tais exemplos. E talvez a melhor maneira de nos habituar a ela seja pela leitura dos poetas que seguem as regras, como é o caso de Virgílio, ou do Ovídio das *Metamorfoses*, de Estácio, de Lucano, e de outros de prosa altíssima, como Tito Lívio, Plínio, Frontino, Paulo Orósio, e muitos outros que a nossa amiga solidão convida a visitar. Já chega, portanto, dos devotos da ignorância, que exaltam Guitonne d'Arezzo e alguns outros, que nunca deixaram de ser plebeus, nem no vocabulário, nem na construção sintática.[90]

---

[90] *Le opere di Dante, op. cit.*, p. 343 (*De vulgari eloquentia*, livro II, capítulo VI, §§ 3-8). (N. do A.) [No original, Auerbach cita o texto em latim, acrescido de duas observações entre parênteses, e acrescenta uma tradução para o alemão no rodapé, tirada de Dante Alighieri, *Über das Dichten in der Muttersprache* (Darmstadt, Otto Reichl, 1935, pp. 60 ss.). Optou-se aqui em reposicionar a tradução para o corpo do texto. Minha versão se apoiou tanto na tradução alemã, como no original em latim; reproduz-se a seguir o texto original, sem as intervenções de Auerbach: "*Est ut videtur congrua quam sectamur. Sed non minoris difficultatis accedit discretio priusquam quam querimus attingamus, videlicet urbanitate plenissimam. Sunt etenim gradus constructionum quamplures: videlicet insipidus, qui est rudium, ut Petrus amat multum dominam Bertam. Est et pure sapidus, qui est rigidorum scolarium vel magistrorum, ut Piget me cunctis pietate maiorem, quicunque in exilio tabescentes patriam tantum sompniando revisunt; est et sapidus et venustus, qui*

Em seu *Antike Kunstprosa*, Eduard Norden[91] mencionou a passagem e, não sem alguma razão, criticou com bastante severidade tais paradigmas estilísticos. Nessa passagem, afirma ele, condena-se a simplicidade e a naturalidade, e sanciona-se a pompa e a artificialidade. Contudo, temos uma imagem algo diferente, ao considerar que Dante não pensava na prosa latina, e sim no estilo elevado da poesia vernacular, e que, portanto, suas frases não são modelos exemplares de prosa literária latina, e sim tentativas de ilustrar, por analogia, sua postura estilística na poesia italiana. Assim, não se deve considerar essas quatro frases paradigmáticas em si mesmas, e sim em relação ao projeto de Dante como um todo; só se pode entender seu significado caso se tenha em vista a poesia vernacular, e em especial as canções provençais e italianas que Dante menciona nessa passagem.

---

est quorundam superficietenus rethoricam aurientium, ut Laudabilis discretio marchionis Estensis, et sua magnificentia preparata, cunctis illum facit esse dilectum; est et sapidus et venustus etiam et excelsus, qui est dictatorum illustrium, ut Eiecta maxima parte florum de sinu tuo, Florentia, nequicquam Trinacriam Totila secundus adivit. Hunc gradum constructionis excellentissimum nominamus, et hic est quem querimus cum suprema venemur, ut dictum est. Hoc solum illustres cantiones inveniuntur contexte, ut Gerardus: Si per mon Sobretots non fos... Nec mireris, lector, de tot reductis autoribus ad memoriam: non enim hanc quam supremam vocamus constructionem nisi per huiusmodi exempla possumus indicare. Et fortassis utilissimum foret ad illam habituandam regulatos vidisse poetas, Virgilium videlicet, Ovidium Metamorfoseos, Statium atque Lucanum, nec non alios qui usi sunt altissimas prosas, ut Titum Livium, Plinium, Frontinum, Paulum Orosium, et multos alios quos amica sollicitudo nos visitare invitat. Subsistant igitur ignorantie sectatores Guictonem Aretinum et quosdam alios extollentes, nunquam in vocabulis atque constructione plebescere desuetos". (N. do T.)

[91] Eduard Norden, *Die antike Kunstprosa — vom VI. Jahrhundert V. Chr. Bis in die Zeit der Renaissance*, vol. 2, Stuttgart/Leipzig, Teubner, 1898, p. 753. (N. do A.)

A poesia de juventude de Dante

Logo se nota que Dante menciona quatro graduações do estilo, ao passo que os χαρακτῆρες λέξεως [*kharaktéres léxeōs* = tipos de estilo] tradicionais são três — em várias outras passagens, o próprio Dante insinua uma divisão tripartite, por exemplo, no quarto capítulo do mesmo livro. Em todo caso, na passagem acima ele só discerne claramente dois tipos de construção sintática, a mais baixa, o *genus humile*,[92] que ele rejeita junto ao primeiro paradigma, e a elevada sentimental,[93] da qual menciona três nuances: uma pedante à moda erudita, uma superficialmente elegante, e outra a um só tempo erudita, elegante e sublime. Todas as três aspiram à expressão rica em articulações e à grandeza do tom; a primeira tenta chegar a isso com formulações explicativas e antitéticas, juntadas a uma afirmação simples ("sinto muito pelos exilados"), e com um acúmulo algo laborioso de artifícios sintáticos; a frase é carregada demais e soa rígida. A segunda frase flui melhor e é mais urbana, só que lhe falta força e compostura; ela é inteiramente desprovida de contraponto, tende demais para um único sentido e soa vazia. Na terceira, a preferida de Dante, o jogo de palavras com Florença, a perífrase "*Totila secundos*" e o excesso de expressões em sentido impróprio incomodam o gosto moderno.[94] Mas nem por isso se deve es-

---

[92] Em latim no original; no caso: "gênero baixo". Erich Auerbach alude à tradicional distinção dos três gêneros de retórica: o baixo, o médio e o elevado. (N. do T.)

[93] Ou patética, como diz Auerbach. Referência aos três modos de persuasão que remontam à retórica aristotélica: a persuasão ética (que apela ao *ethos*); a racional (que apela ao *logos*); e a sentimental (que apela ao *pathos*). (N. do T.)

[94] "Trinácia" é referência à Sicília, região cujo formato lembra um triângulo; Totila, por sua vez, foi rei dos ostrogodos; no século VI, liderou várias campanhas militares para ampliar o Reino Ostrogodo, então parte do Império Bizantino — saqueando, entre outras, Florença e Sicília. Na frase em questão, porém, Dan-

quecer o fato inegável de que ela soa bem quando pronunciada em voz alta. Trata-se de um análogo poético, e não de uma frase prosaica; ela exprime uma circunstância antitética, e a esta corresponde com exatidão a estrutura ornamentada composta por duas partes quase iguais, uma crescente e outra decrescente, separadas pela apóstrofe a "Florença"; e apesar de toda a ornamentação, ela apresenta o conteúdo — a saber: ele te feriu, Florença, mas é em vão que vai à Sicília — com uma clareza marcante.

Fica ainda mais claro o que Dante deseja ao considerar as canções que então menciona como exemplo da grandiosidade autêntica. Elas pertencem, sem exceção, à tendência estilística que temos em mente ao falar em uma dialética sentimental. Talvez Vossler quisesse dizer algo similar, ao destacar, por referência a tal passagem, o elemento clássico desses poemas.[95] Porém, a antítese entre o clássico e o romântico, que, aliás, Vossler aí emprega fazendo uma ressalva cautelosa, não me parece de todo feliz em se tratando dos séculos XIII e XIV; ela é imprecisa e abre espaço para mal-entendidos. A dialética sentimental, que nesse contexto representa o novo, é de inspiração muito mais romântica do que clássica, e o elemento clássico que nela captamos, não o possui nenhum daqueles poetas, exceto o próprio Dante. O que o encanta nas canções é o *excellentissimus gradus constructionis*; Vossler as chama de canções de espetáculo e de glória,

---

te fala em um "segundo Totila" — alusão aos acontecimentos políticos que levaram ao seu exílio de Florença, quando aliados do papa Benedito VIII tomaram o poder na cidade. De acordo com a *Enciclopédia dantesca*, esse "segundo Totila" que avançaria em vão à Sicília, após saquear Florença, seria Charles de Valois, que desempenhou papel importante tanto ao apoiar a tomada de poder pelos guelfos negros em Florença — partido alinhado ao papa, e ao qual Dante se opunha —, como ao liderar a tentativa frustrada de tomada do poder na Sicília. (N. do T.)

[95] K. Vossler, *op. cit.*, vol. 2, pp. 437 ss. (N. do A.)

afirma que superavam brilhantemente uma grande dificuldade poética, e as contrasta com aquelas canções que "funcionam mais por seu temperamento do que por sua arte, e sobretudo pelo frescor natural e pela simplicidade de sua fala";[96] eis aí os poetas do sentimento imediato, que compõem de maneira quase que inteiramente irrefletida; que "cantam como a ave canta" — e que Dante menciona em tom de reprovação. É certamente verdade que Giraut de Bornelh, Folquet de Marselha, Arnaut Daniel e os outros poetas citados por Dante já não podiam transformar o fluxo sentimental em poesia de uma maneira tão espontânea quanto Jaufre Rudel e Bernart de Ventadorn,[97] e que buscaram superar uma grande dificuldade poética; porém, seus poemas não são em absoluto somente obras de espetáculo, que buscam representar algo, e o que se esconde nesses versos obscuros e rimas rebuscadas não é a arte pela arte. Como em quase todas as obras maneiristas da arte medieval — e da mesma forma também no maneirismo propriamente dito do século XVI —, há nesses poemas um espiritualismo de herança neoplatônica, uma mística fortemente subjetivista, que, com a reinterpretação e sublimação das aparências, impele tais poemas rumo à ideia, ao mesmo tempo que se busca conservar a aparência em sua respectiva particularidade. Tal objetivo não foi atingido por

---

[96] *Idem, ibidem*, p. 436. (N. do A.)

[97] Sobre isso, é preciso observar que tal divisão só tem valor aproximativo. Quando Bernart de Ventadorn escreve "*Tout m'a mo cor, e tout m'a me, e se mezeis e tot lo mon, e can se·m tolc, no·m laisset re, mas dezirer e cor volon*" ["Levou-me o coração e levou a mim mesmo e a si mesma e ao mundo, e quando assim tudo levou, não me deixou coisa alguma, se não desejo e vontade no coração"] — da canção "*Can vei la lauzeta mover*" ["Quando vejo a cotovia se mover"], em C. Appel, *Bernart von Ventadorn, seine Lieder, mit Einleitung und Glossar, op. cit.*, p. 249 — então aí já ressoa com bastante força a dialética sentimental. (N. do A.)

nenhum desses poetas, seu impulso expansivo, que buscava envolver tanto a profundidade da alma como a amplitude cheia de nuances do mundo exterior, não foi satisfeito. Suas metáforas sempre saíam dos trilhos e se tornavam impróprias e vagas, suas ideias ou permaneciam genéricas demais, ou não apreendiam com firmeza o objeto particular, tornavam-se erráticas e estranhas, e a estrutura de seus poemas, que almejava a unidade interna, precisava amiúde se contentar com um substituto externo, inteiramente artificial. Todos eles tinham algo de trágico, e isso vale sobretudo, e mais enfaticamente, para o poeta que Dante mais admirava, Arnaut Daniel, o *"miglior fabbro del parlar materno"*.[98] Foi um talento extraordinário, e nele havia a mesma mescla misteriosa de sensibilidade apaixonada e rigor do pensamento que encontramos em Dante; Arnaut Daniel foi o primeiro a empregar, ainda que completamente em vão, imagens sabidamente cotidianas e mesmo grotescamente cômicas para acentuar a expressão, e seu temperamento urgente, rígido e amiúde desesperado foi o primeiro a alcançar, em algumas passagens, a mesma força da paixão caracterizada por antíteses que definiria toda poesia europeia, para além da poesia vernacular de Dante e Petrarca; o poema citado por Dante contém vários exemplos disso, e a introdução a seguir é absolutamente genial:

> *Anc ieu non l'aic, mas ella m'a*
> *Totz temps en son poder* [...][99]

---

[98] "Da língua pátria foi mor artesão." Dante, "Purgatório", XXVI, 117. (N. do A.)

[99] "Eu nunca a tive, mas ela me tem/ A todo tempo em seu poder [...]" Arnaut Daniel, *in* Ugo Canello (ed.), *La vita e le opere del trovatore Arnaldo Daniello*, Halle, M. Niemeyer, 1883, p. 102. (N. do A.)

Mas ele raramente consegue se manter no âmbito da interioridade. O pensamento luta contra a paixão e não se submete; o ouvinte precisa procurar pelos significados que ele esconde de maneira elaborada, e o efeito global do poema é arruinado. Mas não se deve interpretar como pompa caprichosa o que era *ethos* e expressão necessária; a luta do pensamento que se empenha em captar a aparência e sempre acaba caindo no vazio, no jogo dos conceitos, é um espetáculo de interesse não apenas estético, pois o caminho que leva do pensamento à realidade passa pela poesia, e esse é o início de um desenvolvimento importante, que talvez não seja apenas estético.

O que, portanto, encantou Dante naqueles poemas era o *excellentissimus gradus constructionis*, a riqueza das articulações e o tom elevado da dialética sentimental. Ele mesmo não enxergava o que o distinguia de seus mestres, e pode ser que jamais tenha reconhecido e formulado isso com clareza. Ou será que se deve ver certa alusão a isso, na frase *"et fortassis utilissimum foret"*, que introduz a referência aos autores antigos? Ei-la: "E talvez a melhor maneira de nos habituar a ela" — à construção sintática suprema — "seja pela leitura dos poetas latinos". Isso é decerto o melhor, se queremos ter clareza da novidade que Dante indicava aqui. Não se deve propor aqui algo como uma teoria da influência dos antigos. Os poetas anteriores também leram autores clássicos, e em Dante o primordial também era a busca intrínseca pela forma, já em grande medida presente nele quando encontrou uma confirmação e um modelo para tal nos poemas de Virgílio e de outros. Mas ele renovou a poesia retórica da Antiguidade de maneira mais pervasiva e completa do que qualquer outro poeta anterior, e aliás com meios em tudo diversos dos antigos.

Isso porque, para os poetas provençais, a regularidade da composição se apoiava na estrutura das estrofes e rimas; eles possuíam uma cultura da palavra, amavam o jogo com palavras e rimas; mas eram bastante alheios ao fundamento propriamente antigo do estilo elevado, à arte de formar períodos. Com efeito, os provençais do outro estilo[100] usavam repetidamente umas poucas formas retóricas, o que era consequência de seu pendor para a antítese; podemos pensar aqui em como Giraut de Bornelh, por exemplo, emprega, em sua famosa canção das antíteses ("*Un sonet fatz malvatz e bo*"[101]), um tipo de paralelismo entre as frases marcado pela cesura regular após a quarta sílaba — o que faz de maneira bastante monótona e primitiva, como cabe admitir. Arnaut é mais rico e ousado, mas o cerne de seu empenho com a forma está na arte das rimas, e, mesmo que Canello, o editor de sua poesia, tenha razão em elogiar a ausência de palavras desconexas e expletivos em seus poemas,[102] ainda assim o esforço em buscar palavras e efeitos sonoros de impacto comprometeu de maneira decisiva a construção de suas frases. Passagens isoladas dotadas de grande concisão não são raras, mas suas frases quase nunca trazem, ou trazem ainda menos do que no caso de Giraut, um fluxo contínuo e uma demarcação nítida entre seus componentes.

Dante conjuga de maneira fantástica a arte de costurar rimas com a regularidade e a precisão dos períodos. Isso que Guinizelli tentara, de maneira incipiente e esquemática, na grande canção "*Al cor gentil*", quando se esforçou em atribuir, em cada estrofe, o mesmo espaço e o mesmo ritmo a cada afirmação e sua respectiva elucidação metafórica — isso mesmo, em Dante, con-

---

[100] Referência ao *trobar leu*, o trovar leve, que tinha como principal figura Giraut de Bornelh. (N. do T.)

[101] "Faço um soneto mau e bom." A. Kolsen, *op. cit.*, p. 334. (N. do A.)

[102] A. Daniel, *in* U. Canello (ed.), *op. cit.*, p. 16. (N. do A.)

verte-se em um jogo livre; ele se move de maneira perfeitamente leve e fluida mesmo no espaço apertado do soneto. A regularidade natural de uma criação como o soneto "*Tanto gentile* [...]" praticamente dispensa comentários; o leitor atento não tem como não perceber que o fim de cada período coincide com as seções métricas; que os versos, com suas respectivas rimas, ou são concluídos com uma vírgula, ou então, se uma de suas partes é jogada para a frente ("*la donna mia*"), é assim isolada de maneira pensada e plena de sentido; que especialmente os versos que se correspondem pela posição métrica e pela rima também mostram um paralelismo semântico e sintático — e, enfim, que nada disso parece artificial, e sim a forma expressiva naturalmente cabível ao objeto. Creio conseguir elucidar melhor a depuração dos períodos individuais criados por Dante se apresentar a seguir algumas frases mais complicadas extraídas das canções que ele mesmo mencionou como exemplo do estilo elevado. Eis o que Arnaut, cujos poemas mais bem-compostos estão entre as canções de que estamos aqui falando, escreve na segunda estrofe de uma delas:

> *D'autras vezer sui secs e d'auzir sortz*
> *Qu'en sola lieis vei et aug et esgar;*
> *E jes d'aisso noill sui fals plazentiers*
> *Que mais la vol non ditz la bocal cors;*
> *Qu'eu non vau tant chams, vauz ni plans ni puois*
> *Qu'en un sol cors trob aissi bons aips totz:*
> *Qu'en lieis los volc Dieus triar e assire.*[103]

---

[103] "Para ver outras sou cego e para ouvi-las surdo,/ Pois apenas a ela vejo e ouço e considero;/ E com isso decerto não sou falso cortejador,/ Que o coração a quer mais do que diz a boca;/ Que eu vou por campos vales, planícies e

Não se trata só de notar o quão displicentes e imprecisos, em termos semânticos, são os conectivos individuais do terceiro verso em diante, ou como a mesma conjunção é sempre repetida, ora com significado diferente, ora com o mesmo; é preciso que fique claro que resulta absolutamente borrada a diferença entre a coordenação e a subordinação das orações específicas, e que os componentes da frase chegam à sua posição sintática à revelia de qualquer plano, de maneira completamente acidental e arbitrária. Ouça-se agora Guinizelli:

> *Da llei non ò sembiante,*
> *ed ella non mit fa vist'amorosa;*
> *perch'eo divengn' amante*
> *se non per dricta força di valore*
> *che la rende giojosa;*
> *onde mi piace morir per su'amore.*[104]

Aqui tudo é perfeitamente claro e nítido; mas se trata afinal de um período? Tanto, ou tão pouco quanto o de Arnaut; em termos semânticos, até funciona bem, ao menos até o penúltimo verso, mas não em termos sintáticos; ainda se trata de uma composição cumulativa, tacitamente paratática. Gostaria de seguir agora com uma frase tirada das próprias canções de Dante:

---

montes,/ Sem que num só corpo encontre todas essas tão boas qualidades,/ Que nela Deus as quis recolher e colocar." A. Daniel, *in* U. Canello (ed.), *op. cit.*, p. 115. (N. do A.)

[104] "Não me mostra ela o semblante/ e não me faz vista amorosa,/ para que eu me torne amante/ somente pela pura força de valor/ que a torna jubilosa;/ assim apraz-me morrer por seu amor." E. Monaci, *op. cit.*, p. 301. (N. do A.)

E certo è mi convien lasciare in pria,
s'io vo'trattar di quel ch'odo di lei,
ciò che lo mio intelletto non comprende;
e di quel che s'intende
gran parte, perchè dirlo non savrei.[105]

De novo, não é realmente necessária uma única palavra de comentário; na Idade Média, não se escrevia uma frase como essa antes de Dante, ainda que ele tenha períodos ainda mais belos do que esse. Queira-se apenas evidenciar a posição do "*ciò*", que é o ponto central do período como um todo, e observar que tal ênfase, ao lado do destaque similar que ele dá à locução "*gran parte*", equivale a um substituto perfeitamente válido para as conjunções μὲν e δὲ. A canção não pertence exatamente ao estilo de juventude do poeta, e já que é dele que gostaríamos de falar aqui, para mostrar que a voz de Dante era desde o início uma nova voz, precisamos outra vez retornar a *Vida nova*. Não que, antes, Dante preferisse períodos hipotáticos complicados: ele aprendeu muito com as escolas retóricas, as *artes dictandi*, mas as maiores repercussões disso aparecem mais tarde, em *Convívio* e nas canções posteriores, e uma subordinação real das orações que compõem seus períodos é algo que nunca combinou com ele. Cada oração conserva sua independência, elas são no mais das vezes coordenadas, e não é raro que partes individuais sejam em certo sentido destacadas do todo pela introdução repentina de uma nova construção. Na maior parte do tempo, as frases são simples, e sua estrutura facilmente passa despercebida.

---

[105] "E decerto cumpre-me deixar de lado,/ se quero falar do que ouço sobre ela,/ o que meu intelecto não compreende,/ e mesmo grande parte do que se entende,/ porque não saberia como dizê-la." *Le opere di Dante, op. cit.*, p. 202. (N. do A.)

Mas, como já dissemos acima, cabe desconfiar dessa simplicidade; ela resulta de um longo processo de depuração formal, do empenho estilístico de muitas gerações. *"E qual è stata la mia vita, poscia che la mia donna andò nel secol novo, lingua non è che dicer lo sapesse"*[106] — para compor essa frase simples, que captura o fato com o sentimento que lhe acompanha, e cujo único artifício retórico consiste em construir a sintaxe de modo a prenunciar duas vezes a parte essencial, foi preciso aflorar uma atitude perante o amor que sentisse como algo evidente e verdadeiro o teor de uma frase como essa, foi preciso um idioma que ainda fosse mesmo, em pleno século XIII, um latim vernacular, e foi preciso o gênio de Dante. Pois mesmo entre os companheiros do estilo novo não havia nenhum outro capaz de expor com tamanha facilidade os tesouros do coração. Mesmo o mais importante deles, Guido Cavalcanti, permaneceu preso aos recursos artísticos dos últimos provençais, ao fazer poesia de estilo elevado. Dentre os exemplos paradigmáticos de estilo na passagem citada em *De vulgari eloquentia*, há também uma de suas baladas:[107]

> *Poi che di doglia cor conven ch'i' porti,*
> *e senta di piacere ardente foco,*
> *e di virtù mi traggo a sì vil loco,*
> *dirò com'ò perduto ogni valore.*
> *E dico che i miei spiriti son morti*
> *e 'l cor ch'à tanta guerra e vita poco;*

---

[106] "E como tem sido minha vida, depois que minha dama se foi a um novo estado, não há língua que soubesse dizê-lo." Dante Alighieri, *Vida nova*, XXXI. (N. do T.)

[107] G. Cavalcanti, *op. cit.*, p. 130. (N. do A.)

> *e se non fosse che 'l morir m'è gioco*
> *farè ne di pietà pianger amore.*
>
> *Ma per lo folle tempo che m'à giunto,*
> *mi cangio di mia ferma oppinione*
> *in altrui condizione*
> *sì, ch'io non mostro quanto sento affanno*
> *là nd'io ricevo inganno;*
> *chè dentro da lo cor mi passa amanza*
> *che se ne porta tutta mia possanza.*[108]

Uma vez que Dante, na passagem anterior, menciona esse poema curto em meio a canções grandes e famosas, e como exemplo do estilo sublime, cabe talvez especular que era o seu favorito dentre os poemas de seu amigo de outros tempos. O que o cativou nesses versos só pode ter sido seu caráter passional e confessional, a precisão arrojada na ordem das palavras, a brevidade que beira a arrogância e a obscuridade das antíteses. Porém, atrás dessa arrogância se esconde uma inquietação inconstante e uma impotência que, herdada do *trobar clus*, tornar-se-ia, com Petrarca, o ponto de partida de uma atitude poética extremamente subjetivista. Nos versos acima, só vem à tona o que há de mais pessoal, o estado interno isolado de maneira quase mo-

---

[108] "Pois se cumpre que eu tenha dor no coração,/ e sinta o fogo do prazer esbrasear,/ e da virtude me arraste a tão vil lugar,/ direi como perdi todo e qualquer valor./ E digo que morreu minha vital disposição,/ e no coração há pouca vida e muito guerrear;/ e não me fosse a morte um mero brincar,/ de piedade eu faria chorar o amor.// Mas, pelo louco tempo a que cheguei,/ assumo por minha firme opinião/ uma outra condição/ e assim não mostro o quanto me afano/ nas aparências com que engano;/ pois no coração se agita o bem-querer/ que leva embora todo o meu poder." (N. da E.)

Dante como poeta do mundo terreno

nomaníaca; não se capta, junto a isso, sequer um fragmento da realidade que ganhou forma, e a alusão à ocasião que deu ensejo ao poema permanece genérica e obscura. As conexões sintáticas são claras, ainda que não sejam, nem de perto, tão precisas como as de Dante; a força do poema não reside nelas, e sim nas palavras e conteúdos antitéticos. De maneira em tudo similar ao *trobar clus*, tudo que a vontade formadora faz é criar conceitos subjetivamente reveladores, o que confere às palavras e locuções uma atmosfera peculiar, que desvela dialeticamente o caráter íntimo de quem fala. A diferença é que Cavalcanti está incomparavelmente mais seguro no domínio subjetivo do que, digamos, Arnaut, em parte porque, nesse meio-tempo, o estilo novo criara uma codificação dos conceitos e metáforas que se adequava de maneira muito mais natural ao subjetivismo extremo do que a linguagem da trova de amor, e em parte também porque a personalidade mais ousada e ambivalente do poeta prenunciava, de maneira mais consciente e consistente, uma forma espiritual que precisaria aguardar outros tempos para desabrochar; é bem indicativo disso a admiração por ele a que deu expressão, por exemplo, Lorenzo de Medici. Porém, o gênio de Cavalcanti, assim como o do *trobar clus*, repousa inteiramente na retórica conceitual do espiritualismo vulgar, e nada tem a ver com o lampejo de inspiração genuinamente antiga ao qual Dante deve sua capacidade de tornar o real algo evidente, acessível aos sentidos, bem como sua maestria na construção de frases. Na *Comédia*, o outrora amigo de juventude aparece em uma passagem ambígua, opondo-se a Virgílio: "*Forse cui Guido vostro ebbe a disdegno*".[109]

---

[109] Dante, "Inferno", X, 52 ss. (N. do A.) [No contexto, o verso conclui a resposta de Dante ao pai de Guido Cavalcanti, que havia lhe inquirido sobre o filho, querendo saber por que não estava com Dante. Eis a resposta completa, útil para elucidar o que Auerbach fala a seguir, na tradução de Italo Eugenio Mauro:

A poesia de juventude de Dante

É bem possível que a passagem não possa, a princípio, ser esclarecida em termos estéticos; depreende-se do contexto da pergunta feita pelo pai de Cavalcanti que quem leva a luz da razão é Virgílio, o enviado de Beatriz, e não o poeta. É difícil, porém, distinguir os dois. Pois, para Dante, Virgílio era mesmo, na condição de mestre do estilo elevado, a razão encarnada — uma razão poética, por meio da qual o real é dominado e se converte em visão. E foi com essa razão oriunda da Antiguidade, e com ela somente, que ele aprendeu o estilo elevado, com o qual construiu sua fama — foi ela que lhe deu o que seus predecessores e contemporâneos não podiam lhe dar.

* * *

Vamos agora recapitular mais uma vez o que dissemos sobre a poesia de juventude de Dante. Ela não traz, assim pensamos, nenhum conteúdo essencialmente novo e nenhuma atitude essencialmente nova; mas soa nela uma nova voz, de amplitude e força até então inauditas. Reunimos, sem plano específico, e tal como o objeto se apresentava, algumas características dessa voz; vimos que adora expor os acontecimentos e é capaz de fazê-lo com vivacidade enfática; que não comunica, e sim evoca e conjura; que, por meio da limitação e da articulação interna, transformou a construção bem refletida e o estilo da dialética sentimental — que Dante herdou dos provençais e de Guinizelli e que, neles, tinha a forma de uma variedade errática — em uma unidade mais cerrada e fluida; e que esse tipo de formação do conteúdo correspondia a um tino para a regularidade e para a articulação clara dos períodos que guarda parentesco com

---

"Não por mim mesmo eu venho:/ aquele que lá está meu rumo ordena/ por quem, quiçá, evadia o teu Guido empenho". No contexto, está claro "aquele que lá está" é Virgílio. (N. do T.)]

a Antiguidade. Podemos agora tentar organizar essas características, formular o que têm em comum, e pesquisar as fontes para tal, que só podem estar na personalidade de Dante.

Disso, logo se conclui que as duas últimas características, ligadas à composição do conteúdo e da linguagem, são só dois modos de manifestação da mesma coisa, a saber, da aspiração a uma unidade articulada. Podemos, portanto, falar de três características, e chamá-las de realidade, evocação, unidade; e podemos organizá-las partindo, primeiro, da percepção interior, cuja intensidade extraordinária produz o realismo, e considerar o elemento unitário como consequência necessária dessa percepção, já que a percepção viva sempre capta a unidade articulada e não as partes; ou então, inversamente, podemos partir do anseio pela unidade que, quanto mais enérgica e apaixonadamente se impõe, tanto mais irresistivelmente impele Dante a captar a coisa individual, a coisa orgânica e real, pois é só ao figurá-la que tal anseio pode encontrar satisfação e produzir efeito. Em ambos os casos, a característica intermediária, a evocação, torna-se uma simples marca de intensidade, e em ambos os casos cabe reconhecer que se trata, em todas as três características, da mesma força, que atua no mesmo sentido, só que vinda de lados diferentes, ou desde pontos de partida diferentes. Tal força é a unidade dessa pessoa chamada Dante, e para caracterizá-la em seu surgimento e desenvolvimento, precisamos nos ocupar das informações pessoais que nos foram legadas a seu respeito.

Ele vem de uma família há muito estabelecida na cidade, mas que, na época de sua juventude, decerto não era particularmente eminente nem em termos de reputação, nem de riqueza; sua mãe parece ter falecido cedo, e a *tenzone* com Forese Donati[110] traz alusões obscuras a seu pai, que permitem concluir que

---

[110] *Le opere di Dante, op. cit.*, LXXIV, vv. 8 ss., p. 85. (N. do A.)

este tivera uma vida de pouca fama e uma morte infausta; mesmo assim, há várias passagens da obra de Dante, além de informações que outros deram a seu respeito, que mostram que sua formação foi excelente e multifacetada, e que ele participou dos eventos sociais, políticos e militares de sua juventude de maneira apropriada para alguém de seu estamento. Os nomes de seus amigos e o casamento que contraiu confirmam o que sua poesia de juventude já revelava: ele estava em casa ao frequentar os círculos que então comandavam a nobreza e a grande burguesia florentinas; mesmo assim, pode ser que devesse essa posição mais ao seu talento e ao encanto de sua pessoa do que à sua ascendência e condição social, e, sendo assim, sua posição estava sujeita a certa instabilidade, como vários indícios revelam; pois a reputação obtida graças à excelência pessoal está mais sujeita à sorte, aos caprichos e à moda do que o respeito devido à ascendência. Entretanto, parece-me questionável querer tirar conclusões mais amplas e particulares a partir desses indícios (como o soneto de rejeição de Cavalcanti, ou as *tenzoni* com Forese), e também é improvável que Dante tenha em algum momento sido realmente pobre antes do exílio; o tamanho das dívidas que contraiu logo antes de 1300 é muito mais prova de facilidade para obter crédito do que de pobreza, e o tom com o qual, no exílio, lamenta a pobreza e a incerteza em torno de sua reputação mostra, de maneira inconfundível, que ele não conhecera tamanha penúria antes disso.

A experiência decisiva de sua juventude, o fato fundamental de sua vida, foram os acontecimentos que ele mesmo apresentou como a "vida nova" — ou seja, a história de seu amor por Beatriz. Para a nossa investigação, não importa quem era Beatriz, nem se foi uma pessoa de carne e osso; a Beatriz de *Vida nova* e da *Comédia* é uma criação de Dante, e já não tem praticamente nada a ver com aquela moça de Florença que mais tarde se casaria com Simone de Bardi. E, por outro lado, se ela nada mais é senão uma alegoria da sabedoria mística, mesmo assim conservou-se nela tanta verdade e tanta pessoalidade que é justo considerá-la uma figura humana, sem importar se os dados desses eventos reais se referem ou não a uma pessoa específica. A perspectiva que só reconhece aí ou uma coisa ou outra — ou Beatriz foi uma pessoa de carne e osso e Dante realmente a amou, e nesse caso *Vida nova* seria o poema de algo que ele viveu, ou então seria tudo uma alegoria, e por conseguinte uma ilusão, uma construção não-poética, e eis que um dos nossos mais belos ideais estaria acabado — tal perspectiva é igualmente ingênua e desprovida de poesia. Todos os poetas do estilo novo têm uma amada mística, passa-se com todos eles mais ou menos a mesma peculiaríssima aventura amorosa, os dons do Amor são dados ou negados a todos, e mais parecem uma epifania do que um prazer físico, e todos pertencem a uma espécie de aliança secreta que define sua vida interior e talvez também a exterior — e um só entre eles, Dante, conseguiu apresentar esses eventos esotéricos de tal maneira que é preciso aceitá-los como a autêntica verdade, mesmo quando seus motivos e alusões são em tudo enigmáticos. Apenas isso é decisivo para o caráter poético do nosso autor, e não há como entender por que alguém preferiria atribuir mais poder de inspiração a uma vivência erótica, acessível a qualquer pessoa, do que a uma epifania mística capaz de reter o caráter evidente das aparências; como se a *mimesis* poética precisasse ser uma cópia de certas aparências, e como se, em vez disso, não fosse válido plasmar como quer que se queira o material presente na realidade, extraindo-o da plenitude interminável das aparências disponíveis na memória.

Assim, a poesia de *Vida nova* não serve como material biográfico para fins práticos — as ocorrências que ali se passam, os encontros, viagens e diálogos, podem muito bem não ter acon-

A poesia de juventude de Dante

tecido tal como ali aparecem, e tampouco permitem tirar quaisquer conclusões aproveitáveis para fins biográficos. Para a biografia interior de Dante, no entanto, a obra é decisiva. Ela revela que a origem de sua estrutura espiritual está no misticismo amoroso do estilo novo, e também o lugar específico que lhe cabia no interior daquele movimento. Pois já em sua obra de juventude se manifesta uma força que confere uma ordem unitária, uma consistência criativa, característica apenas dele e que fundia em um todo as manifestações abstratas e ambíguas do estilo novo. Apesar de todas as estranhezas e de todos os mal-entendidos que provocou, sua poesia produziu e deixou em seus leitores uma impressão muito bem definida e sem dúvida correta; a impressão de uma experiência visionária, na qual a perfeição aparece para os sentidos, de uma peripécia em que tal aparição é objeto de seu amor e lhe escapa, até enfim sobrevir a separação definitiva, que se revela o verdadeiro reencontro ou a esperança de que ele virá. Há muito de estranho nas personagens individuais, e sobretudo naqueles terceiros que aparecem no curso da peripécia mencionada: a "*donna dello schermo*",[111] a moça morta e as personagens introduzidas mais tarde; porém, mesmo que o significado dessas personagens não seja entendido, ou o seja apenas em parte — e quem as entenderia completamente? —, isso em nada afeta a estrutura do poema, uma vez que ele, como um todo, faz com que tais figuras e acontecimentos enig-

---

[111] "Dama do escudo". Trata-se de uma referência ao capítulo V de *Vida nova*, em que o poeta relata um episódio no qual uma "formosa dama" olha para ele, sob a falsa impressão de que ele a olhava de volta — quando na verdade olhava para Beatriz. Como o poeta queria manter em segredo seu amor por Beatriz, viu na ocasião a oportunidade para fazer dessa dama "o escudo da verdade" — isto é, simular para os outros que amava essa mulher e para ela escrevia seus versos. (N. do T.)

máticos ganhem uma realidade irracional e acessível aos sentidos, que a fantasia abraça mesmo sem entendê-la. Mas o próprio objeto da visão, a sabedoria mística enviada por Deus, tem aqui, como em nenhum outro dentre os companheiros do estilo novo, características que aparecem para os sentidos com tamanha evidência, que acreditamos ter bons motivos para chamá-la de Beatriz, como o próprio Dante a chamava, sem com isso querer dizer que alguma moça de Florença serviu de modelo para sua criação.

Em Beatriz, o motivo da perfeição divina encarnada, da parúsia da ideia, próprio do cristianismo oriental, passou por uma reviravolta que se tornaria decisiva para toda a poesia europeia. O temperamento severo e passional de Dante, seu desejo sempre ativo em fazer o que é certo, não tolerava nenhuma experiência visionária que não pudesse ser legitimada aqui e agora pela razão e pela ação; a verdade secreta, que em sua obra era a uma só vez o primeiro e o mais doce encanto dos sentidos, ele a retirou do domínio de uma associação secreta particular e abstrusa, para nela basear a realidade; no seu coração, o anseio pela verdade secreta não se transformou nem em heterodoxia infrutífera, nem em misticismo amorfo. A dama esotérica de seus companheiros do estilo novo agora aparece revelada para todos; é incluída como uma parte necessária do plano de salvação, designada pela providência divina; a bendita Beatriz, como encarnação da sabedoria teológica, é a agente necessária da salvação dos homens carentes de conhecimento, e só mesmo para os românticos descrentes do século XIX haveria nessa postura de Dante algo de pedante ou não poético; para Dante, o tomista, para quem saber e crer eram um só verbo, a amada sibilina a quem Maria permitiu ir salvá-lo, por meio do desvelamento gradativo da verdade real, do pensamento verdadeiro e do ser verdadeiro — para Dante, enfim, ela não era uma criatura mista,

A poesia de juventude de Dante

nada tinha de híbrido ou construído, sendo antes a síntese real da perfeição, a uma só vez sensível e racional.

Motivos variados e de origem diversa estão implicados nesse mito da perfeição encarnada; Beatriz é a um só tempo santa cristã e sibila da tradição antiga; como amor terreno, é um sonho de juventude, cujos contornos mal se reconhece, e como alma arrebatada por Deus, como membro da hierarquia celeste, é uma personagem real. Pode ser que, à primeira vista, o que há peculiar nela não pareça realmente cristão; a trova de amor já incluía os motivos cristãos na poesia amorosa, mas, no caso de Beatriz, parecem ausentes as características do sofrimento terreno e do distanciamento ante o mundo, próprios de um santo, e, de resto, o elemento didático, o desvelamento da verdade secreta, não é propriamente cristão, e sim algo sincrético, oriundo da Antiguidade tardia. E, no entanto, o que há de novo nessa criação dantesca que é Beatriz, o que a distingue das damas dos trovadores, por um lado, e dos mitos antigos e alegorias da Antiguidade tardia, de outro, é algo por excelência cristão, e mais profundamente cristão do que a referência ao culto aos santos implicada na trova de amor: o motivo da figura que, arrebatada e transfigurada, conserva seu aspecto. Sibila é uma criatura divina, ela nunca foi algo diferente do que é; as damas dos trovadores só são criaturas divinas em sentido metafórico. Os deuses mitológicos que desciam à Terra andavam pelo mundo dos homens sem serem, às vezes, reconhecidos, mas seu caráter divino seguia inquestionável, intacto no seu íntimo; continuavam sendo deuses. Só Cristo era um e outro: era um homem e se transfigurava, e para os crentes se transfigurava de novo todos os dias.

Por mais que a vida terrena e o sofrimento humano de Beatriz apareçam de maneira sutil e mal sejam abordados, eles estão lá, sentimos o bálsamo de sua pessoa humana, que padece e morre ainda jovem e admiravelmente bela; presenciamos seu arrebatamento, e nesse transporte para o outro mundo, sua figura terrena, sua contingência, é conservada e engrandecida. É por isso que *Vida nova* não é, como alguns hoje defendem, apenas uma obra de juventude derivativa e irregular; é inegável que há ali obscuridades, e também é inegável que ela resulta de uma aplicação bastante exagerada do estilo da época; mas esse exagero é necessário, e brota do caráter cristão do objeto, da infusão consciente da dúvida e da incerteza terrenas na perfeição; obscuridades originadas disso estão presentes em toda criação mimética genuinamente cristã, e sobretudo nos livros do Novo Testamento. *Vida nova* é, isso sim, precursor necessário do conceito dantesco de realidade, seu verdadeiro botão por aflorar, o prelúdio necessário à *Comédia*. Pois o que Dante foi e é — o poeta cristão da realidade terrena conservada no outro mundo, na esfera perfeita criada pelo juízo divino —, é algo que ele veio a ser com sua experiência de juventude, e *Vida nova* é a testemunha desse vir a ser.

Sua atividade no mundo permanece até o último dia sob o signo de sua juventude. Origem, criação, conhecimento, tendências políticas e filosóficas básicas foram fundidas na experiência passional e poética de sua juventude, e imbuídas de sua substância, e a unidade assim alcançada é poética. Dante levou uma vida integralmente poética, e tudo em sua pessoa aponta para a figura do poeta. Não, decerto, no sentido estoico-epicurista, ou no romântico, de um afastamento em relação ao mundo, de uma existência meramente teórica, contemplativa ou onírica. A pessoa a quem Beatriz concedeu o dom mágico de sua saudação era alguém cujo caráter interior era tão poderoso e tinha uma força tão expansiva que lhe permitiu tentar fundir seu destino mais pessoal ao mais universal, e até mesmo recriar, a partir de seu destino, a ordem universal do mundo, o grande espetáculo do cosmos cristão que se movia em paz. Sua vida, com todos os

A poesia de juventude de Dante

seus feitos e anseios, é poética porque ele deriva sua razão prática e seus feitos de uma visão poética, e com ela os legitima, e porque seu propósito é essa visão. Com Dante, a atitude do *cor gentile*, uma forma do espírito que era, em sua origem, completamente cerrada em si mesma, esotérica e irreal, rompe seus limites, torna-se real e universal. Já se buscou caracterizar a *Comédia* como uma continuação da forma provençal da sirvente: assim como, em seu âmbito restrito, a sirvente é o aspecto polemista-negativo de uma forma de vida construtiva, assim também as partes mordazes da *Comédia* são justamente a expressão de uma percepção capaz de dar forma ao mundo, cujas raízes se escondem na poesia de amor de sua juventude, em sua concepção do estilo novo. A poderosa vontade de Dante não abre muito espaço para o esoterismo poético, para que a vida de sonhos da poesia se isole da vida empírica, que cabe viver a cada dia: a visão da perfeição que lhe fora concedida torna-se aqui a real medida das coisas, e ele dispunha da força férrea, implacável que era necessária para aplicar essa medida também na prática, e para sujeitar a ela toda a sua vida.

Sua malfadada atividade política não pode ser outra coisa senão a expressão dessa aplicação. O grau divino da beleza e da ordem perfeitas, que ele conhecera e vivera, foi um motivo tão decisivo de sua prática política como a teoria política por ele formulada. Só assim é possível explicar de maneira adequada sua trajetória política, sobre cujo início e primeiras motivações não se tem nenhuma informação precisa. Na época, consumava-se em definitivo uma importante reviravolta social em Florença, a transferência do poder das classes da nobreza feudal para a grande burguesia comercial e financeira, sendo que esse contexto mais amplo da história da cidade é turvado por feudos pessoais e familiares, pela influência da política estrangeira, e por alguns chavões ainda em vigor, mas que já haviam perdido o sentido; a

Dante como poeta do mundo terreno

divisão entre as castas era incerta, de modo que o que definia o alinhamento partidário do indivíduo já não era sua origem familiar, e sim as intrigas, as oportunidades econômicas, os contatos e as inclinações; o número de atores importantes, em relação ao total de habitantes, era muito grande; no agregado, esse era o quadro da primeira crise de uma democracia ainda jovem, na qual os instintos desenfreados de aquisição e poder prevaleciam e se apoderavam do Estado; relações comerciais fortuitas, eventos de rua imprevisíveis e mudanças constantes nas alianças entre Estados vizinhos resultavam em um autoritarismo instável, sendo que ninguém estava seguro de sua vida e de sua propriedade, e que os atores mudavam com uma rapidez estonteante; e enquanto isso, nos bastidores, alguns homens muito astutos e inescrupulosos, com apoio dos representantes dos interesses políticos estrangeiros, preparavam o terreno para um maior poderio econômico, que mais tarde também teria efeitos políticos. O que está na base de toda essa situação é o colapso da ordem ideológica do mundo; o projeto da grande ordem que daria unidade à vida, da paz mundial cristã conduzida pelo papa e pelo imperador,[112] afinal jamais realizado e, na Itália, freado por outras tendências, não resistira aos inúmeros abalos internos e externos, e sucumbira até mesmo como objetivo a que todos aspiravam; depois do *Trecento*, a ideia só se conservaria sob formas bem específicas, fortemente subjetivistas; por volta de 1300, já não tinha mais nenhum significado para a vida política nas comunas. Enormes forças individuais foram desencadeadas, começaram a se agitar e atuar ora em conjunto, ora em oposição; as relações com o imperador e com o papa, outrora as duas posições mais importantes da ordem terrena, ao menos em termos ideológicos,

---

[112] No caso, do Sacro Império Romano. (N. do T.)

agora nada mais eram senão peças de um tabuleiro, movimentadas conforme a situação do jogo mandava. Depois da derrocada dos Staufer e do interregno na Itália, o Império não tinha mais poder;[113] e o papa era o selvagem Bonifácio VIII, do qual se pode dizer coisas boas e más, e que era alguém cheio de habilidades e vícios — mas que decerto não era a pessoa que sua posição exigia ser, a saber, um promotor e representante de uma instituição divina. Que não fosse tal pessoa, isso poderia ser explicado pela limitação humana, que jamais pode estar à altura de tal posição; mas Bonifácio nem sequer queria estar à altura. Mesmo com todas as suas habilidades, era um homem completamente amorfo, caótico, eivado de instintos de poder e maquinações práticas. Não é que suas ações fossem propriamente más ações cristãs, mas sim que eram pura e simplesmente não cristãs; sua paixão era exclusivamente terrena, e desprovida de qualquer orientação e atitude interior, e ele era mesmo o símbolo autêntico da crise decisiva da ideologia política cristã daquela época. Esse homem foi o antagonista de Dante; quis se aproveitar da situação conturbada das cidades toscanas para dominá-las; venceu apenas aparentemente, e por um período curto, e logo naufragou no caos que ele mesmo provocara. Mas, nesse meio-tempo, Dante, afinal derrotado, acabou deixando para trás o oportunismo que definira, ao menos em parte, seus primeiros feitos políticos; não queria ou não podia auferir nenhuma vantagem da queda de seu oponente, pois os novos vencedores eram tão estranhos e abomináveis para ele como os derrotados.

---

[113] Referência a dois eventos ligados entre si: a deposição do imperador Frederico II, em 1245, que deu início a um longo interregno no Sacro Império Romano; e o fim da dinastia dos Hohenstaufen — casa de que fazia parte Frederico II —, que se consuma cerca de duas décadas depois. (N. do T.)

Dante como poeta do mundo terreno

A opinião muitas vezes defendida de que Dante Alighieri teria sido um político medieval e reacionário, que não entendeu o devir das novas formas sociais e que ofereceu, em resposta às forças vivas da história e com um fanatismo dogmático e violento, formas empedernidas de uma ideologia já caduca — tal opinião é até defensável, mas acreditamos que põe o acento no lugar errado; pois ela se deixa levar pelos preconceitos da nossa própria época, que elaborou as ideias de evolução e imanência de modo muito unilateral e que busca eliminar inteiramente os elementos estáticos e transcendentais do pensamento histórico e político. Dante nunca foi um ideólogo sem tino prático; foi desde cedo convocado a participar das mais importantes atividades práticas e políticas de sua pátria, atuou como membro de comissões arquitetônicas, conviveu em uma sociedade de homens que na sua grande maioria atuavam no comércio, e os amigos da realeza que o hospedaram no exílio souberam valorizar e fazer uso de seu talento diplomático. Se, portanto, depois de uma tentativa frustrada de se firmar entre as forças e partidos existentes, ficou quase que completamente isolado, se todas as suas esperanças o iludiram, e se acabou morrendo como um exilado pobre, sem influência ou participação política — nada disso ocorreu porque ele era incapaz de entender as coisas da vida e de contribuir para elas, e sim porque precisava rejeitá-las. Para ele, "história" e "evolução" não tinham um valor em si mesmo; ele procurava por sinais capazes de dar significado ao que estava acontecendo, e encontrava apenas caos; apenas aspirações individuais ilegítimas, e, consequentemente, confusão e infortúnio. Para ele, a medida da história não era a própria história, e sim a ordem perfeita e divina do mundo; um princípio estático e transcendental, que entretanto não era de forma alguma abstrato e sem vida; isso porque, quando jovem, contemplara a perfeição divina, sendo esta, para ele, uma experiência física, o modelo de um anseio que pedia por realização. Isso ainda será discutido em maior detalhe mais tarde; por agora, cabe apenas destacar que não é possível que, para explicar seu fracasso político, deva-se imputar erros e mal-entendidos primitivos à cabeça mais universal de seu tempo, capaz de entender os homens mais profundamente do que qualquer outra; ele fracassou por não admitir ser exitoso e bem-sucedido; não porque, digamos, não teria se dado conta de como os municípios italianos se desenvolviam, nem, em última análise, sabido avaliar as oportunidades de sucesso do jogo político, como criticaria um historiador contemporâneo (é verdade que aduzindo retrospectivamente muita coisa que, na época de Dante, ninguém poderia enxergar), e sim porque, para ele, o desenvolvimento dos municípios parecia algo irrelevante ou mesmo condenável, e porque ele colocava sua atitude acima de todo cálculo. Se cometeu um erro, foi o de não adotar antes o *"parte per se stesso"*;[114] foi o de, antes do exílio e mesmo depois, por um tempo, ainda ter sido oportunista o bastante para fazer alianças em torno do seu ódio contra o papa onde quer que as encontrasse, por mais que certamente percebesse que os Cerchieschi, os Brancos,[115] eram tão ruins como seus oponentes, sendo apenas mais covardes e apequenados.

---

[114] Dante, "Paraíso", XVII, 69. (N. do A.) [Isto é, não ter "tomado o próprio partido", como se depreende lendo o verso em contexto. (N. do T.)]

[115] Referência a uma das principais facções do partido guelfo — na época, o partido que dominava Florença —, a saber: os guelfos brancos, liderados por Vieri de Cherchi e por isso também conhecidos como os Cerchieschi. Os "guelfos brancos", aos quais Dante a certa altura se aliou, disputavam o poder com os "guelfos negros", liderados por Corso Donati e por isso conhecidos como os Donateschi. Estes, apoiados pelo papa Bonifácio VIII, conseguiram derrotar seus adversários — episódio que resultou no exílio de Dante. (N. do T.)

Beatriz, assim como plasmou a vida de Dante, também conferiu a ele sua voz, que nada mais é senão o reflexo daquela perfeição bem articulada, repousada em si mesma, que ele contemplara; e evitamos usar a palavra "clássica", já muito abusada, porque esse estilo novo, coerente e avesso a todo excesso formal, abriga um elemento de inquietação urgente, em tudo alheio aos poetas e artistas da Antiguidade: o anseio pelo arrebatamento e pela transfiguração. Para muitos homens de seu tempo e das épocas contíguas, esse anseio foi a tal ponto dominante que a percepção sensível sucumbiu diante dele, e sucedeu uma entrega inteiramente mística e contemplativa do espírito à forma transcendental da sua esperança; mas, em Dante, tal anseio encontrou um homem dotado de um sentimento tão fortemente terreno para a existência, tão consciente de seu poder, que, para ele, tal saída estava descartada. Ele contemplara a figura da perfeição na Terra, e ela o imbuiu e o agraciou com seu encanto inesgotável: nesse evento decisivo, único, ele experimentou como visão a união da aparência terrena com o arquétipo eterno; desde então, nunca mais poderia ver uma manifestação histórica sem prontamente entrever a perfeição que lhe correspondia, bem como a distância que as separava; e tampouco podia imaginar a ordem divina do mundo, sem incluir no sistema eterno a riqueza das aparências, com toda sua mobilidade e variedade. Já no poema que trata da vida, do arrebatamento e da transfiguração de Beatriz, a aparência, ou seja, a realidade, é retida com uma intensidade até então desconhecida; desaparece aquele vácuo entre o mundo poético e o real que sempre encontramos na poesia de amor dos provençais, e graças ao qual as eventuais referências ao mundo real tinham existência inteiramente autônoma, sem a devida ligação com seu conteúdo próprio; em *Vida nova*, cada poema é uma oportunidade autêntica para captar imediatamente o evento como um objeto deste mundo, com tudo que tem

A poesia de juventude de Dante

de singular, irreproduzível e limitado; lançado da experiência pessoal rumo ao universal absoluto, o evento recebe deste, como que ao rebater ali, a articulação que lhe dá forma, e nesse momento aparece como uma visão imutável do real, da particularidade terrena conservada como reflexo de um olhar atemporal.

Assim, a melhor forma de explicar como o estilo poético dantesco surge da vivência decisiva de sua juventude é com a imagem da semente que cai no solo preparado para recebê-la, apropriado para ela. O misticismo do estilo novo foi o solo em que brotou sua obra, e ela não menos do que as várias criações líricas e didáticas dos demais seguidores do Amor; porém, enquanto, nesses outros casos, o subjetivismo esotérico se tornava cada vez mais forte e particular, enquanto a pureza de Guinizelli e o lirismo expressivo de Cavalcanti se perderam depois de 1300 e seu círculo se desfez, enquanto a poesia mística de amor perdeu todo o brilho ao insistir em um didatismo abstrato — Dante, por sua vez, conservou a visão e esculpiu à imagem dela o cosmos cristão. O esoterismo que se isola em seu segredo era algo estreito demais para o coração de Dante; a experiência de sua juventude se transfigurou em seu coração, na medida em que ele a conservou ali; ela envolveu todo o mundo terreno existente e se projetou para além dele; deu amplitude e ressonância à sua voz, descortinou a seus olhos a realidade mais profunda presente nas aparências, na qual o que elas têm de particular permanece como *character indelebilis* [caráter indelével] e a qual lhe permitiu vislumbrar a unidade perfeita também no que era imperfeito, variável, móvel — unidade essa que lhe parecia ao mesmo tempo garantia e reflexo da unidade eterna. E mesmo no ponto mais alto de sua visão é possível identificar suas raízes; e não apenas no sentido de que a mística do estilo novo, na figura da amada transfigurada e arrebatada, governa seu grande poema sobre o universo; além disso, ainda reside nessa obra de sentimentos e ideias absolutamente universais um bálsamo de orgulho juvenil, de singularidade concentrada e altiva, de "charme elegante ou descolada majestade",[116] que faz lembrar os provençais, o estilo novo e os dias da juventude de Dante em Florença.

---

[116] Referência a um verso do poeta alemão Stefan George (1868-1933), contido na primeira estrofe de "*Das Zeitgedichte*" ("O poema do tempo"), com uma seção dedicada a Dante. Um dos mais influentes poetas alemães de sua geração, Stefan George também chegou a traduzir para o alemão várias passagens da *Divina comédia*, e Erich Auerbach emprega suas traduções algumas vezes no texto. (N. do T.)

3. O objeto da *Comédia*

O impulso expansivo que a poesia do estilo novo desenvolveu na pessoa de Dante não podia se limitar ao domínio do sentimento e ao da experiência mística; ao entrar no segundo período de sua vida, a *giovinezza*, que, em *Convívio*,[117] ele mesmo descreve como o ápice da nossa vida, sua grandeza e sua força interiores haviam amadurecido e se fortalecido a tal ponto que ele, de uma maneira que parece quase imediata, começa a apreender a vida pública e as doutrinas filosóficas e a juntá-las e impregná-las com sua forma espiritual. Com essa empreitada, ele materializa e retém incólume a grande tradição de uma visão de mundo permanentemente unitária, na qual há correspondência entre as várias ordens; materializa aquela vontade de conciliação universal que Alois Dempf identificou, de modo bem feliz, como sendo o fundamento da principal forma da visão de mundo medieval, a *Summa*.[118]

Até as grandes canções e *Convívio* de Dante, o mundo do estilo novo era um mundo ensimesmado. Surgido do ideal ca-

---

[117] Dante Alighieri, *Convívio*, IV, XXVI. (N. do A.)

[118] Alois Dempf, *Die Hauptform mittelalterlicher Weltanschauung. Eine geisteswissenschaftliche Studie über die Summa*, Munique, Oldenbourg, 1925. (N. do A.)

Dante como poeta do mundo terreno

valeiresco, refinado e depurado na Provença, inteiramente desenraizado de sua origem estamental por Guinizelli, ele ainda se limitava ao âmbito de uma cultura específica, místico-sensível, e mesmo o critério da aristocracia e da ascendência nobre, ainda que Guinizelli já o combatesse de maneira explícita, parecia quase inseparável dessa criação artificial, com suas metáforas e terminologias pouco acessíveis. É verdade que elementos racionais, que remetem, em sua estrutura, à didática da filosofia da época, foram introduzidos cada vez mais fortemente nessa poesia; a ideia básica do amor como uma cultura nobre ganhava progressivamente os traços de uma ideia ética, próxima de uma doutrina mística da salvação; mas o caráter essencial do estilo novo permanecia sendo o de um jogo altaneiro com as paixões, permanecia esotérico, e sua relação tanto com a vida político-pragmática, como com a filosofia escolástica era incerta e particular. No que diz respeito à política, já se afirmou várias vezes, e inclusive nos últimos tempos, que as metáforas e alusões obscuras de vários poemas esconderiam um gibelinismo anticlerical,[119] e que todo esse círculo de poetas teria perseguido ideias políticas secretas; isso é algo que não se conseguiu provar até o momento, mas, em todo caso, a relevância política desse círculo foi tíbia e de pouca monta; os intelectuais escolásticos, por sua vez, sem dúvida o consideravam algo estranho e condenável. Dante ten-

---

[119] Nas cidades-estados italianas da época referida por Auerbach, as duas principais facções políticas eram os gibelinos, que apoiavam o Sacro Império Romano, e os guelfos, via de regra apoiadores do papa. Para não perder de vista as considerações de Auerbach no capítulo anterior, cabe lembrar que, no contexto específico das disputas que culminaram no exílio de Dante — a Florença por volta de 1300 —, a cidade estava sob o controle dos guelfos, os quais então passaram a se dividir entre as facções negra (que seguiu apoiando o papa) e branca (que então fazia oposição ao papa). (N. do T.)

tou abarcar, na experiência de sua juventude, o mundo como um todo, e ordená-lo de acordo com seus critérios.

Antes de avançarmos nisso, permita-se uma observação preliminar. Nas próximas páginas, retrataremos o caminho que leva Dante à *Comédia* como um avanço ininterrupto e como uma atualização cada vez maior das forças nele latentes. Opõe-se a isso o fato de que ele mesmo, em passagem decisiva da *Comédia*, diante de Beatriz, nos cantos XXX e XXXI do "Purgatório", confessa ter cometido um grave desvio, do qual só pode se redimir pelo milagre do perdão. Mas só ficamos sabendo em uma chave muito genérica em que consistiria de fato tal desvio, que deve ter mexido com o âmago de seu ser, já que constitui mesmo o ponto de partida do grande poema. Tratou-se de uma rejeição a Beatriz, de um amor desvirtuado, de uma busca por falsos bens; eis tudo que sabemos. Nada de concreto pode ser determinado com base nas informações biográficas e nas obras que se pode atribuir com alguma certeza ao período situado entre os últimos poemas de *Vida nova* e a data presumida de sua viagem pelo Além-mundo, na *Comédia*. Em todo caso, nem as concepções filosóficas refletidas nas canções em questão, nem os objetivos políticos que Dante então perseguia contradizem o espírito da *Comédia*, ao contrário, são amplificadas no grande poema e confirmadas em tudo o que têm de essencial; e transgressões apenas carnais, a não ser que fossem acompanhadas por uma depravação de todo o seu caráter, não poderiam justificar a condenação de Beatriz e a confissão de Dante na passagem mencionada. Assim, nada mais resta senão aceitar como dado o fato de que um desvio foi cometido, mesmo que não possamos descobrir seus vestígios na vida e na obra de Dante; o que me parece é que não podemos negá-lo, nem o privar de seu sentido literal em virtude de seu sentido alegórico e soteriológico. É bem provável que ele tenha sido dominado, por um tempo, pela dúvida quanto à verdade da doutrina cristã da salvação e pelo pendor a concepções sensualistas, próprias de um espírito-livre, ou então averroístas ao extremo; discutir aqui as passagens de sua obra que se poderia associar a tais conjecturas nos levaria para longe demais do nosso objeto; e elas não esclarecem a questão.

Por outro lado, ele mesmo declarou com toda clareza e precisão o que é essencial à nossa exposição. No capítulo XII do segundo livro de *Convívio*, ele conta como, após a morte da amada, começou a ler Boécio e o *Laelius* de Cícero, em busca de consolo; como teve dificuldade em compreendê-los; como, ao começar a compreender, teve o prazer de descobrir que os novos achados traziam uma confirmação do que ele já contemplara, como que em sonho, em *Vida nova*; como começou a frequentar as escolas e a participar dos debates em que realmente se aprendia filosofia, e como, no curto período de aproximadamente trinta meses, mergulhou a tal ponto neles que seu amor por eles espantou de seu coração todos os demais pensamentos; e foi então que começou a cantar em sua honra: *"Voi che'ntendendo il terzo ciel movete"*.[120] Há nesse testemunho, de uma só vez, o começo do desenvolvimento filosófico de Dante e sua interpretação global. Sua atividade filosófica brota de uma necessidade do coração, e ele encontrou nela confirmada algo a que há muito aspirava; nela, sua vontade de chegar a uma unidade universal encontrou os nutrientes de que precisava, e com isso Dante já começou a traçar a plena correspondência entre toda a bagagem que trazia consigo e as suas mais recentes aquisições. Por isso, a questão sobre a originalidade da filosofia de Dante está mal colocada. Ele é original no mesmo sentido como o eram a maior parte dos pensadores escolásticos, cuja importância na época de-

---

[120] "Vós que cientes o terceiro céu moveis." *Le opere di Dante. Testo critico della Società Dantesca Italiana*, Florença, R. Bemporad, 1921, p. 192. (N. do A.)

O objeto da *Comédia*

riva menos de um pensamento intrinsecamente livre, e mais da busca pelo equilíbrio sistemático dos diferentes conjuntos de tradições; e assim como Tomás buscou unificar a doutrina peripatética com o cristianismo platônico de Agostinho, assim também Dante buscou unificar o sistema tomista com a ideologia mística do *cor gentile*.

Só um poeta conseguiria levar essa conciliação a termo. Pois a doutrina tomista é racional e hostil ao intuicionismo até mesmo no âmbito filosófico; a mística amorosa do estilo novo tinha sua origem no domínio dos sentidos e da poesia, e culminava em uma revelação extática. Para dar forma poética a esse material conceitual, e mesmo para dar ordem conceitual à dimensão místico-sensível, Dante, em um primeiro momento, não achou outro caminho senão o da reinterpretação, tal como, há séculos, o espiritualismo vulgar já praticava; e assim, de modo em tudo similar ao que se deu em tantos outros casos, para ele o Amor passou a ser *appetitus rationalis*, seu objeto se tornou a sabedoria ou a filosofia, e o mundo espiritual, a *substantiae separatae*, isto é, os anjos da metafísica tomista.[121] Mas, em Dante, isso não deu lugar àquele dogmatismo abstruso e árido que até então sempre surgira como resultado da alegoria reinterpretada, inclusive em Guido Cavalcanti. Quase que independentemente da compreensão do conteúdo de suas ideias, os poemas filosóficos — por exemplo, as canções *"Voi che'ntendendo il terzo ciel movete"*, *"Amor che ne la mente mi ragiona"*, *"Amor che movi tua*

---

[121] Em latim no original. Referências a expressões de Tomás de Aquino: "apetite racional" e "substância separada" (separada, no caso, da matéria; como Auerbach indica, Tomás de Aquino concebe os anjos como "substância separada", ou seja, como entidades dotadas de pura inteligência, que existiriam sem estarem ligadas à matéria; o ponto fica mais claro adiante, quando Auerbach retoma a ideia). (N. do T.)

vertu dal cielo[122] — estão entre os mais fascinantes que Dante criou, e ele mesmo o sabia:

> *Canzone, io credo che saranno radi*
> *color che tua ragione intendan bene,*
> *tanto la parli faticosa e forte.*
> *Onde, se per ventura elli addivene*
> *che tu dinanzi da persone vadi*
> *che non ti paian d'essa bene accorte,*
> *allor ti priego che ti riconforte,*
> *dicendo lor, diletta mia novella:*
> *"Ponete mente almen com'io son bella!"*[123]

Nesses poemas, ganha forma pela primeira vez a conciliação entre filosofia e poesia; cada uma das duas forças espirituais aqui tratadas alcançou um grau de perfeição que possibilitava, e até mesmo exigia, assimilar a essência da outra. Não é por capricho paradoxal que somos levados a afirmar que, depois de Tomás, a escolástica precisava ser cantada. Há um limite para a razão ordenadora, e já se chegara algumas vezes a ele na história do espírito tal como a conhecemos, ainda que nunca tão plenamente como nesse momento, em que só por meio da poesia ela consegue expressar, realizar e resolver a si mesma. A ontologia tomista, cujas especulações de aspiração hierárquica se baseiam

---

[122] "Vós que cientes o terceiro céu moveis"; "Amor que mentalmente me argumenta"; "Amor cuja virtude é pelo céu movida". (N. da E.)

[123] "Canção, creio que raros serão/ os que tua razão entendam bem,/ com tua fala tão laboriosa e forte./ Assim, se porventura te advém/ estares com pessoas em reunião/ que não te pareçam ver seu porte,/ então peço que te reconforte/ dizer-lhes, minha nova favorita:/ 'Vede ao menos como sou bonita!'" Final da canção "*Voi che'entendendo* [...]", em *Le opere di Dante, op. cit.*, p. 171. (N. do A.)

O objeto da *Comédia*

no mais severo autocontrole e na mais fina racionalidade, contém, em sua própria disciplina, um elemento passional de vontade de ordem muito similar à atitude do estilo novo, mas apenas tal como encarnada por Dante. Essa vontade passional de ordem é o que os dois têm em comum; mas, embora Tomás, sem ser induzido a isso por algum motivo exterior, tenha edificado o universo aristotélico-católico com uma sistemática consistente, e tenha atribuído o respectivo lugar, nessa edificação, que caberia a Deus, às substâncias separadas, aos homens e suas almas, e ao mundo natural, ele ainda assim não *povoou* tal universo com personagens que nomeou e descreveu individualmente. Dante parece cercado pelas personagens de sua fantasia poética, que sempre surgem cada qual de algum motivo irracional, e, se ele se entrega às ideias filosóficas, aproveita-se delas para poder definir com grande precisão o caráter de cada personagem, seu lugar, seu valor e a atividade que lhe cabe. Eis como pensamos que se delineou o amálgama entre poesia e filosofia próprio do estilo das canções dantescas; e pensamos aqui sobretudo naquelas canções que parecem ter vindo à tona depois de *Vida nova* e antes do exílio.[124] No seu caso, a reinterpretação do conteúdo pessoal como uma alegoria racional não tira a força do elemento pessoal; antes, este é conservado como fundamento, e deve ser assimilado junto ao significado alegórico, já que o poeta, elo entre as duas interpretações, aparece também na alegoria como pessoa que passa por experiências. Não se compromete nem um pouco a pureza do significado conceitual caso, por exemplo, as inteli-

---

[124] Prefiro atribuir as *Rime per la Donna Pietra* a um período estilístico posterior, ainda que Michele Barbi, a editora do *Canzonieri*, seja de opinião diferente. Cf. *Le opere di Dante, op. cit.*, p. XII. Quanto ao resto, meus comentários seguem a periodização dos poemas oferecida nessa edição, que me parece bastante feliz. (N. do A.)

gências do terceiro céu, evocadas por Dante, sejam retratadas como um grupo de espíritos de majestade luminosa, ainda que sem alusões claras a quais seriam as criaturas filosóficas que se teria aí em vista; isso porque, uma vez que Dante introjeta a si mesmo na especulação abstrata, como homem em conflito consigo mesmo e impelido a tomar uma decisão pelo Amor, como a alma de que aí se trata, então o que era conceitual se torna histórico, e o que é histórico é uma personagem plena mesmo na ausência do conhecimento pleno de sua figura conceitual. Pode-se perceber o quanto do encanto dos poemas filosóficos se deve ao envolvimento do próprio poeta justamente nas canções em que Dante, abandonado pelo Amor, não fala de si mesmo e nas quais não há nenhuma ação psicológica; neles, não se produz a impressão que descrevíamos, e os poemas que temos em mente — por exemplo, *"Poscia ch'Amor del tutto m'ha lasciato"* ou *"Le dolci rime d'amor ch'i'solia"*[125] — são pouco mais do que tratados complicados, puramente didáticos e polemistas, em relação aos quais parece justificada a demanda moderna em expor esses temas pela prosa. Mas essa mesma demanda não se faz sentir, para qualquer pessoa aberta à poesia, em se tratando das canções em que Dante dá forma intelectual ao seu destino mais íntimo. Sempre que o homem filosófico, com essa sua imperfeição que se apoia e está formulada em Tomás,[126] com essa contingência

---

[125] "Depois que Amor de todo me abandonou"; "As doces rimas de amor que eu costumava". (N. da E.)

[126] O que foi descrito de maneira belíssima por Étienne Gilson: "uma espécie de margem nos mantém sempre um pouco aquém da nossa própria definição; nenhum de nós realiza plenamente a essência humana, nem tampouco a noção completa de sua própria individualidade" (*Le Thomisme. Études de philosophie médiévale*, vol. I, Paris, Vrin, 1922, p. 230). (N. do A.)

O objeto da *Comédia*

do fardo natural e adquirido de seu destino, confronta a hierarquia das criaturas imaginadas e existentes, o resultado é o impulso envolvente e excruciante rumo à realização e ao aperfeiçoamento de si; isso é algo que ele tem todo o direito de expor com imagens acessíveis aos sentidos, já que só por meio delas se pode evidenciar seu caráter dramático e pessoal; as imagens não denotam uma "outra coisa", são antes a própria a realidade linguística do acontecimento interior, com o qual compartilham o mesmo e único significado. Assim, surge nas canções um sistema de correspondências que se pode analisar pelo comentário e que mesmo assim são uma coisa só. É bem possível que jamais se tenha escrito poemas compostos com tal precisão e calculados de maneira tão elaborada. É característico de Dante que ele nunca se deixe levar pelas imagens para além do sentido exato que buscam expressar, e que a paixão jamais o induza a divagar ou a ser impreciso. Seu desígnio e seu gênio almejam alcançar a correspondência exata: a correspondência da expressão obtida com o objeto, da imagem sensível com o significado racional, das partes umas com as outras, da obra como um todo com a pessoa a quem se destina. É com esse mesmo espírito que ele trata também das estrofes, versos e rimas. A arte de acomodar, com toda a naturalidade, um conteúdo ao mesmo tempo profundo e delicado em estrofes de forma intrincada chega ao ápice da perfeição nas canções; para tratar de estruturas métricas complexas, ele segue o modelo de Arnaut e a tradição do estilo novo, mas supera todos em termos de harmonia natural, do encaixe bem afinado do objeto na sua forma métrica.

O outro aspecto de sua vontade expansiva, o político, termina com a catástrofe do ano de 1302, com a expatriação e o rompimento, que se segue imediatamente a isso, com as lideranças do partido branco e de seus aliados gibelinos. É só com esse rompimento e esse isolamento — que talvez não tenham sido plenamente voluntários — que seu destino público foi selado; daí em diante, ele já não teria base para exercer influência política; perdeu não só sua pátria, mas também o partido que, apesar de sua derrota, ainda precisava ser levado em conta, em meio ao qual e a partir do qual ele ainda poderia ter exercido influência. Foi só então que Dante passou a ser um exilado solitário e impotente, cujo prestígio e condições materiais dependiam da hospitalidade de seus amigos pessoais e benfeitores, destino esse que se tornou ainda mais difícil e amargo para ele devido à sua forte consciência de si, ao seu temperamento pouco maleável, avesso a tudo que era ordinário e usual, e à sua postura de aspecto orgulhoso. Ele mesmo retratou na *Comédia*, nas profecias de Brunetto Latini e Cacciaguida, o que acontecera com ele e o sofrimento pelo qual passara; e no começo de *Convívio*, no terceiro capítulo do primeiro tratado, descreve sua situação desafortunada como motivo importante que o levara a compor a obra dessa forma. Seu forte apetite pela fama se volta mais exclusivamente do que nunca à criação literária; ele quer chegar a uma posição de autoridade para se opor de maneira efetiva à péssima opinião que as pessoas podiam muito bem formar a seu respeito, devido à sua condição miserável. Mas a autoridade espiritual implica uma imagem de mundo formada de maneira unitária, que, por sua vez, segundo as concepções da época, implica uma sistemática doutrinária e enciclopédica; e como era óbvio para ele, era preciso incluir na exposição dessa visão de mundo uma reflexão catártica e uma justificação do seu próprio destino e da atitude que ele mesmo tinha em relação a tal destino. É desses motivos que surge *Convívio* e também, em um sentido mais profundo, a *Comédia*. As duas obras foram imaginadas como enciclopédias universais, como a obra capital da vida de seu criador.

Nos dois casos, Dante escolhe uma forma nova, até então desconhecida — mesmo em *Convívio*, ainda que se trate aí de

O objeto da *Comédia*

um comentário. Comentários em latim ao texto sagrado, a Aristóteles, às *Sentenças* de Lombardo,[127] eram reconhecidos como referências para o ensino de filosofia; mas conceber como obra enciclopédico-filosófica algo que era um comentário em italiano às próprias poesias italianas, e que tratam das próprias paixões, era de uma audácia quase arrogante, e a apologia que ocupa quase todo o primeiro tratado não é de forma alguma um mero exercício retórico. E apesar de suas deduções e paráfrases cuidadosas, a obra não faz segredo da consciência orgulhosa que Dante possuía de si e de sua empreitada; ao explicar que tem o direito a falar de si, quando necessário para se expurgar da infâmia, ou nos casos em que o curso da própria vida serve de grande lição para outros, ele apela a Boécio e às confissões de Agostinho;[128] e o que subjaz à apologia minuciosa do idioma vernacular, humilde só na aparência, e também à justificativa que apresenta por recorrer a uma exposição talvez complicada demais, é a confissão orgulhosa de que Dante, e Dante apenas, foi quem elevou e dignificou o idioma herdado para permitir que fosse usado dessa maneira. De fato, esse feito de Dante se torna ainda mais evidente em seus escritos italianos em prosa. Ainda é possível, na melhor das hipóteses, comparar suas canções com obras similares de Guinizelli e Cavalcanti; já o estilo de *Convívio* é indiscutivelmente uma coisa nova, recém-surgida.

É nessa obra que Dante, pela primeira vez, liberta-se a tal ponto das particularidades tomadas como dadas pelo estilo poético da época, que a voz da Europa, que é a sua voz, imediata-

---

[127] Obra canônica da teologia cristã, do século XII, escrita por Pedro Lombardo. (N. do T.)

[128] *Le opere di Dante, op. cit.*, p. 151; *Convívio*, I, II. (N. do A.)

mente ressoa e se faz ouvir. Quem menospreza *Convívio* como obra de arte, por seu teor didático, dificilmente entenderá com clareza a visão e o impacto de Dante. Para Dante, e inclusive para o poeta da *Comédia*, o objetivo da arte e a máxima beleza concebível residem na ordem do ser; o caminho que leva até à ordem passa pelo conhecimento, que descreve e comprova sua unidade, e a própria ordem é o conhecimento supremo; por isso, para ele, a beleza não se distingue da verdade, e mesmo hoje não temos nenhum motivo para considerar essa concepção ultrapassada; ela está muito mais correta e tem uma concretude muito mais sólida do que as teorias estéticas modernas, e, na melhor das hipóteses, é de se lamentar que uma unidade tão plena entre verdade e percepção já não possa ser apreciada por nós, ou quem sabe ainda não o possa.[129]

Tampouco deve parecer estranho que reputemos uma obra da literatura italiana em seus inícios como uma voz europeia. Dante afirmou explicitamente que não escrevia para os eruditos que só buscavam dinheiro e uma posição pública de destaque, que fizeram da literatura sua meretriz; escrevia em italiano, porque não queria mais servir aos eruditos que liam latim, fossem eles italianos ou estrangeiros, e sim aos italianos menos educados que eram capazes de ascender à nobreza e careciam de um ensino diretamente nobre:

> *ché la bontà de l'animo, la quale questo servigio attende, è in coloro che per malvagia disusanza del mondo hanno lasciata la litteratura a coloro che l'hanno fatta di donna meretrice; e questi nobili sono principi, baroni, cavalieri, e molt'altra no-*

---

[129] Cf. o belo ensaio de Wolfgang Seiferth, "Zur Kunstlehre Dantes", *Archiv für Kulturgeschichte*, XVII, 1927. (N. do A.)

O objeto da *Comédia*

bile gente, non solamente maschi ma femmine, che sono molti e molte in questa lingua, volgari e non litterati.[130]

Aqui, apela-se pela primeira vez ao público que se tornaria o portador da nova formação europeia; daí em diante, as obras que construíram e consolidaram a vida espiritual da Europa passaram a ser escritas nos vários idiomas vernaculares e para o público visado por Dante; elas devem a força de sua expressão viva ao terreno linguístico em que estão radicados os falantes e escritores de cada idioma, mas o que une todos é a concepção do *volgare illustre*. Essa é uma linguagem literária que permanece sempre em contato com a comunicação cotidiana, sendo por ela influenciada ao mesmo tempo que a influencia, e por meio da qual o que as ideias e tradições têm de vivo, o que realmente vale a pena saber, está acessível a todos que o queiram acolher em seu coração. Essa concepção comum, que remonta a Dante, é o elemento comum em meio ao diverso, a verdadeira κοινή [*koiné* = universal] da Europa moderna, e, embora seja temerário tentar captar em palavras esse lugar-comum interior, ainda assim talvez se possa indicar a direção para a qual aponta: tornar a busca pelo conhecimento que domina a realidade o feito comum e o destino da humanidade.

A linguagem usada por Dante renuncia quase que inteiramente ao poder de impactar os sentidos que a prosa italiana possuía já nessa época e da qual ele mesmo dispunha. Em *Convívio*,

---

[130] "[...] pois a bondade do ânimo, à qual esse serviço atende, está naqueles que por maldoso desuso do mundo deixaram a literatura àqueles que a transformaram em meretriz; e esses nobres são príncipes, barões, cavaleiros e muitos outros da nobreza, não só homens, mas também mulheres, que são muitos e muitas nessa língua, vulgares e não letrados." *Le opere di Dante, op. cit.*, p. 161; *Convívio*, I, IX. (N. do A.)

ele se ocupa apenas da clareza proporcionada pela razão; ao tratar de suas obras poéticas de juventude, já tivemos a oportunidade de destacar a maneira bem equilibrada e regular como constrói os seus períodos, compostos por orações cuja posição sintática sempre corresponde ao valor lógico de seu conteúdo, bem como a exatidão transparente de suas conjunções causais, finais ou consecutivas; a diferença é que, em *Convívio*, esses meios são mobilizados para o fim apropriado, o da prosa pedagógica, e são determinantes do caráter estilístico; o engajamento sistemático com a filosofia escolástica revelou para ele a diversidade lógica da linguagem, e ele foi o primeiro a alcançar, usando um idioma vernacular românico, algo que desde então passamos a considerar como o que há de mais próprio nos idiomas românicos: a pureza da estrutura lógica, a clareza da articulação. Até mesmo o que é pessoal, passional ou polêmico jamais deve vir à tona em seu sentido lírico ou impressionista, a ponto de poder extrapolar os limites do tratado pedagógico; só o que deve aparecer no texto é o que cabe dentro desses limites.

Convívio permaneceu como fragmento, e ainda não se logrou reconstituir o seu plano completo. Além da introdução, que conta como o primeiro tratado, deveriam seguir-se outros catorze, cada qual comentando uma canção; destes, três foram terminados. O primeiro, sobre a canção "*Voi che'ntendendo*", trata do triunfo da aspiração filosófica sobre a atitude mística de sua juventude, apresentada sob a forma de pensamentos sobre a amada morta; o segundo, sobre a canção "*Amor che ne la mente*", louva a natureza divina e o poder de catarse da filosofia; o terceiro, sobre a canção "*Le dolci rime d'amor*",[131] traz um discurso

---

[131] "Vós que cientes"; "Amor que mentalmente"; "As doces rimas de amor". (N. da E.)

O objeto da *Comédia*

sobre a *gentilezza*, o conceito mais valioso do estilo novo, que é então integrado à ética aristotélico-tomista; a *gentilezza* é definida como uma graça divina concedida à alma que ocupa um corpo perfeito, e que engendra o desenvolvimento das virtudes; e uma vez que as virtudes conduzem à bem-aventurança, a definição como um todo propõe que a *gentilezza* seja a *"seme di felicitade messo da Dio ne l'anima ben posta"*;[132] aqui, o ideal da trova de amor alcança o grau máximo de universalidade que lhe fora reservado, e une uma representação ideal da Antiguidade a uma moderna. Com base nas declarações de Dante, pode-se ainda depreender que o décimo quarto tratado, ou seja, o décimo terceiro comentário a uma canção, destinava-se ao poema *"Tre donne intorno al cor mi son venute"*, obra importante do período do exílio; também é provável que a sirvente contra a avareza, *"Doglia mi reca ne lo cor ardire"*,[133] estivesse reservada para o décimo quinto tratado; todo o resto é incerto, no que diz respeito a cada parte individual. No tocante ao conjunto, pode-se supor que deveria trazer uma doutrina sobre a vida correta na Terra, tal como conduzida por pessoas nobres, nessa nova acepção do termo, desprovida de conotação estamental; pode ser que os tratados terminados sejam só uma introdução, já que não é possível deduzir um sistema global a partir deles, e é improvável que Dante não tivesse um plano sistemático.

Levando em conta a *Comédia*, a razão pela qual a obra permaneceu inacabada, a despeito da importância que seu autor atribuiu a ela — atestada pela própria extensão da obra, cerca de quatro vezes maior do que o que foi terminado —, é fácil de in-

---

[132] "Semente de felicidade colocada por Deus na alma bem-posta." *Le opere di Dante, op. cit.*, p. 290; *Convívio*, IX, XX. (N. do A.)

[133] "Três damas ao coração me vieram"; "A dor no coração me arde". (N. da E.)

tuir, mas difícil de formular. A ideia da *Comédia* a sobrepujou; mas não se deve entender isso em termos puramente cronológicos, já que o plano do grande poema, ao menos em suas linhas gerais, já estava mesmo presente desde muito cedo, desde antes do exílio, e já que, por outro lado, a execução desse plano supostamente se deu, em grande parte, só muito depois, nos últimos anos da vida de Dante. Pode-se especular, para ser exato, que ambos os planos coexistiram nos primeiros anos do exílio; que Dante, inibido pela magnitude da empreitada, procrastinou e projetou para o futuro a execução do plano do poema, por ser mais difícil e ousado; que depois, à medida que o trabalho em *Convívio*, que avançava, já satisfazia cada vez menos sua vontade expressiva, a realização da *Comédia* passou a lhe parecer necessária e urgente, e que foi por conta disso que a obra em prosa foi posta de lado. Gostaríamos de explicar por que *Convívio* não conseguiu satisfazê-lo.

Em primeiro lugar, a moldura externa da obra contrariava a demanda por unidade de Dante. Mesmo supondo que havia um plano sistemático para o todo, falta a um conjunto de quinze tratados como o que temos aí, que comentavam cada qual um poema diferente, um princípio formalmente hierarquizado que correspondesse à unidade imaginada da imagem de mundo que ele queria apresentar; essa é uma ausência que só pode mesmo ter incomodado concretamente o tino de Dante para a conciliação e para a correspondência, que lhe era inato e que ele refinara ainda mais graças às teorias filosóficas, e que, de resto, também ia na contramão da sua ambição poética; afinal, ele se acostumara desde jovem a concentrar o impacto de suas palavras sob a forma de uma progressão, de tal modo que, no final, elas se acumulavam como um conjunto que mexia profundamente com o ouvinte que as recebia. Nesse mesmo sentido, os tratados individuais tampouco podiam satisfazê-lo, pois a forma discur-

O objeto da *Comédia*

siva, a forma do comentário vinculado à sequência de canções, só consegue reproduzir em registro demasiado mecânico a ordem possibilitada pela poesia, esta que, por sua vez, ao ser interrompida e distensionada pelas frequentes divagações didáticas, muitas vezes acaba por perder a junção firme de suas partes e seu efeito sistemático.

Com efeito, mesmo o objeto de *Convívio* foi concebido de maneira estreita demais, e quanto a isso é possível distinguir três pontos de vista: o pessoal, o terreno-político e o filosófico-teológico. Eles estão, é claro, indissoluvelmente ligados um ao outro, de modo que a distinção vem ao caso só para que possamos esclarecer o conjunto. Em *Convívio*, Dante aparece como professor; seu destino pessoal, que surge como tema nas canções, ao menos nas duas primeiras, é, no argumento dos tratados, como que ejetado do centro da discussão e tomado como mero ensejo. Essa "objetivação" em nada corresponde à sua verdadeira intenção íntima; isso porque, para Dante, todo conhecimento que adquire e comunica é uma experiência pela qual ele mesmo passa; o descolamento entre o seu destino pessoal e a lição, que é a todo momento condicionada pela forma excessivamente racional da obra centrada em comentários, só pode mesmo ter se tornado cada vez mais insuportável para ele, uma vez que, com o passar dos anos, forçado a se afastar dos grandes acontecimentos públicos, Dante foi se recolhendo à introspecção, e então voltou a abraçar — de maneira mais universal e enriquecido pela experiência e conhecimento adquiridos — aquela inclinação poética de sua juventude, que o levava a se projetar como uma pessoa específica atuante no curso dos acontecimentos universais; assim, a postura predominantemente objetiva e pedagógica adotada em *Convívio* já não mais correspondia ao seu estado interior. Mesmo o ponto de partida da obra como um todo, isto é, a luta entre os dois *pensieri* no segundo tratado, e o triunfo in-

Dante como poeta do mundo terreno

condicional do segundo,[134] já não conseguia retratar adequadamente nem a situação interna em que ele se achava, nem a verdadeira relação entre essas duas forças espirituais. É difícil mostrar como se deu a transformação e o renascimento por assim dizer subterrâneos que, nesse meio-tempo, elevaram a imagem de Beatriz a um novo patamar, mas se depreende pela *Comédia* que foi isso o que aconteceu, e é evidente que, daí em diante, completar uma obra assumida em condições tão diferentes foi se tornando cada vez mais difícil.

Nos anos de exílio, despontou várias vezes uma esperança política para Dante, em especial na expedição militar de Henrique VII na Itália; porém, ela sempre decepcionava, e ele se manteve até o fim com aquela postura que segue viva na memória das pessoas; com sua mistura impactante entre orgulho solitário e impotência solitária, entre vontade própria e imposição, entre desejo ardente e intransigência, sua postura traz a marca disso que sentimos como símbolo exemplar e momumental de um destino inexorável. É evidente que ele era o homem mais sábio e mais obstinado de seu tempo, e que tinha vocação para governar, se formos seguir o princípio platônico, que vigora onde quer que o poder de comando se manifeste claramente em um homem; ele, porém, nunca governou, e em vez disso viveu pobre e solitário. Sua missão era corrigir e superar essa desarmonia do destino, não por meio do afastamento estoico-ascético em relação ao mundo, e sim de maneira a rastrear o curso das coisas,

---

[134] "*Pensieri*" significa "pensamentos" ou "ideias". Nesse contexto, trata-se de uma alusão aos termos que o próprio Dante, em *Convívio*, usou para se referir ao confronto, já mencionado por Auerbach, entre os seus pensamentos de juventude (marcados pela inclinação ao misticismo e ligados ao amor por Beatriz), e os seus pensamentos filosóficos — que, nessa obra, sobrepujam suas ideias de juventude, como observa o crítico. (N. do T.)

subordinando-o ao espírito e conferindo ordem a ele — e foi a essa missão que seu caráter o impeliu. Também nisso, a postura de *Convívio* — contemplativa, não concreta, que se limitava a observar e comunicar — só pode mesmo ter logo parecido inadequada e até mesmo falsa a seus olhos; quanto mais e mais intensamente precisava suportar o seu duro destino, tanto mais profunda e aguçada se tornava sua consciência de si, que mostrava para ele o quão extraordinário era seu próprio caráter, e que o impelia a corrigir, com sua criação, a realidade concreta deste mundo terreno.

Por fim, durante o trabalho com *Convívio*, deve ter ficado claro para Dante que a missão filosófica que lhe fora designada, ou seja, conciliar a mística do estilo novo com a imagem de mundo aristotélico-tomista, precisava ser por ele cumprida de uma maneira mais completa, unitária e incisiva. A lembrança dos poetas antigos que menciona com frequência deve ter martelado em seus ouvidos, sempre que, ao discutir algum verso da canção comentada nos tratados, precisava começar uma longa e cansativa digressão, para conseguir encaixar aí, por exemplo, a doutrina dos anjos, ou das virtudes, ou da bem-aventurança, só para depois voltar ao ponto de partida, com uma transição insípida e dura. Na sua concepção, os poetas antigos também davam lições de sabedoria, e um significado alegórico-pedagógico se escondia atrás do conteúdo sensível e literal de seus versos; em *Convívio*, podemos achar exemplos que parecem quase grotescos para nós e revelam o quão longe Dante ia ao conceber tais poetas na chave desse espiritualismo vulgar; como ao interpretar a separação entre Eneias e Dido como alegoria da *temperantia*.[135]

---

[135] Cf. Dante, *Convívio*, IV, XXVI. A fonte dessas interpretações talvez seja a *Continentia Vergiliana* de Fulgêncio. (N. do A.) [Em latim no original: "temperança". No rodapé, Auerbach se refere aos comentários de Virgílio feitos pelo

Os poetas antigos haviam aplicado a doutrina aos acontecimentos, dado a ela forma concreta e real, de modo que suas obras estavam destinadas a ter um alcance muito mais universal do que o de um tratado filosófico; esse era o modelo que Dante precisava seguir, posto que, como eles, era um poeta. E a filosofia aristotélico-tomista, cujo ponto de partida é a percepção sensível, que estipula de maneira enérgica a particularidade das formas terrenas acessíveis aos sentidos, e cuja metafísica, com isso, dispõe de um universo colorido e hierárquico, só pode mesmo ter parecido, para Dante, o mais promissor dos materiais para a composição poética.

Contudo, pensar nos modelos antigos simplesmente não basta para compreender a forma da *Comédia*, mesmo se buscarmos ler e interpretá-los no sentido de Dante; a obra é, do começo ao fim, fruto da época de Dante e do destino de Dante; ele a abraçou, porque ela correspondia perfeitamente ao seu propósito interior. Os temas da visão do Além e da viagem para o Além eram propriedade comum da Idade Média. Desde o livro de 1894 de Alessandro d'Ancona sobre os precursores da *Divina comédia*, pesquisas minuciosas no âmbito da história material e espiritual trouxeram à tona uma vasta matéria relacionada à influência e à inspiração do poema; mais recentemente, a pesquisa nessa área foi ao mesmo tempo abalada e ampliada pelos estudos árabes, graças ao trabalho de Asín Palacios sobre a escatologia muçulmana na *Divina comédia*;[136] o grande compêndio de Vossler faz um balanço crítico de todo esse material e traz um

---

escritor latino Fabio Plancíades Fulgêncio, que viveu entre os séculos V e VI. (N. do T.)

[136] Miguel Asín Palacios, *La escatología musulmana en la Divina Comedia*, Madri, Estanislao Maestre, 1919. Sobre isso, cf. as notas de Dimitri Scheludko, "Orientalisches im Abendlande vor Dante: Einige Bemerkungen zur *Escatologia*

O objeto da *Comédia*

panorama do estado da arte do nosso conhecimento. Não há como provar que Dante conheceu e utilizou esta ou aquela referência específica da literatura medieval. Por outro lado, é evidente que tanto a ideia geral, como várias das particularidades mitológicas se originaram, se consideradas em termos materiais, do grande arcabouço de mitos da bacia mediterrânea, a que Dante teve acesso sem necessariamente passar por este ou aquele modelo literário específico; ele o assimilou como o ar que respirava. Não pode ser usado como argumento contra isso o fato de que já a geração imediatamente posterior a ele muitas vezes interpretou a obra de maneira incerta e contraditória, pois essa incerteza, assim como a nossa, não tem a ver com o material mitológico, e sim com o seu significado dentro do poema. A questão dos modelos literários não tem nenhuma relação com a história do surgimento intrínseco, próprio da *Comédia*; o que é decisivo para isso, no que diz respeito aos modelos, é o fato de que o próprio Dante, no segundo canto do "Inferno", menciona apenas Eneias e Paulo como aqueles a quem a graça divina permitira trilhar esse caminho antes de si próprio. Afirma-se com isso, como aliás também se depreende do contexto, que Dante considera que seus únicos precursores legítimos seriam personagens importantes em um ponto de inflexão decisivo da história universal; se ele conhecia as visões medievais do Além, então, em todo caso, não era elas que tinha em vista ao escrever a *Comédia*, e ele não as considerava como modelos, de modo que, se alguma delas acabou sendo incorporada à sua obra, isso se deu pela via indireta e pré-literária acima indicada.

A forma da viagem pelo Além proporcionou possibilidades de satisfazer a vontade de Dante de chegar à expressão concreta

---

von A. Palacios", *Neuphilologische Mitteilungen*, vol. 28, nº 4, 1927, pp. 209-32. (N. do A.)

e à ordem metafísica que ele mesmo, em suas obras anteriores, não fora capaz de realizar, e que nenhum de seus precursores, dentre os que compuseram visões escatológicas, nem sequer buscara realizar. O curso de sua vida era infeliz, amargo e repleto de graves crises; nem seu entendimento de qual seria a ordem correta das coisas, nem sua vontade de cumpri-la, por mais que Dante tenha enfrentado os poderes estabelecidos e saído derrotado, não podiam ser destruídos de forma alguma no seu íntimo; antes, seu destino o fortaleceu e o moldou, e, quanto mais Dante ruminava sobre o próprio destino, tanto mais este fez com que ele desenvolvesse uma intuição quase sobrenatural, e até então inaudita, tanto para os nexos do processo histórico, como para o material da história terrena, ou seja, para o caráter e para o destino do homem de ação no que ele tem de mais particular. Já encontramos em sua poesia de juventude sua visão e seu poder de captar tudo que é real e pulsante; mas só a catástrofe política e suas consequências, graças às quais ele mesmo ganhou um destino importante, esculpiram e aguçaram esse aspecto de seu caráter e de seu talento a ponto de intensificá-lo ao máximo — eis o *"subito movimenti di cose"*,[137] isto é, a mudança súbita das coisas, que o atingiu, e que jamais se passa sem abalar a alma. A catástrofe lhe proporcionou a oportunidade para superá-la e para auferir dela um rico cabedal de experiências tanto do mundo exterior como do interior; Dante estivera no epicentro de acontecimentos importantes, agindo sobre eles e sendo por eles afetado, observara como os outros agiram em momentos de extrema tensão, e decerto muitas vezes com aquela expectativa febril que aguça todos os sentidos, própria de quem acompanha o desenrolar dos eventos; mesmo exilado e pobre,

---

[137] Dante, *Convívio*, II, X (9), com base em Boécio, *De Consolatione Philosophiae*, I, II, § I. (N. do A.)

O objeto da *Comédia*

encarou os acontecimentos públicos de maneira por assim dizer dura e direta, despojado das amenidades alentadoras e reconfortantes da terra natal, com os seus arredores familiares, o seu curso de vida previsível, o respeito inconteste que desfrutara por lá, em suma, despojado de todos os fatores de uma vida segura que fazem com que todos os eventos pareçam mais distantes e menos imediatos; e seu olhar preciso, seu entendimento aguçado, sua devoção profunda e ordeira, sua ira radical diante da injustiça, isso tudo acabou por se fundir à experiência assim adquirida, no momento em que ele, dentro de si, fez ressurgir e deu forma literária aos destinos e gestos que ou viveu, ou captou da atmosfera. Além disso, o material que se oferecia para Dante estava perfeitamente pronto para ganhar forma, e isso decerto foi importante para o surgimento da *Comédia*. No século que precedeu o grande poema, e no qual transcorreu a maior parte dos eventos ali retratados, os destinos dos homens passaram a se desenvolver com uma liberdade e uma variedade de movimentos cada vez maiores — e isso por toda parte, mas sobretudo na Itália —, e, correspondentemente, seus gestos se desvencilharam de um longo período de empedernimento. Esse é um fenômeno muito descrito; não cabe aqui discutir suas causas sociológicas, históricas ou psicológicas, mas somos facilmente convencidos de seu caráter evidente, quando comparamos a lenda de São Francisco às lendas dos santos que vieram antes dele, ou o *Novellino*[138] aos seus precursores que narravam o mesmo material, ou a crônica de Salimbene[139] às crônicas italianas anteriores; quan-

---

[138] Referência a uma coletânea de contos do século XIII, de origem toscana e autoria desconhecida, que passou a ser denominada *Il Novellino* ou *Le Cento Novelle Antiche*. (N. do T.)

[139] Frei franciscano e influente historiador de origem italiana que viveu no século XIII, falecido por volta de 1290. (N. do T.)

do temos em vista o caráter pitoresco e o colorido dramático da história de Florença;[140] e quando, por fim, examinamos a inflação súbita da expressão da vida nas artes plásticas e suas causas. Grupos inteiros de homens, que até então viveram como que sem voz e na escuridão, começaram a tomar consciência de si, a aparecer à luz do dia e a exibir livremente seus gestos individuais; despertava de novo uma tradição vetusta, antiga, há muito submersa, de exposição dos acontecimentos tanto do mundo exterior como do interior.

Porém, o mais decisivo nesse momento, sobretudo para um homem tão fortemente racional e conscientemente sistemático como Dante, foi o fato de que a doutrina filosófica que seguia[141] prestava o máximo de atenção às formas individuais e parecia legitimar sua exposição. Tomás associou a diversidade das aparências à ideia teológica da criação feita à semelhança de Deus, e o fez de modo que, dados o caráter fundamentalmente imperfeito da criatura e a sua diferença em relação a Deus, seria impossível que qualquer coisa criada individualmente pudesse alcançar a perfeita semelhança divina em *uma* só espécie, de modo que a diversidade da criação é necessária para que esta se aproxime, em sua totalidade, da perfeita semelhança em relação a Deus. Permitam-me citar algumas frases sucintas, tiradas de uma das passagens em que ele afirma isso:

---

[140] Pense-se em episódios como os narrados por Davidsohn em sua história de Florença (Robert Davidsohn, *Forschungen zur Geschichte von Florenz*, Berlim, E. S. Mittler und Sohn, vol. III, 1901, pp. 66 ss., 69, 72 e 89). (N. do A.)

[141] Sobre as objeções que hoje se pode levantar contra o tomismo de Dante, cf. Giovanni Busnelli, S. J., *Cosmogonia e antropogenesi secondo Dante Alighieri e le sue fonti*, Roma, La Civiltà Cattolica, 1922. (N. do A.)

O objeto da *Comédia*

> *Unde dicendum est, quod distinctio rerum et multitudo est ex intentione primi agentis, quod est Deus. Produxit enim res in esse propter suam bonitatem communicandam creaturis, et per eas repraesentandam: et quia per unam creaturam sufficienter repraesentari non potest, produxit multas creaturas et diversas, ut quod deest uni ad repraesentandam divinam bonitatem, suppleatur ex alia. Nam bonitas quae in Deo est simpliciter et uniformiter, in creaturis est multipliciter et divisim: unde perfectius participat divinam bonitatem, et repraesentat eam, totum universum, quam alia quaecumque creatura.*[142]

Ora, se essa doutrina, relacionada à criação em geral, postula a diversidade não por oposição à perfeição, e sim como expressão dela, e se, além disso, o universo é pensado não como estando em repouso, e sim em movimento, no sentido de que as formas tendem à autorrealização, de modo que a diversidade,

---

[142] "Por isso se deve dizer que a distinção e a multiplicidade das coisas são devidas à intenção do primeiro agente, que é Deus. Com efeito, Deus produziu as coisas no ser para comunicar sua bondade às criaturas, a fim de que aquela fosse manifesta por meio destas. E, porque não pode ser suficientemente representado por meio de uma única criatura, produziu muitas criaturas diversas, a propósito de que aquilo que falta em uma, no manifestar a bondade divina, fosse compensado por outra. Com efeito, a bondade que em Deus existe simples e uniforme, nas criaturas existe multíplice e repartida: por isso, o todo do universo participa da bondade divina e a manifesta mais perfeitamente do que qualquer outra criatura." Tomás de Aquino, *Summa Theologica*, I, 47, 1; cf. também *Summa contra Gentiles*, II, 45. Temos uma guinada significativa dessa ideia em Bonaventura, *Sententiarum*, II, 18, 2, quest. 1 a 3 (vol. II, p. 447); e *Sententiarum*, II, 3, 1, 2, quest. 1 a 2 (*idem*, p. 104), *apud* Étienne Gilson, *La philosophie de Saint Bonaventure*, Paris, J. Vrin, 1924, p. 308. Nessas passagens, Bonaventura fala apenas do *multiplicatio numeralis* [multiplicação numérica]. (N. do A.)

constantemente compelida a ir da potência ao ato, também passa a ser exaltada como *caminho* necessário rumo à perfeição — então a mesma doutrina, quando aplicada especificamente aos homens, tal como a encontramos na psicologia tomista, também se converte na explicação perfeita para a tensão, ao mesmo tempo realista e dramática, presente nos acontecimentos históricos. Pois o homem, aqui concebido como união substancial entre alma e corpo, de tal maneira que a alma seria a forma do corpo, não está sujeito apenas às distinções gerais de forma e às individuações materiais que se aplicam a todas as coisas criadas, que têm cada qual um caráter diverso, mas não liberdade de ação; o homem, além disso, abriga em si, além do ser, do corpo, da vida e dos sentidos, também o intelecto e a vontade; e, por mais que a alma esteja necessariamente vinculada ao corpo, e que aliás precise dele para poder atuar, ela ainda assim possui, por estar no limite entre as formas corpóreas e as separadas do corpo, suas capacidades específicas, a saber: o conhecimento e a vontade. É nisso que o homem difere das formas inferiores da criação, cujas atividades são inteiramente determinadas pela própria criação, e é nisso que difere também das substâncias separadas, isto é, dos anjos, que ou se voltaram em direção a Deus ou dele se afastaram por meio de um único ato original. Dentre todas as unidades dotadas de substância, só o homem possui essa liberdade que se exerce com o passar do tempo, com o desenrolar de sua existência terrena; eis o princípio de individualização que lhe é próprio, o princípio que move o *actus humanus*. A sua vontade necessariamente aspira ao bem em si; mas nunca o encontra, só o que encontra são bens específicos;[143] e é por causa disso que atua de várias maneiras. Nesse sentido, é a razão que exerce a reflexão e o juízo, e a vontade que exerce o consenso e

---

[143] Dante, *Convívio*, IV, XII, 14 ss. (N. do A.)

O objeto da *Comédia*

a escolha (*electio*). É no conceito de *habitus* que Tomás encontra o mecanismo prático dessa doutrina, tal como aplicada ao homem individual. Esse é um atributo adquirido, ou seja, não é a substância em si do homem, mas sim uma disposição constante que incrementa e modifica a substância; é a marca que a história de sua alma deixou na própria alma; pois toda ação, toda aplicação da vontade visando alcançar seu objetivo deixa um rastro para trás, e essa modificação da alma por suas ações se chama *habitus*. Na psicologia tomista, o *habitus* é o que explica a diversidade das características humanas; é o que define como cada pessoa empírica realiza a sua natureza; o que elucida como a alma se relaciona aos seus atos; o *habitus* pressupõe o desenrolar do tempo, e uma vez que é ele o que delineia, nesse desenrolar, o desenvolvimento interior do homem, implica que o homem precisa, para realizar a si mesmo, do transcurso do tempo, da história ou do destino.

Em Dante, a psicologia aristotélico-tomista não só se manifesta com frequência em discussões específicas de *Convívio* e da *Comédia*,[144] como além disso lhe provê todo o seu pano de fundo filosófico e a concepção integral de seu esforço poético em expor o caráter do indivíduo com o máximo de intensidade, por meio dos gestos do corpo ao qual ele está vinculado. Há talvez quem não esteja disposto a considerar válida uma explicação racional para uma habilidade poética; mas todas as forças da alma atuam na criação poética, e é difícil negar esse nexo quando um poeta imbuído da ideia tomista da unidade da personalidade, após séculos em que o poder expressivo do corpo fora simplesmente cerceado, ou então só parecera permitido como subproduto da comédia e na baixa poesia, enfim confere à expressão

---

[144] Cf. ainda Dante, *Monarquia*, I, XII (VIX), 1-5; *Le opere di Dante, op. cit.*, pp. 364 ss. (N. do A.)

corporal os máximos *ethos* e *pathos*. Dante foi o primeiro poeta e pensador que voltou a se convencer da unidade da pessoa, da convergência entre a alma e o corpo; e foi por isso que, no seu caso, a razão aperfeiçoou sua habilidade de mostrar quem são os homens por meio da postura e dos gestos nos quais a soma de seu *habitus* encontra sua síntese mais perfeita e se manifesta com o máximo de evidência.

No entanto, os homens que aparecem na *Comédia* já foram subtraídos de seu tempo na Terra e do curso de seu destino. Dante escolheu um palco muito especial para a sua apresentação, que, como dissemos anteriormente, descortinou possibilidades expressivas inteiramente novas para ele, e para nenhum outro antes dele. Amparado pelas autoridades supremas da razão e da fé, seu gênio poético ousou empreender o que ninguém até então ousara: apresentar todo o mundo terreno, todo o mundo histórico que chegara ao seu conhecimento, como um mundo já submetido ao Juízo Final de Deus, e, portanto, já sentenciado, já posto em seu devido lugar de acordo com a ordem divina — e aliás a fazê-lo sem despojar as personagens individuais encontradas em seu destino final, escatológico, de seu caráter terreno, sem sequer mitigá-lo, mas sim, ao contrário, de tal modo a registrar o ponto mais extremo de seu caráter individual com sua história na Terra, e a identificá-lo ao seu destino final.

Essa ideia forma o fulcro da nossa investigação, mas antes de continuarmos a segui-la, com as relações e repercussões que implica, é preciso resguardá-la de uma possível dúvida. Segundo a doutrina cristã em geral, o destino final não começa imediatamente após a morte; em vez disso, é consumado de uma só vez para a toda a humanidade com o fim dos tempos, no Juízo Final; e está ligada a isso a concepção de que, nesse meio-tempo imaginado até a ressurreição dos mortos no dia do Juízo Final, as almas ficam separadas do corpo e, portanto, desprovidas dos

O objeto da *Comédia*

sentidos e da expressão corporal. Contudo, Tomás, assim como a maior parte dos Padres da Igreja, defende a ideia de que as almas chegam ao lugar final que lhes cabe imediatamente após a morte e em função de seu merecimento (com exceção das que precisam passar pela purificação no Purgatório), e de que o que ocorre aos justos e aos condenados no Juízo Final é apenas uma acentuação de seu estado, uma vez que, com a recuperação do corpo, são capazes de gozar e de sofrer mais intensamente;[145] Dante segue essa teoria e a reproduz no sexto canto do "Inferno".[146] Uma questão bem mais difícil, já para o próprio Tomás, era a do caráter incorpóreo dos mortos que aguardavam o Juízo Final, uma vez que tal estado contradizia completamente sua doutrina das almas de base aristotélica, que exigia o vínculo substancial entre alma e corpo. Ele era compelido a não admitir que a alma, nesse estado, fosse a *perfectio naturae*, posto que tal perfeição natural corresponderia à forma do corpo; porém, sendo a alma um princípio subsistente — já que não é uma parte do corpo, e sim sua forma —, o seu ser se conserva depois da destruição do corpo e da separação em relação a ele; e por sinal se conserva sem nenhuma mudança de seu *esse compositi*, pois o ser da forma é idêntico ao ser da matéria, que nada mais é senão o respectivo *esse compositi*.[147] De modo em tudo similar, Dante

---

[145] Cf. Tomás de Aquino, *Summa Theologica*, III, supp. 69, 2 ad resp. e ad 4. Cf. também Tomás de Aquino, *Summa Theologica*, I, IIae, 4, 5 ad resp. (sed circa) e ad 5. (N. do A.)

[146] Dante, "Inferno", VI, 103 ss. (N. do A.)

[147] Tomás de Aquino, *Summa Theologica*, I, IIae, 4, 5 ad 2. (N. do A.) ["*Esse compositi*", nesse contexto, é "ser composto". Ou seja, Tomás de Aquino propõe, na passagem parafraseada por Auerbach, que a alma humana seria um todo — "ser composto" de várias partes — com a peculiaridade de seguir existindo como tal, isto é, como um todo, mesmo após a destruição de suas partes. (N. do T.)

conserva na alma separada do corpo pela morte, de maneira virtual, as suas forças vitais e sensíveis;[148] ele segue Tomás também na sua definição do lugar apropriado da alma,[149] e daí em diante falta só um passo pequeno, mas importante, para se concluir que tais formas moldam a atmosfera ao seu redor de maneira a formar um corpo espectral. Com essa licença, talvez a mais difícil a que Dante se permitiu em relação ao dogma,[150] ele reencontrou o caminho para a tradição mitológica do reino umbral e o colocou a serviço de sua vontade expressiva.

É, portanto, realmente o destino final de suas personagens que Dante nos apresenta na *Comédia*; o tempo delas na Terra expirou, e elas já estão no lugar que lhes cabe e que ocuparão para sempre, com exceção daquelas no purgatório. Mas, mesmo para as almas no purgatório, o destino final já está definido de modo irrevogável, estando só suspenso por enquanto; afinal, já que a purificação é condicionada por sua conduta terrena, esta precisa estar implicada em seu destino final; é um componente necessário do julgamento final proferido a seu respeito; portanto, todos as personagens do poema já representam o estado que lhes foi atribuído pelo juízo divino, com base na soma do que fizeram em vida. Mas uma vez que Dante criou para elas, no poema, um corpo espectral, também proporcionou a elas a capacidade não apenas de sentir prazer e sofrimento físicos, como ainda, e acima de tudo, de aparecer fisicamente para ele e para nós, e de manifestar seu estado no domínio das aparências. A

---

[148] Dante, "Purgatório", III, 31 ss., e XXV, 79 ss.; sobre isso, cf. G. Busnelli, *op. cit.*, pp. 204 ss. e pp. 275 ss. (N. do A.)

[149] Tomás de Aquino, *Summa Theologica*, III, supp. 69, 1. (N. do A.)

[150] Sobre a posição de Agostinho e Tomás a respeito, cf. G. Busnelli, *op. cit.*, pp. 288 ss., em especial a nota 1 da p. 292. (N. do A.)

O objeto da *Comédia*

partir daí, isso que o leitor do poema percebe como evidente, e que, por isso, é, em última análise, evidente, só pode mesmo produzir um resultado absolutamente fantástico: o lugar de cada personagem, e sua postura no Além, são algo em tudo individual e correspondem aos feitos e sofrimentos de seu passado na Terra; cada uma se apresenta, por assim dizer, como mera continuação e intensificação de si, como fixação derradeira de seu ser, como uma conservação perfeita de seu caráter e destino mais particular e mais pessoal. As demais visões escatológicas que chegaram até nós, não importa se vindas da Antiguidade ou da era cristã, foram imaginadas de maneira em tudo diferente; ou relegam todos os mortos àquela existência incompleta própria do reino umbral, que nivela todos e liquida, ou pelo menos empalidece, a personalidade individual, ou então separa, com um moralismo grosseiro, os bons e os absolvidos dos maus e dos condenados, e nesse segundo caso tudo o que importa é a subversão de todas as hierarquias mundanas; nem sequer se cogitava que caberia preservar em todos os escalões da hierarquia do Além, até mesmo nos mais profundos, o caráter e a dignidade constitutivos da unidade da pessoa. Mesmo a divisão interna das regiões do Além segundo os grupos individuais de pecados e virtudes, que parece ter sido bem desenvolvida desde antes de Dante, especialmente na escatologia islâmica, é apenas uma divisão por tipos, e não por indivíduos, e não envolve a tentativa de conservar a forma individual terrena que seguiria existindo; pode-se dizer, no máximo, que esse sistema do Além, em muitos aspectos baseado na ética aristotélica, contém em potência e, portanto, parece pedir por algo que a *Comédia* de Dante realiza. Dante não teve precursores propriamente ditos, salvo pelo sexto livro da *Eneida*, do qual absorveu não só o belo estilo da alta poesia didática, como também a lógica da percepção do acontecimento — o que fez como um aluno que superou em muito o mestre.

Para adiantar a principal diferença, Virgílio, que não dispunha de uma teoria consistente, e que não conseguiu forjar um amálgama perfeito entre as tradições da filosofia e da mitologia, não concebeu o seu mundo subterrâneo como um destino final; pois a grande maioria das almas estava destinada a uma nova existência terrena, a migrar para um novo corpo. Com isso, estavam dados pressupostos completamente diferentes: a transmigração das almas, que concedia à mesma alma múltiplas novas vidas terrenas e múltiplos corpos diferentes, solapa não apenas o drama cristão segundo o qual dispomos de uma única vida na Terra, e de que o nosso destino é necessariamente decidido nesse intervalo de tempo, como ainda solapa a ideia da unidade da pessoa como algo inevitável, da vinculação da alma e do corpo a um só destino e a uma só forma, professada na doutrina cristã da ressurreição dos mortos no dia do Juízo Final. Se por um lado, com isso, as personagens do mundo subterrâneo de Virgílio não têm uma existência intensificada e final, e sim empalidecida e transitória, se são mesmo sombras claudicantes e impalpáveis, o que aliás faz muito mais sentido para a visão nada dantesca expressa nos versos *"nulli certa domus"*[151] — ainda assim, por outro lado, a direção tomada pela vontade criadora de Dante está implícita na visão de Eneias. Dado o caráter incompleto e

---

[151] "A ninguém é atribuída morada certa." Virgílio, *Eneida*, v. 673. "Nada dantesco" significa aqui apenas que isso não combina com o caráter que o Além-mundo possui na *Comédia*. As palavras *"loco certo no c'è posto"*, ditas por Sordello (em Dante, "Purgatório", VII, 40), só se aplicam aos que aguardam o seu destino no antepurgatório. (N. do A.) [O trecho em latim é tirado da passagem referida da *Eneida*; nela, Eneias narra o que viu no mundo subterrâneo. A formulação guarda uma similaridade superficial com a fala de Sordello a Virgílio no "Purgatório", comentada por Auerbach no rodapé, que pode ser traduzida como: "não está dado lugar certo". (N. do T.)

O objeto da *Comédia*

a composição da *Eneida*, que os críticos já desmembraram de várias maneiras e há muito tempo, talvez não devêssemos atribuir grande significado às palavras proferidas por Anquises, "*quisque suos patimur manes*",[152] que exprimem a mesma vontade criadora de Dante — não tivesse Virgílio, no episódio do encontro com Dido, dado forma poética à ideia da continuidade do destino terreno. É verdade que quem evoca o passado é Eneias, que está vivo, enquanto Dido se afasta calada; mas sua postura e as palavras de Eneias, que provocam diretamente sua reação de fugir calada,[153] revelam de maneira tocante que o seu destino pessoal segue atuante. Também aqui, Virgílio não conseguiu produzir uma impressão consistente e plástica para a nossa sensibilidade, nem era isso o que buscava; ele logo confere à cena como um todo uma atmosfera espectral, distante da vida, ao mencionar Siqueu, outrora marido de Dido, para quem ela retorna ao fugir de Eneias; mas, para Dante, o encontro do amante com a amada morta, a amada que ele perdera, e que era a mais bela reminiscência da poesia sentimental que conhecia, só pode mesmo ter produzido uma impressão marcante. O que, em Virgílio, com sua "nobre alma mantuana",[154] talvez não fosse mais do que uma visão particular do sofrimento, composta

---

[152] Virgílio, *Eneida*, v. 743. Norden traduz "*suos manis*" para o alemão bem no sentido que temos em vista, como "*sein Dämon*" (*P. Vergilius Maro Aeneis Buch VI, erklärt von Eduard Norden*, Leipzig, Teubner, 1916, 2ª ed., p. 95: "A cada um cabe a pena que o seu *dáimon* pede"). (N. do A.)

[153] Virgílio, *Eneida*, vv. 463-4: "[...] *nec credere quivi,/ hunc tantum tibi me discessu ferre dolorem*" ["e eu não podia imaginar que minha partida haveria de te trazer tão grande sofrimento"]. (N. do A.)

[154] Alusão ao verso 58 do segundo canto do "Inferno", em que Dante se refere nesses termos a Virgílio. (N. do T.)

em um momento de genialidade, em Dante seria associado às várias forças de sua formação e de seu destino que atuavam na mesma direção; Virgílio, que profetizara a vinda de Cristo e cantara o Império Romano, seria o seu guia, e, para Dante, o sexto livro da *Eneida* era a verdade autêntica da poesia, e Eneias, um verdadeiro precursor do caminho secreto para o mundo subterrâneo; e a atmosfera virgiliana está mesmo contida em sua obra, ainda que tenha sido a tal ponto dominada pela força do próprio caráter de Dante, que seria mais correto dizer que ele a transformou e a incorporou, em vez de ter sido por ela influenciado.

A conservação e a fixação derradeira da unidade da personalidade terrena no Além é o que basicamente distingue a *Comédia* de todas as visões do Além que a precederam; o palco de sua ação se tornou, por isso, fonte de seu valor poético e teve como resultado sua enorme fidelidade ao real, a força imediata, avassaladora própria de algo empiricamente evidente, graças à qual sentimos que tudo que acontece na obra aconteceu de verdade, é crível e nos diz respeito. O mundo terreno está contido no mundo do Além da *Comédia*; ainda que sua ordem e forma históricas tenham sido destruídas, o foram em prol da ordem e da forma perfeitas, derradeiras, que contêm o que se destruiu, pois, como diz Tomás, "*quando perfectior forma advenit, fit corruptio prioris; ita tamen, quod sequens forma habet quicquid habebat prima, et adhuc amplius*".[155] A destruição da sua forma foi necessária, pois sua potencialidade, seu impulso à autorrealização, e, portanto, sua variabilidade, tudo isso chega ao fim no mundo do Além; a forma nova tem tudo o que a anterior tinha,

---

[155] "Quando advém uma forma mais perfeita, ocorre a corrupção da precedente; mas de modo que a forma seguinte tenha tudo o que tinha a anterior e algo além dela." Tomás de Aquino, *Summa Theologica*, I, 118, 2 ad 2 et ideo dicendum. (N. do A.)

O objeto da *Comédia*

e algo além disso, a saber: a atualização plena, o ser imutável. Dante, portanto, ousou apresentar os homens que aparecem na *Comédia* no momento e no lugar em que alcançam a sua atualização plena, ou seja, agora em termos modernos, no lugar de sua autorrealização final, do desvelamento e do desenvolvimento finais de seu caráter.

Em nossa introdução, foi dito, a respeito da tragédia grega, que ela, ao contrário da épica de Homero, revela o ponto final no qual não resta para o homem mais nenhuma variação ou qualquer outra possibilidade, e no qual, inversamente, o próprio destino se descortina para ele como destino decifrado, e a ele se contrapõe como algo perverso, hostil, aparentemente alheio; e que então começa a batalha final contra o próprio *dáimon*, sendo esse o conteúdo da tragédia, que divide e despedaça o herói de tal maneira que faz todo o sentido que só lhe reste de sua personalidade mais íntima a idade, o sexo, a posição social e os traços mais gerais do temperamento. Com algum artifício — e não se deve entender esse termo de maneira equivocada, pois não se trata aqui de algo falso, e sim da mais universal das verdades, aquela que só se pode evidenciar por meio da antítese mais intensa —, os poetas trágicos, e especialmente Sófocles, dissolveram a unidade da personagem ao apresentar a figura do herói em conflito, que resistia ao próprio destino com seus feitos e sua razão, para que, com isso, o reencontro de ambos, que se consumava na ruína do herói, tivesse um impacto ainda maior. Nisso repousam ao mesmo tempo a grandeza e os limites de sua *mimesis*, de seu poder de exposição da realidade. O destino final da tragédia é a morte, ou algo equiparável a ela, e tão logo surge, mesmo que só à distância, essa que é a expressão máxima da universalidade, ela retira o herói do solo firme em que ele acredita pisar, faz empalidecer a atuação e o caráter que até então exibia, e o concentra inteiramente na situação bem particular de seu final; e o que ocorre no final é, por assim dizer, a operação mecânica de uma força que atua de fora para dentro, que executa a sentença do destino. Assim, por mais que a tragédia proporcione ao *ethos* individual o máximo de tensão, a tensão derradeira, o herói afinal está em uma situação extraordinária, diferente da que corresponde à soma de sua realidade terrena, que ele só deixa para trás ao morrer. O que vem na sequência, porém, permanece no escuro, e é certo que não se trata de uma realização de si, e sim de uma dissipação de si no reino das sombras.

Com base nessa observação sobre a tragédia grega, percebe-se ainda mais clara e plenamente como Dante, na *Comédia*, deixa a morte trágica para trás, na medida em que identifica o destino final à unidade terrena da personagem, e como resultam do próprio plano de Dante a possibilidade e o dever de chegar a um retrato incondicional da realidade terrena, ao mais perfeito realismo artístico. As pessoas em seu reino do Além precisam mostrar, com seu estado e sua postura, a soma do que são em si; precisam revelar, em um único ato, o caráter e o destino compreendidos em todo o curso de suas vidas; sua enteléquia[156] terrena fora fundida à ideia que eles transmitiam de si mesmos; e, para dar forma literária a ela, não havia imagem crassa demais, nem assertiva exagerada demais; não havia nenhum limite para a expressão, pois o que alhures ofenderia o decoro artístico era aqui legitimado como manifestação da justiça divina, que estava exatamente de acordo com cada indivíduo. Dante possuía a máxima liberdade de composição e o mais profundo senso de obrigação relativamente ao seu objeto; e tudo o que acumulara gra-

---

[156] Auerbach usa, nessa passagem, o equivalente alemão direto do termo εντελέχεια [*entelékheia*], de Aristóteles. Nesse contexto, o termo é em geral vertido por "atualidade" (e aqui, em linha com o que o crítico afirma dois parágrafos antes, "realização"), tendo como conceito correlato o de "potência". (N. do T.)

O objeto da *Comédia*

ças à sua sensibilidade intensa e delicada, à compreensão que tinha do sentido da história e do conhecimento humano, à experiência que sentia na pele da alienação diante do destino — isso tudo desembocou no grande poema. Sua dimensão humana, preparada na mesma medida pela condição afortunada de que partiu e pela vida desafortunada que levou, ampliou-se tremendamente com essa tarefa; permitiu que ele se envolvesse com cada uma de suas personagens, sem jamais deixar de ser Dante, e permitiu que ele falasse seus mil diferentes idiomas, sem que nenhum deles deixasse de ser o idioma de Dante.

O fato de tal *mimesis* romper, tanto em extensão como em profundidade, com as leis aristotélicas e com os limites dos gêneros da Antiguidade, e inclusive de fazê-lo no mesmo sentido em que o fizera a arte cristã medieval, mas de maneira mais consciente e evidente, por se tratar de uma criação grandiosa, sistemática e que dava forma ao universo como um todo — isso é algo que reconhecemos como evidente, mas que ainda não o era para Dante, e ele mostra certa dose de incerteza ao avaliar o caráter estilístico de sua obra. Por referência à filosofia escolástica, baseada em reminiscências da Antiguidade e que estipulava que a tragédia teria um começo feliz e um desenlace infeliz, e a comédia, o contrário,[157] Dante chamou sua obra de comédia, e classificou seu estilo discursivo de "*remissus et humilis*" [abrandado e humilde], já que fora composta no idioma vernacular, no qual conversavam entre si até mesmo as mulheres,[158] enquanto se referia à *Eneida* como "*l'alta tragedia*",[159] enfatizando a opo-

---

[157] Formulada, por exemplo, por Vincent de Beauvais, *Speculum doctrinale*, livro II, cap. 109. (N. do A.)

[158] "Carta a Cangrande", *Le opere di Dante, op. cit.*, p. 439. (N. do A.)

[159] Dante, "Inferno", XX, 113. (N. do A.)

sição entre as obras. Por outro lado, ele menciona expressamente, e ao que parece sem intenção apologética, que Horácio havia permitido aos compositores das comédias usar ocasionalmente a linguagem das tragédias,[160] e, em várias passagens do grande poema, não disfarça saber muito bem estar criando um poema de estilo elevado. Ali, Dante o chama por um novo nome, de cunho próprio: *"il poema sacro"* ou *"lo sacrato poema"*, ou mesmo, por seu conteúdo, simplesmente "a visão".[161] Nesses enunciados de crítica à própria obra, revela-se o conflito entre a perspectiva escolástica tradicional e sua convicção sobre a real natureza de seu poema, ainda insegura, difícil de formular; Dante adotou um único elemento da teoria antiga, o *sibi constare* das personagens;[162] todo o resto já não tinha para ele valor literal, e caso se conceba a definição aristotélica em um sentido amplo o bastante — o que se pode muito bem fazer, pois um texto tão antigo e tão cheio de história como esse não pode ser tratado senão como uma lei muito antiga, mas ainda em vigor, que há muito precisou ser interpretada em sentido bem diferente do visado de maneira consciente pelo legislador —, então também de acordo com a sua visão temos aí uma tragédia. Em todo caso, ela é bem mais uma tragédia do que um épico, já que os elementos descritivos e épicos do poema não são autônomos, mas, em vez disso, servem a um propósito, e já que não se trata, nem para Dante, nem para suas personagens, do tempo épico, no qual o destino se desenrola em uma progressão gradual, mas, em vez disso, do momento em que o tempo termina e o destino se cumpre.

---

[160] "Carta a Cangrande", *Le opere di Dante, op. cit.*, p. 439. (N. do A.)

[161] Dante, "Paraíso", XXV, 1; XXIII, 62; XVII, 128. (N. do A.)

[162] Horácio, *Epistularum*, II, 3 (*Ars Poetica*), v. 127. (N. do A.)

O objeto da *Comédia*

Uma tarefa muito difícil, que só podemos introduzir aqui brevemente, é descrever de maneira em alguma medida satisfatória a relação da composição da realidade em Dante com as pinturas de sua época.[163] Desde Giovanni Pisano, a percepção ganhara vida nova também na Itália, e é possível estabelecer certos pontos de convergência entre Dante e o maior pintor de sua época, Giotto. Verifica-se em ambos um renascimento verdadeiro e integral do evento, um tino para a articulação rítmica quase à maneira dos antigos, uma fusão em tudo similar da regularidade com o que há de particular na aparência — e a investigação das fontes no âmbito da história do espírito também permite encontrar ou especular sobre algumas fontes comuns a ambos. Mas isso tudo não basta. Se comparada a qualquer outra pintura individual do começo do *Trecento*, a *mimesis* da *Comédia* é muito mais abrangente tanto em grandeza, como em profundidade, ela se projeta muito mais longe tanto no passado, quanto para o futuro, de modo que não há como equipará-las. Seria preciso levar em conta o conjunto de um grande número de obras, e não só do *Trecento*, mas sim que viriam muito depois ou vieram muito antes, para se chegar a algo comensurável à *Comédia* — assim, o paralelo com Giotto se torna inviável, quando se toma como ponto de partida não Giotto, e sim Dante. A *Comédia* é um feito livre, e reúne em *uma* voz forças sensíveis acumuladas por séculos, ao passo que as pinturas da época são ainda trabalhos de artesãos, que realizam uma encomenda nos moldes de uma iconografia preestabelecida. Não se pretende

---

[163] Sobre isso, cf. Friedrich Rintelen, *Giotto und die Giotto-Apokryphen*, Leipzig/Munique, G. Müller, 1924, 2ª ed.; Erwin Rosenthal, *Giotto in der Mitteralterlichen Geistesentwicklung*, Augsburg, Filser, 1924; Max Dvořák, *Geschichte der Italienischen Kunst*, Munique, Piper, 1927-28, pp. 13 ss.; August Schmarsow, *Italienische Kunst im Zeitalter Dantes*, 2 vols., Augsburg, Filser, 1928. (N. do A.)

com isso, de modo algum, diminuir Giotto — justamente por ser um homem relativamente inculto, ele tinha menos preconceitos em relação ao domínio da sensibilidade e do presente, e criou algo equiparável ao *vulgare illustre* —, mas a engenhosidade do plano no qual repousa a *summa vitae humanae*[164] de Dante estava fora do alcance para qualquer pintor do *Trecento*.

A ideia da *Comédia* permitiu a Dante satisfazer o mais profundamente possível seu desejo de dar forma à realidade, bem como cumprir com a máxima plenitude sua vontade de ordem. Também sob esse aspecto, a *Comédia* aparece como ponto de chegada e divisor de águas. A busca por conciliação da filosofia escolástica já superara, no século anterior a Dante, as concepções mecanicistas da ordem material, que foram decisivas para a tradição da Antiguidade tardia e para a metafórica do espiritualismo vulgar, e alcançara sua perfeita articulação orgânico-sistemática na *Summa Theologica* de Tomás.[165] A obra utiliza o método da enumeração e da divisão, e começa por Deus, para em seguida tratar das criaturas que dele emanam; é um sistema doutrinário, que, em linha com tal propósito, concebe seu objeto como existente e em repouso. Dante converte o existente em experiência, faz com que o ser venha a ser à medida que passa por ele em sua jornada; graças a essa virada poética, a sabedoria escolástica começa a pôr as forças criativas em movimento e a fluir como criação da fantasia. Ele começa pelo homem que se desviou do seu caminho, a quem vem socorrer a razão — que aqui não é Aristóteles, e sim Virgílio —, e ela o leva à verdade revelada, que lhe permite contemplar Deus. Portanto, ao inverter a ordem da *Summa*, Dante mostra a verdade divina como um des-

---

[164] Em latim no original, literalmente: "suma da vida humana". (N. do T.)

[165] Cf. A. Dempf, *op. cit.*, especialmente pp. 159 ss. (N. do A.)

O objeto da *Comédia*

tino humano, a existência na própria consciência do homem errante, que participa só precariamente do ser divino, e que é incompleto e imperfeito; com tal consciência, a existência ganha tensão potencial, como se ela mesma fosse algo em devir. Na imponente edificação do mundo existente que percorre em sua viagem, Dante é o único ainda não decifrado, nem por si mesmo, nem no que diz respeito ao destino que lhe compete; os perigos que surgem em cada estação do caminho que percorre mexem com ele de maneira imediata, pois cada um é parte do próprio destino final que talvez o aguarde. Essa consideração muito genérica deve servir apenas para definir e delimitar o elemento dinâmico do poema; para retomar a ideia de que Deus está em repouso e sua criação se move de maneira definida para todo o sempre, irreversível, ao passo que o homem precisa procurar tomar sua decisão sozinho, e em meio à incerteza; com a ordem de seu poema, Dante concretizou o conteúdo dramático dessa teoria baseada na história da salvação de Cristo, formulada de maneira refletida por Tomás e fundamental para a postura moral de toda a Europa. Apenas o homem, mas o homem independentemente de sua situação terrena, é o herói dramático, e só ele precisa necessariamente sê-lo.

Na ordem que conferiu à ideia da viagem pelo Além, Dante também encontrou os moldes mais adequados e perfeitos para expor a soma de todo o conhecimento. Na esfera escatológica, não se pode mais separar a física e a ética, ou, como se diria hoje, as ciências naturais e as do espírito. A própria natureza é ali ordenada em termos morais de acordo com sua participação no ser divino, e a categoria moral que cabe a cada ordem é a que corresponde ao ser racional que ali habita. Com isso, seu significado como paisagem também é definido. No grande poema, as paisagens são extremamente variadas e cheias de vida, mas jamais autônomas ou puramente líricas; é verdade que apelam di-

Dante como poeta do mundo terreno

retamente ao sentimento do ouvinte e produzem um encanto ou um terror palpáveis, mas elas não permitem que tais emoções se deixem levar, perdidas, pelas vagarias do sentimento, mas em vez disso voltam a concentrá-lo ainda mais intensamente, pois nada mais são senão palcos criados de acordo com o destino das pessoas, ou que o simbolizam por metáforas. Mas uma viagem que revela a ordem do universo, na qual natureza e espírito coincidem, também precisa necessariamente conter todo o conhecimento do devido lugar de tudo, já que esse é o conhecimento do próprio ser, ou seja, a verdade; na obra, o lugar do ser é também o lugar de quem conhece as coisas contemplando-as de maneira imediata. Foi isso que permitiu a Dante encaixar ali, dentro da ordem mais natural possível, todo o conteúdo de seu conhecimento, e em cada caso individual o critério para a verdade era seu possível encaixe em um todo que estava, para ele, além de qualquer dúvida.

O mesmo também vale, em particular, para a ordem das coisas históricas, que, na *Comédia*, ou são apresentadas como já ocorridas ou já julgadas, ou são profetizadas pelos adivinhos que habitam os três reinos. Já se argumentou que Dante, devido a seu infortúnio pessoal, e graças a seu temperamento severo, teria muitas vezes sido injusto em relação às pessoas que apresentou no poema, em especial quando tomaram o partido inimigo nos eventos políticos importantes para ele. Essa concepção me parece inadmissível por vários motivos. Primeiro, porque, na *Comédia*, Dante há muito já não fazia parte de nenhum partido, mas, em vez disso, condenava tudo o que acontecia na Itália; e não faltam passagens em que pessoas que perseguiram fins a seu ver corruptos foram apresentadas de maneira comovente e sem que sua dignidade humana fosse atacada. Além do mais, e eis o essencial aqui, não se pode negar que cada julgamento individual deriva diretamente de uma concepção do todo que exige realizar,

O objeto da *Comédia*

na Terra, uma ordem divina justa, bem fundamentada em termos históricos e filosóficos. Pode-se muito bem discordar dessa concepção, e os eventos seguintes não a confirmaram; mas é inegável que Dante a possuía, e aliás sob a forma de um sistema ético incomparável ao que se via entre todos os seus contemporâneos — até entre aqueles cujos cálculos se mostraram mais certeiros —, e que ainda hoje, a despeito de seu malogro histórico e de se basear em pressupostos tão diversos dos atuais, permite criar ideias perfeitamente claras e originais sobre o Estado e a história; e não há como conciliar esse fato com a possibilidade de que seu julgamento sobre as pessoas teria sido determinado por uma raiva descontrolada. Por fim, cabe ponderar que as únicas passagens que temos de várias das pessoas contemporâneas ao poema são as que ele oferece, e estas são, em todo caso, as únicas que importam, no sentido de que tais pessoas sobrevivem na memória exatamente sob a forma que Dante deu a elas; será difícil encontrar um critério para a justiça, caso não se esteja disposto a reconhecer como critério precisamente o destino de que elas assim sobreviveram. Para que se possa entender a justiça de Dante, isto é, a hierarquia dos homens no mundo do Além que ele criou, é preciso lembrar que tais homens aparecem individualmente no lugar de seu destino final, e não no contexto de suas relações uns com os outros; estas são mobilizadas só como material e de maneira seletiva, com objetivos específicos; cada pessoa é julgada diretamente como indivíduo, conforme sua relação com a ordem universal; a única coisa decisiva é o que ela significa para essa ordem.[166] Também nesse ponto se revela a correspondência entre a ideia da viagem pelo Além e a doutrina da ordem em Dante. No Além, as relações históricas se desfa-

---

[166] Cf. Friedrich Gundolf, *Caesar: Geschichte seines Ruhmes*, Berlim, G. Bondi, 1924, pp. 99 ss. (N. do A.)

zem; o caráter e a unidade da personalidade se conservam, mas o local histórico e a posição na hierarquia terrena se perdem; graças a essa transformação, pela qual este mundo é como que decomposto para aparecer recomposto, a única coisa decisiva para cada um é a sua atuação histórica como um todo no cumprimento do fim último da criação. Isso fica particularmente nítido quando se pensa em personagens históricas que se relacionavam umas com as outras, como os inimigos de César, um dos quais foi Catão; Dante abstrai completamente tais relações, interpreta cada uma individualmente e reserva para cada um o lugar que lhe é devido em particular, tendo em vista a finalidade universal.

Também na arte da composição, da construção de versos e da linguagem, em suma, no domínio estético, seu objeto exige de Dante a ordem que ele mesmo desejaria e poderia dar à obra de sua vida. À medida que o mundo do Além se revela para o viajante, descortina-se diante dele a articulação final na qual todas as partes são ordenadas de acordo com Deus, e as experiências pelas quais ele passa precisam necessariamente refletir, de maneira fiel e perfeita, o sistema de vínculos e correspondências contido no plano divino. Assim, a composição do poema, que caberá discutir em detalhe no próximo capítulo, está dada por seu objeto. Mas a outra tarefa estética, ou seja, criar um estilo discursivo adequado ao seu objeto, é algo que ele se preparara para cumprir por toda a sua vida, e o que tornou possível a recriação do estilo elevado do poema é a harmonia entre todos os sons que soaram em seu ouvido. Podemos ouvir cada um desses sons nos versos da *Comédia*: os provençais e o estilo novo, a linguagem de Virgílio e a dos hinos cristãos, a épica francesa e as laudas umbrais,[167] a terminologia das escolas filosóficas e a ri-

---

[167] Lauda, nesse contexto, é o nome que se dava a certos cânticos de louvor a figuras cristãs. (N. do T.)

O objeto da *Comédia*

queza incomparável da linguagem coloquial do povo, aqui incorporada pela primeira vez à alta poesia. Até mesmo o poder capaz de unificar tal variedade, de modo que o resultado não fosse excêntrico e disparatado, e sim convergisse no fluxo contínuo de uma linguagem cheia de uma força versátil e de uma grandeza natural — até mesmo isso foi algo que Dante também devia ao seu objeto sobre-humano, que afinal não precisa ser elevado e ampliado para se tornar sublime, como seria o caso de um homem ou de um evento deste mundo; pois ele é em si mesmo algo sublime e de alcance universal, e a ele pertence, com razão, o que há de mais elevado e mais baixo, a sabedoria e a estupidez, o conceito abstrato e a aparência concreta, o sentimento e o evento. Todas essas coisas estão contidas na criação e precisam ser exibidas na sua expressão natural; nelas, nada há para elevar, nem para esconder, pois a verdade das coisas está no valor que têm, assim que consideradas e expostas na sua relação com a ordem do Criador. O objeto livrou Dante das amarras da restrição linguística, na medida em que não somente legitimou em si mesma cada expressão linguística conforme a coisa a que se refere, como ainda delimitou com exatidão seu sentido; pois todo excedente, toda indulgência excessiva e meramente sensível em termos de expressão, seria algo contrário ao objetivo visado, destruiria a ordem, e seria ainda mais insuportável no contexto da arte sublime do que diante de um tema terreno. A linguagem da *Comédia* também revela como a realidade e a ordem se beneficiam uma da outra, o que se torna ainda mais admirável, se se leva em conta o enorme rigor empenhado na construção dos versos e rimas com os quais essa linguagem foi capaz de arcar quase sem fazer esforço. Quando alguma ação particular não exige uma expressão particular, as frases são simples, claras e sólidas, e não tendem a desviar facilmente de uma sintaxe natural em prol do ritmo ou da rima; estão muito bem integradas à tra-

Dante como poeta do mundo terreno

ma da *terza rima*, como se esse fosse o ritmo natural da fala humana. A escolha do italiano já era a essa altura algo óbvio para Dante, e já não carecia de nova justificação depois das passagens de *Convívio*[168] acima mencionadas, por mais que, na época em que Dante ainda era vivo, o humanismo então emergente tenha se espantado com tal escolha.[169] O conceito de formação com que Dante operava e sua relação com a tradição eram inseparáveis das forças do presente; a nobreza e o sublime abarcavam todo o conhecimento, mas ele não se limitava à erudição, e a sua concepção de nobreza, vinda do estilo novo, correspondia a uma nobreza interior, nem um pouco comprometida com o isolamento do erudito diante do *profanum vulgus*;[170] o objeto máximo do conhecimento precisava ser acessível a todos, e a elevação concebida pela criação universal só era possível a partir do idioma cotidiano e da vida cotidiana. Dante fundou a poesia nacional de seu país, e com isso também o estilo da alta poesia que se tornaria comum para toda a Europa e seria escrito em todos os idiomas nacionais; tivessem os humanistas assumido sua herança, as eternas querelas entre os antigos e os modernos, ainda hoje não resolvidas, talvez nem sequer tivessem surgido.

Encerramos este capítulo com um ponto conclusivo, o mais importante de todos: o objeto permitia e mesmo exigia justificar e sanar a dor de seu próprio destino dentro da ordem universal. O nome do homem desviado de seu caminho dos versos iniciais é Dante, ele mesmo é o viajante que percorre os três reinos, a quem a graça suprema enviou um guia salvador. E Beatriz

---

[168] Cf. pp. 124-5, acima. (N. do A.)

[169] Cf. a écloga I de Giovanni del Virgilio (em *Le opere di Dante, op. cit.*, p. 455). (N. do A.)

[170] "O vulgo profano" (menos literalmente: "o povo ordinário"). (N. do T.)

O objeto da *Comédia*

vai até o mundo inferior para convocar o guia, Virgílio, no lugar eterno onde ele estava. Para realizar a obra da graça, duas personagens deixam sua morada na ordem predefinida e já cumprida; e esses dois instrumentos do plano divino são ao mesmo tempo as forças que guiaram a vida terrena de Dante: Virgílio, o poeta da paz romana e o profeta do fim dos tempos, da verdade ainda oculta a seus próprios olhos, foi quem proporcionou a Dante o belo estilo da poesia que contém a sabedoria universal; e Beatriz, outrora a manifestação aparente da verdade secreta e que agora se revela para desvelar a ordem perfeita, é seu próprio *dáimon*, que significa a danação para quem a rejeita, e a salvação para quem a segue. São as forças mais profundas de seu íntimo, as forças que colocavam sua vida no caminho certo, que foram chamadas para salvá-lo quando ele se desviou do seu caminho, e é isso o que justifica essa graça que revoga o duro julgamento a que fora submetido.[171] Eles despertam sua coragem, e dessa forma Dante se dispõe a segui-los para escapar das forças perversas, e em seguida o conduzem pelo caminho no qual conhece com os próprios olhos a ordem divina. Então, não apenas o seu destino passado, como também o futuro parece decifrado e justificado; pois o momento em que teria ocorrido a visão é 1300, quando Dante ainda vivia em Florença e a fatídica crise ainda estava por vir; portanto, o descaminho que forma o ponto de partida do poema também é anterior a esse período, e nada do que vem depois disso — o exílio, as esperanças vãs, a pobreza, o isolamento orgulhoso — teria a ver com ele; esse é o justo destino terreno que lhe cabe, que compete a ele tal como a dignidade de um ofício elevado. Haverás de sofrer e ser infeliz, dizem Brunetto e Cacciaguida, mas pensa apenas em manter o orgulho e conservar teu lugar; há de ser revelado que é o certo. Com pro-

---

[171] Dante, "Inferno", II, 96. (N. do A.)

funda humildade, mas inteiramente seguro de si, Dante confronta-se nessa obra com o seu tempo, na expectativa da fama na Terra e da bem-aventurança no Além.

A intervenção da amada arrebatada e a viagem pelo inferno e pelo purgatório até chegar a ela significam também o retorno do viajante às forças que moveram sua juventude; a primeira experiência do rapaz, a comoção que sentiu ao avistá-la, repete-se no cume do purgatório. É um caminho que parte do pecado, passa pelo conhecimento e pelo destino, e chega a uma segunda sensibilidade, visionária; e a ordem divina vigora em todas as suas estações, primeiro como pressentimento enérgico, depois como impulso da vontade em agir corretamente, e por fim como aparência consumada, que revela tudo que é inteligível. Eis o caminho de todo homem cristão, que parte dos sentidos e a quem é dado o princípio dialético, sob a forma da razão, e que, no drama do tempo da vida terrena, precisa decidir-se ou pela participação cada vez mais plena no ser divino, ou pela ruína eterna. Mas a figura oculta que se revela ao fim do caminho, o sinal secreto que o tempo todo insiste e ordena ser seguido, o *dáimon* chamado Beatriz em nenhum momento deixar de ser o que desde o começo era, ou seja, uma pessoa particular e uma experiência absolutamente pessoal e contingente; as forças que cativam os sentidos são postas a serviço do caminho da salvação, e é o próprio Amor que eleva os homens para que assim enxerguem Deus; no destino final, a aparência não está separada da ideia, mas antes está nela contida e a transforma. Isso é algo que só a poesia está disposta e é capaz de formular; ela ultrapassa a filosofia escolar, que não pode deixar a razão para trás e transcendê-la; só a poesia é adequada à revelação e pode expressá-la; e ela vai além da bela aparência, não é mais imitação, um terceiro no escalão da verdade; antes, nela, a verdade revelada e sua forma poética são apenas uma.

4. A estrutura da *Comédia*

Três sistemas se entrelaçam e se combinam no grande poema, como corresponde à ordem divina: um físico, um ético e um histórico-político; e cada um desses sistemas, se considerado individualmente, envolve a conciliação de diferentes conjuntos de tradições.

A ordem física mostra o universo na forma ptolomaica, tal como fora adotada pela filosofia aristotélico-cristã para servir ao dogma; essa ordem já se encontra, tanto no todo como em quase todas as suas particularidades, nos textos da alta escolástica e nas obras didáticas por ela inspiradas, de modo que Dante pôde captá-las, em seus traços básicos, a partir de suas fontes — Aristóteles, al-Farghani *via* Alberto Magno, Tomás, Brunetto Latini. O globo terrestre está no centro do universo; ao seu redor, circulam nove esferas celestes encaixadas uma na outra, ao passo que uma décima, que envolve as demais, o Empíreo, a morada de Deus, é concebida em perfeito repouso. Só metade da Terra, o hemisfério norte, é habitada; funcionam como fronteiras a leste e oeste da οἰκουμένη [*oikouménē* = mundo habitado] o rio Ganges e as colunas de Hércules, e como seu centro, Jerusalém. No interior da Terra, ou, para ser mais exato, da metade norte da esfera, está o inferno, que vai se afunilando rumo ao centro da Terra; em sua região mais profunda, no próprio centro da

Terra, está a morada eterna de Lúcifer, que, com sua queda, imediatamente após a criação, enfiou-se debaixo da Terra, escavando e trazendo à superfície uma parte enorme de seu interior;[172] essa parte é a grande montanha que avulta solitária do hemisfério sul, coberto pelo Mediterrâneo: o monte da purificação, o purgatório, onde jazem as almas dos mortos destinadas à bem-aventurança, mas que ainda precisam passar pela purgação. No topo do monte, na parte mais próxima da esfera celeste inferior,[173] está o paraíso terreno, outrora a morada dos primeiros homens antes do pecado original. A ordem dos domos celestes, que retratam o verdadeiro paraíso, é dada de acordo com os astros que lhe correspondem: primeiro, as esferas dos sete planetas da antiga astronomia, nesta ordem: Lua, Mercúrio, Vênus, Sol, Marte, Júpiter e Saturno; depois o céu de estrelas fixas; como nona esfera temos o *primum mobile*, o céu cristalino e invisível; e, finalmente, o Empíreo.[174] O movimento das esferas celestes

---

[172] Dante, "Inferno", XXXIV, 106. Cf. Edward Moore, *Studies in Dante*, vol. III, Oxford, Clarendon, 1903, p. 119. (N. do A.)

[173] "*In nobilissimo loco totius terrae*" ["No lugar mais nobre de toda a Terra"]. Tomás de Aquino, *Summa Theologica*, I, 102, 1 ad resp.; cf. E. Moore, *op. cit.*, III, p. 136. (N. do A.)

[174] Na astronomia antiga, "planeta" se referia a qualquer corpo celeste que se move, quando visto do céu da Terra, o que fica claro quando atinamos para a etimologia da palavra, já que o termo grego que está na sua origem significa "errante"; daí que a Lua e o Sol contem como "planetas". Os planetas assim concebidos circulariam cada qual em um plano específico, na ordem acima referida, todos contidos em uma esfera mais ampla, a das chamadas estrelas fixas. Para explicar os movimentos celestes dentro desse modelo do universo, Ptolomeu propôs a existência de uma esfera celestial ainda mais ampla, o "*primum mobile*", isto é, "o primeiro que se move", ou, menos literalmente, o princípio de todo movimento. É uma variante dessa ideia que encontramos no modelo de Dante. (N. do T.)

A estrutura da *Comédia*

é concêntrico e circular; a nona esfera, a mais próxima do Empíreo, da morada imóvel de Deus, é impulsionada em cada uma de suas partes por um desejo ardente de se juntar a ele, gerando um movimento circular de velocidade extrema; e ela propaga o seu movimento às esferas inferiores, que estão nela contidas;[175] o agente desse movimento é a hierarquia das inteligências, ou seja, os anjos.

Dentro do céu da paz divina [o Empíreo], circula um corpo [o *primum mobile* ou nono céu], em cujo poder jaz o ser de tudo o que ele contém [jaz o universo como um todo]. O céu seguinte, em que há tanto para ver [o céu de estrelas fixas com as suas várias estrelas], reparte esse ser em entidades diversas, distintas dele e por ele envolvidas. As outras esferas [os céus dos planetas] distribuem, com várias diferenças, as forças distintas que contêm, conforme os fins que lhe cabem e as suas respectivas origens. Tais órgãos do mundo ascendem, como vês, de grau em grau, pois recebem o que vem de cima e causam o que está embaixo... O movimento e a força das santas esferas precisam ser animados por beatos motores [as inteligências ou anjos], como a arte do martelo precisa do ferreiro; e o céu que irradia tantos lumes [o céu de estrelas fixas] reflete a imagem da mente profunda que o faz girar e se torna o seu selo. E assim como a alma se divide no corpo em membros diferentes, a que correspondem poderes diferentes, assim também a mente [*"l'a intelligenza"*, isto é, Deus] multiplica sua bondade nas estrelas, girando em torno da sua unidade. Cada força diferente forma uma unidade diferente com o

---

[175] Para mais detalhes sobre o movimento dos astros, cf. E. Moore, "The Astronomy of Dante", *in Studies in Dante, op. cit.*, III. (N. do A.)

corpo precioso que as anima [o céu das estrelas], ao qual está ligada, como a vida ao corpo teu. Pela alegre natureza de onde emana, a força ilumina o corpo ao qual se mescla, como a alegria ilumina o vivo olhar. Dela vem o que faz parecer uma estrela diferente de outra estrela [...]. Ela é o princípio formal [...].[176]

Extraímos as seguintes reflexões dessa passagem:

1. O ser e todo o movimento do universo se originam do *primum mobile* (e, portanto, do amor de Deus assim como do amor a Deus). Assim como a criação se manifesta como ramificação e reflexo do ser divino — "*non è se non splendor di quella idea che partorisce amando il nostro sire*"[177] —, assim também seu movimento, e aliás sua atividade como um todo, sempre remonta a ele. Isso se aplica não apenas às esferas celestes — a que os versos acima traduzidos só se limitam, por tratarem da composição da Lua —, mas também a toda a criação, tanto a criada diretamente por Deus (inteligências, esferas celestes, *prima materia* e a alma humana), como a engendrada diretamente por seus órgãos (elementos, plantas, animais).[178] "*La divina bontà che 'l monde imprenta*"[179] está por toda parte, e o movimento

---

[176] Dante, "Paraíso", II, 112 ss. (N. do A.) [No texto original, Auerbach usa uma versão em prosa na língua alemã; a passagem omite alguns poucos versos, como indicado pelas reticências entre colchetes, e ganha breves comentários, também entre colchetes; a tradução aqui apresentada segue a versão alemã, mas consultei o texto de Dante, como apoio. (N. do T.)]

[177] "Não é mais que o reflexo de uma Ideia, que o nosso Pai, amando, faz nascer." Dante, "Paraíso", XIII, 53-4. (N. do A.)

[178] *Idem, ibidem*, VII, 124 ss. (N. do A.)

[179] "A bondade de Deus, sempre presente." *Idem, ibidem*, VII, 109. (N. do A.)

que ela engendra é o amor: "*Nè creator nè creatura mai* [...] *fu sanza amore, o natural o d'animo*".[180]

2. O universo é uma multiplicação do primeiro movimento: as inteligências ou anjos o comunicam aos graus inferiores da criação, e transmitem a tudo o que se criou a força e o movimento que lhe cabe, mas de modo que a unidade do ser divino não se perde: a Trindade, e aqui Dante dá a palavra a Tomás,

> *per sua bontate il suo raggiare aduna,*
> *quasi specchiato, in nove sussistenze,*
> *etternalmente rimanendosi una.*
> *Quindi discende a l'ultime potenze*
> *giu d'atto in atto, tanto divenendo,*
> *che più non fa che brevi contingenze;*
> *e queste contingenze essere intendo*
> *le cose generate* [...][181]

Eis, pois, a origem da diversidade da criação: a ramificação e reflexão da bondade divina pelas *nove sussistenze*, os anjos, que são os motores das esferas celestes e de seus astros. Fica aqui perfeitamente claro como as ideias astrológicas se relacionam à

---

[180] "Nem criador jamais, nem criatura [...] foi sem amor natural ou o que o ânimo procura." Dante, "Purgatório", XVII, 91 ss. Cf. também Dante, *Convívio*, II, 14, 14 ss., em que se descreve o efeito do movimento do *primum mobile* sobre a natureza. (N. do A.)

[181] "E, por sua Graça, em seu raiar se aduna,/ qual se fosse espelhada, em nove essências/ permanecendo eternamente una.// Desde então até as últimas potências,/ de céu em céu, por fim remanescendo,/ para não mais que breve contingências;// por contingências agora eu entendo/ qualquer — com sua semente, ou bem sem ela —/ coisa que o céu produza em se movendo [...]" Dante, "Paraíso", XIII, 58 ss. (N. do A.)

ordem divina do universo, e o local que ocupam dentro dela. No primeiro canto do "Paraíso", Dante se pergunta como é que ele, como corpo material, pôde ascender ao céu, e Beatriz lhe responde:

> Todas as coisas estão ordenadas entre si, e tal ordem é a forma que faz o universo semelhante a Deus. Nela, as altas criaturas [as que são as dotadas de cognição] veem a marca da eterna perfeição, a qual é o fim para o qual foi feita a dita norma. Acatam a ordem de que estou falando todas as naturezas, por diversos modos, conforme estejam mais perto, ou menos, de sua origem; donde se movam rumo a diversos portos pelo grande mar do ser, cada qual levada pelo instinto com que foi dotada. É ele o que leva o fogo até a Lua, o que move o coração dos homens, o que faz com que a Terra se sustente; essa é uma seta que acerta não só as criaturas desprovidas de inteligência, mas também as que têm o amor e o entendimento. A providência, que isso tudo ordena, faz com que o céu mais alto permaneça sempre quieto, com seu lume; nele dá voltas aquele outro céu que extrema pressa tem. E agora para lá levas contigo, como o fim para ti determinado, a força daquele arco [...][182]

Esse instinto é obra das esferas celestes, "*ovra de la rote magne, che drizzan ciascun seme ad alcun fine*";[183] toda a criação

---

[182] Dante, "Paraíso", I, 103 ss. Cf. Tomás de Aquino, *Summa Theologica*, I, 59 ad resp.; e Dante, *Monarquia*, I, 3. (N. do A.) [Trata-se, aqui também, de uma versão em prosa na língua alemã. (N. do T.)]

[183] "Obra dos Céus mais alçados, que enviam cada semente ao seu fim certo." Dante, "Purgatório", XXX, 109-10. (N. do A.)

A estrutura da *Comédia*

terrena está submetida a elas, sendo o homem a única exceção; pois, ainda que também o homem, como corpo — e, por conseguinte, também as forças sensíveis da alma —, esteja sujeito à influência dos astros, ele ainda assim possui em sua parte racional a força que permite guiar e limitar tal influência; essa força é o seu livre-arbítrio.[184] "*Corpora caelestia*", assim disse Tomás, "*non possunt esse per se causa operationum liberi arbitrii; possunt tamen ad hoc dispositive inclinare, in quantum imprimunt in corpus humanum, et per consequens in vires sensitivas, quae sunt actus corporalium organorum, quae inclinant ad humanos actus.*" E igualmente em outra passagem: "*Corpora caelestia non sunt voluntatum nostrorum neque electionum causa. Voluntas enim in parte intellectiva animae est [...] corpora caelestia non possunt imprimere directe in intellectum nostrum [...]*".[185] A *pars intellectiva* [parte intelectiva] da alma é o que torna humano o ser humano, é a sua *vis ultima* [sua potência final],[186] que ele necessariamente precisa empregar, para o bem ou para o mal; se não a possuísse, ele, assim como as plantas e os animais, não poderia agir para o mal: pois "*lo naturale* [o Amor] *è sempre sanza errore*".[187]

---

[184] Dante, "Paraíso", V, 19 ss. (N. do A.)

[185] "Os corpos celestes não podem ser, por si próprios, causa dos atos do livre-arbítrio; podem, contudo, inclinar a agir de certo modo de forma dispositiva, na medida em que influem no corpo humano e, consequentemente, nas potências sensitivas, que são atos de órgãos corporais, os quais inclinam aos atos humanos"; "Os corpos celestes não são causa de nossas vontades ou escolhas. Pois a vontade está na parte intelectiva da alma [...] os corpos celestes não podem influir diretamente em nosso intelecto [...]". Tomás de Aquino, *Summa Theologica*, II, IIae, 95, 5; e *Summa contra Gentiles*, III, 85. (N. do A.)

[186] Dante, *Monarquia*, I, 3. (N. do A.)

[187] "O natural nunca erra." Dante, "Purgatório", XVII, 94. Cf., para a exposição do sistema físico, os trabalhos de Edward Moore: em particular, além dos

Com tais afirmações, relacionadas à posição particular do homem, já passamos ao domínio do segundo sistema da *Comédia*, o moral. Só o homem tem liberdade de escolha, o poder de ação formado pela união entre intelecto e vontade, que vai além da disposição natural, mesmo que permaneça vinculado de perto a ela e, por isso, jamais deixe de ser algo individual; essa liberdade permite ao homem, durante sua estada na Terra, amar o certo ou o errado, e com isso chegar por si só à decisão sobre o seu destino eterno. Para chegar à classificação do mundo moral que deriva dessa visão elementar, Dante segue a ética nicomaqueia e sua elaboração posterior por Tomás. Brunetto Latini, em *Trésor*,[188] em particular nos livros sexto e sétimo, discutira as teorias morais aristotélica e tomista; sua exposição revela tantos pontos de contato com a de Dante, e são tão claras as palavras "*m'insegnavate come l'uom s'etterna*",[189] que não há como não considerar Brunetto o mais importante e vigoroso mediador dessas ideias.

O fundamento da qualidade moral do homem é a tendência natural, sua inclinação ou disposição. Em si mesma, ela é sempre boa, pois é amor e, com efeito, amor a um bem. O bem máximo e a origem do bem é Deus; com o amor imediato a ele, que a *anima rationalis* pode escolher como principal objetivo da vida terrena, e que, nesse caso, se desdobra nas virtudes da *vita contemplativa*, o homem pode alcançar a máxima excelência ter-

---

já mencionados, "The Geography of Dante", *in Studies in Dante*, III; e "Dantes Theory of Creation", *idem*, IV. (N. do A.)

[188] Brunetto Latini foi um filósofo florentino da geração anterior a Dante, que este conheceu quando jovem; Latini faleceria em 1294, ano em que foi publicado *Vida nova*. (N. do T.)

[189] "Me ensináveis como o homem faz-se eterno." Dante, "Inferno", XV, 85. (N. do A.)

A estrutura da *Comédia*

rena. Mas a razão, ligada de perto à disposição individual, também pode escolher o amor indireto a Deus, e se dedicar às criações dele, isto é, a bens terrenos específicos. Essa escolha precisa necessariamente levar a uma vida ativa, por mais diferente que possa ser quanto às suas especificidades; ela é boa, contanto que devidamente moderada no amor aos bens indiretos, "secundários", e nesse caso leva às virtudes da *vita activa*. Mas o amor natural também pode se corromper pela falta de moderação ou pela má escolha de seu objeto. Tal corrupção é o pecado; ele sempre vem, portanto, do amor imoderado ou espúrio.

No palco do Além onde se passa o poema, os homens já foram julgados; o resultado de suas vidas está traçado, e eles ocupam o lugar que lhes cabe para todo o sempre: a configuração física das estações do Além corresponde ao valor moral de cada um. As almas ou já foram condenadas, ou fruem, no purgatório, da expectativa próxima da bem-aventurança, ou então já foram por ela agraciados; dentro dos três reinos, estão agrupadas na ordem que corresponde aos seus feitos ou disposições terrenas, e dentro dos grupos, cada alma que aparece como indivíduo é apresentada por Dante com a postura e a dignidade que cabem à sua vida e ao seu caráter em particular. Cada uma dessas três ordens — os três reinos, suas repartições, e a postura individual dentro delas — tem um significado moral em si, e a última, a da postura individual, é por sinal às vezes tão forte que acaba prevalecendo sobre os outros dois no tocante à simpatia e à compaixão que Dante e o leitor demonstram pela personagem. Isso vale em particular, é claro, para o inferno; mesmo desconsiderando os pagãos virtuosos que habitam o limbo, e entre eles está, claro, Virgílio, o inferno está repleto de personagens importantes, cujas virtudes extraordinárias não bastaram para anular os vícios decisivos que determinaram sua condenação; apesar de sua perversão, o impulso original para o bem está preservado nesses indivíduos com tamanha energia que jamais perdem sua humanidade para nós e podem mesmo despertar o máximo de nossa compaixão. Não me parece haver dúvida de que se deve levar em conta, junto com o juízo eterno, a conservação da postura individual que exprime tal dignidade, ou seu contrário — embora Dante em parte alguma afirme isso explicitamente.[190]

A divisão dos grupos dentro dos três reinos se dá em cada um deles de acordo com diferentes princípios de organização, e isso é, claro, considerando os diferentes objetivos que competem a cada um. No inferno, o reino da pena eterna, não há divisão por virtudes, e na bem-aventurança do paraíso não há nenhum pecado ou vício. No purgatório, ambos coincidem; como exigido pelo objetivo da purificação, a ordem precisa se voltar aos maus instintos que cumpre redimir, mas também não pode coincidir com a divisão dos pecados do inferno; isso porque a pena só se aplica ao feito ocorrido e efetivamente impenitente, ao passo que a purificação se aplica à tendência perversa, depois que a alma confessou e se arrependeu dos feitos individuais. Ora, considerando o amor imoderado ou desvirtuado — do qual, como dissemos, surge o pecado — de acordo com as disposições viciosas que produzem na alma, então o primeiro se divide entre uma escassez e um excesso de amor; o excesso são as paixões por bens terrenos, a propensão à luxúria, à gula e à avareza, e a escassez é a preguiça. O outro, o amor desvirtuado, é aquele que se guia pelo mal; mas o mal é, em termos tomistas, algo puramente negativo, já que a criação, como multiplicação da bondade divina, jamais pode ser má em si mesma; portanto, o amor desvirtuado só pode consistir em um desejo pela perversão do bem, por se afastar da bondade, e só pode se voltar aos

---

[190] Cf., não obstante, Dante, "Inferno", IV, 76 ss., e especialmente XIV, 63 ss. (N. do A.)

A estrutura da *Comédia*

próximos, já que ninguém pode odiar a si mesmo; ele ama o mal ao próximo e é um "desejar-o-mal-ao-seu-próximo"; suas subdivisões são a *superbia* ("*amor propriae excellentiae in quantum ex amore causatur inordinata praesumptio alios superandi*"[191]), a *invidia* e a *ira*. Eis a divisão do purgatório,[192] da purificação das almas que confessaram e se arrependeram de seus feitos, e os andares da montanha inclusive sobem do mais grave para o mais leve: a sequência é *superbia, invidia, ira, accidia, avarizia, gola, lussuria*.[193] Considerando agora os maus atos punidos no inferno, ou seja, os pecados consumados e não perdoados pela graça de Deus, aparece como um novo momento, decisivo para o julgamento, o consentimento da vontade, que é o que em primeiro lugar realiza o feito, e nesse caso é preciso que a divisão tome como ponto de partida a disposição da vontade. Se seu consentimento para com a malfeitoria se dá após deliberação metódica, maturada, então se trata de um ato de maldade pura, de *malizia*; se a deliberação for turvada pelo excesso de um apetite, surge um ato passional, de *incontinenza*; correspondentemente a isso, o inferno é dividido em um setor de pecados mais leves, praticados por paixão, e outro de pecados mais graves, praticados por maldade, e nesse caso temos uma descida do mais leve para o mais grave. A partir dessa diferença básica entre a ordem moral dos dois reinos — a saber, que, em um deles, os atos maus são punidos e, no outro, as disposições perversas são depuradas —,

---

[191] "Amor da própria excelência, na medida em que do amor se origina uma pretensão desordenada a superar os outros." Tomás de Aquino, *Summa Theologica*, II, IIae, 162, 3-4. (N. do A.)

[192] Dante, "Purgatório", XVII, 91 ss. (N. do A.)

[193] Em português, respectivamente: orgulho, inveja, ira, preguiça, avareza, gula e luxúria. (N. do T.)

explica-se por que não há, no inferno, grupos específicos para a *superbia* e a *invidia*, que não correspondem a nenhuma espécie de ato bem definido; e por que a *ira* do purgatório, onde é entendida como atração para o mal, é incluída na categoria mais grave, ao passo que, no inferno, se entendida como pecado de *incontinenza*, como cólera, ainda pertence ao setor mais leve, e se assume a forma da maldade premeditada, vingativa, também aparece nas camadas mais profundas da *malizia*. A *accidia*, a preguiça, não tem lugar no inferno propriamente dito, pois leva à inação; os que correspondem aos *accidiosi* do quarto círculo do purgatório são os covardes do átrio do inferno.[194] Por fim, no paraíso, as almas se organizam de acordo com as suas boas disposições, não pervertidas, com seu amor justo e moderado: e, portanto, de acordo com o astro cuja influência benéfica conservaram de maneira pura e na medida certa em sua *anima rationalis*, ou então cuja perversão depuraram no purgatório; cada alma pertence à esfera do astro a cuja influência se submeteu de maneira mais decisiva.[195]

---

[194] Na geografia da *Divina comédia*, o átrio ou vestíbulo do inferno é a região situada entre o portal do inferno e o rio Aqueronte; o primeiro círculo do inferno, o limbo, está situado na outra margem desse rio; cf. Dante, "Inferno", III. (N. do T.)

[195] Dado o escopo desta investigação, a explicação do sistema moral se limitará a retratar os seus contornos mais grosseiros, e não se aprofundará em seus fundamentos dogmáticos, nem explanará a teia de referências simbólicas, tampouco comentará os problemas em maior detalhe. Ocupei-me em destacar, em meio à vasta literatura a respeito, as opiniões dominantes, e mesmo assim não pude me furtar completamente de trazer à tona alguns pontos controversos, nem de ser um pouco arbitrário tanto no que digo como no que deixo de dizer. Entre as explicações que divergem da minha exposição, que se mencione ao menos o livro de Luigi Pietrobono, *Dal centro al cerchio: la struttura morale della Divina commedia* (Turim, Società Editrice Internazionale, 1923). Partindo de Lúcifer e do Cócito,

A estrutura da *Comédia*

A ordem moral do inferno se apoia na ética aristotélica para dividir as malfeitorias em geral; mas outras fontes e ideias também foram empregadas no átrio do inferno, nos círculos primeiro e sexto, e em várias outras passagens específicas, e, tanto na atribuição das penas como na invenção de espíritos infernais, a fantasia poética trabalha com um enorme material da tradição das personagens mitológicas, que já motivou muita pesquisa buscando identificar suas fontes e significados, sem resultados inteiramente satisfatórios. A jurisdição do inferno é dividida em nove círculos; quanto mais fundo se situam, tanto mais graves são os pecados, e mais horripilantes as penas. O primeiro círculo contém os pagãos virtuosos e as crianças não batizadas, que, em ambos os casos, só estão privados da felicidade eterna por não serem cristãos; eles não sofrem pena nenhuma, a não ser a de serem privados da visão de Deus, e as personagens antigas se movem com uma grandeza genuína, que remonta às representações antigas dos Campos Elísios. Entre o segundo e o quinto círculos, são punidos aqueles que pecaram por *incontinenza*, e aliás primeiro a que envolve as paixões físicas, *lussuria* e *gola*, e depois a que envolve os excessos espirituais, *avarizia* e *ira*. O quinto e último círculo desse setor é o Estige, um dos rios do inferno; Virgílio e Dante o atravessam para chegar à cidade murada da *malizia*, a verdadeira *civitas diaboli*. Também aqui, no sexto círculo, o mais superficial dessa região, há uma categoria não designada por Aristóteles, a dos hereges ou "epicuristas" ateus; seguem-se então, na ordem aristotélica, os violentos no

---

ele identifica um sistema moral unitário para todo o poema, e, portanto, também para o inferno. O seu trabalho demonstra um conhecimento da obra de Dante admirável por sua profundidade, e os nexos e as convergências que identifica trazem uma concepção inteiramente nova da riqueza das temáticas conceituais ocultas na *Comédia*. (N. do A.)

sétimo círculo e os fraudadores no oitavo, e esses dois grupos admitem várias gradações de acordo com o tipo específico de pecado e de pena: a violência pode ser contra o próximo, contra si mesmo, ou contra Deus; no caso da fraude, formam-se subgrupos concretos: rufiões, aduladores, simoníacos, videntes, corruptos ("*barattieri*"), hipócritas, ladrões, maus conselheiros, instigadores de discórdia, falsários; destacados do grupo dos fraudadores como um todo, e reunidos em um círculo específico do inferno, o nono e o mais profundo, estão os que abusaram de um vínculo de confiança especialmente sagrado: os traidores. No poço mais profundo do inferno está Lúcifer, e suas três bocas mastigam os três piores traidores. O traidor de Cristo, Judas; e os assassinos de César e traidores do Império, Bruto e Cássio.

Dante condenou ao átrio do inferno um grande número de covardes e de indecisos, "*che visser sanza infamia e sanza lodo*",[196] e com eles os anjos que não tomaram partido diante da insurgência e da queda de Lúcifer. Essa classificação é natural, pois a *accidia*, de um lado, não gera nenhuma má ação específica, e por isso não se encaixa no sistema penal do inferno, e de outro é considerada um pecado de forma categórica, inclusive por Aristóteles e Tomás, já que, sem amor, a visão de Deus está descartada. Mas o que é notável, e o que impressiona quem toma contato com a *Comédia*, é o grau de desprezo que Dante lhes dedica. Sua pena não é a tortura infernal propriamente dita, e sim algo como um incômodo repulsivo: em meio a turbas barulhentas, correm em círculos enquanto são picados por insetos. Mas o tormento moral é ainda maior: a compaixão e a justiça os rejeitam com desdém, não resta nenhum vestígio deles na Terra, estão barrados do céu e, o pior de tudo, não estão sequer no in-

---

[196] "Que têm [...] vivido sem infâmia e sem louvor." Dante, "Inferno", III, 36. (N. do A.)

A estrutura da *Comédia*

ferno: *"ch'alcuna gloria i rei avrebber d'elli!"*.[197] Com isso, estão em certo sentido situados sob o escalão mais baixo dos pecadores, que ao menos foram seres humanos e agiram humanamente, para o bem ou para o mal; os que ali estão, porém, "jamais viveram", pois não fizeram uso da *ultima vis* do ser humano, da capacidade de agir por escolha e conforme a razão e a vontade. *"Questi sciaurati che mai non fur vivi"*[198] — com tais palavras, está dada a justificativa de seu destino eterno, e aqui, como em todo o poema, os pecadores são designados ao seu lugar eterno de acordo com a lei da retribuição proporcional, do *contrapasso*;[199] porém, a veemência com que Dante aí se exprime trai o pendor absolutamente pessoal de uma personalidade que tomou o partido do bem de forma apaixonada, destemida e inabalável, e para quem a ação combativa foi a forma natural da vida.

A lei da retribuição proporcional rege o sistema penal do inferno, e resulta em uma alegorização extremamente concreta e drástica que, por sua vez, proporciona um pano de fundo sujeito a várias modificações, adequado à entrada de cena das personagens individuais. A seleção de penas é de uma riqueza fantástica, e a invenção desses horrores revela o gênio de Dante em toda a sua exuberância, em todo o seu *pathos* sombrio e em toda a sua concretude, que é de uma precisão quase pedante; apesar de todo o poder de sugestão que as paisagens infernais exercem sobre o sentimento do leitor, nada há ali de nebuloso à maneira moderna, ou de insinuado à maneira impressionista; em vez dis-

---

[197] "Que tê-los certa glória aos réus traria." Dante, "Inferno", III, 142. (N. do A.)

[198] "Esses, de quem foi sempre a vida ausente." *Idem, ibidem*, III, 64. (N. do A.)

[199] *Idem, ibidem*, XXVIII, 142. (N. do A.)

so, impera uma força expressiva que impõe uma ordem uniforme, que descreve de modo por assim dizer protocolar, e que, mesmo ao se exaltar para fazer uma evocação, expressar compaixão, raiva, angústia ou terror, jamais perde a mais rigorosa clareza. É nas paisagens e penas do inferno que repousa a fama que Dante desfrutou nas épocas românticas, e o que ainda hoje define o juízo geral que se faz dele, o que não é de todo injusto; também é nelas que se baseia a repulsão que as gerações limitadas ao classicismo sentem em relação a ele. No fim das contas, ambos são um mal-entendido. Dante é mesmo um criador do romantismo, e é antes de tudo em sua obra que surge a concepção estética de que o horror e o grotesco são sublimes, da realidade onírica e fantástica ao estilo gótico; mas ele não se contentaria com tais escolas. Giambattista Vico, italiano que viveu em um século em que Dante não era apreciado, foi quem pela primeira vez deu expressão àquela forma de admiração a Dante que mais tarde desembocaria na estética romântica.[200] Ele compara Dante a Homero; ambos viveram em uma época na qual a população a que pertenciam acabara de sair de um estado de pura barbárie, e seus poemas refletiriam tal estado; teriam narrado, de maneira fiel e grandiosa, histórias reais, inspiradas por uma fantasia ingênua e poderosa, mas sem um traço sequer da razão filosoficamente sofisticada, como a própria das épocas civilizadas, e, assim como Homero teria se divertido ingenuamente com as batalhas sangrentas e cruéis que compõem a parte sublime de sua *Ilíada*, assim também Dante com as penas horripilantes do inferno; em ambos os casos, nada haveria de filosófico, e sua sa-

---

[200] Giambattista Vico, *Scienza Nuova*, editado por Fausto Nicolini, Bari, Laterza, 1928, pp. 727, 733, 750; também em Giambattista Vico, *Opere*, organização de Giuseppe Ferrari, Milão, Società Tipografica di Classici Italiani, 1952-54, vol. 4, 2ª ed., pp. 198 ss., e vol. 6, pp. 34 ss. e pp. 41 ss. (N. do A.)

A estrutura da *Comédia*

bedoria seria, em vez disso, a sabedoria heroica e mítica própria dos povos primitivos e bárbaros. Não vamos considerar aqui os acertos e méritos que há nessa avaliação feita no começo do século XVIII: o que é incrível é que Vico, que não tinha mesmo nenhuma noção da cultura do *Trecento*, não se deu conta de seu erro nem pela comparação com Homero, nem pelo próprio texto de Dante, de que não obstante dispunha. Ele ignorou completamente, ou melhor, não quis reconhecer, que tinha diante de si uma obra da alta escolástica,[201] da "*umana ragione tutta spiegata*" [da razão humana inteiramente explicada], e que, em termos de "sofisticação da razão", isto é, de exatidão e apuro do pensamento, o bárbaro Dante superava em muito o próprio Vico, que (embora a contragosto) passara pela lógica escolástica, jansenista e cartesiana. Ele o ignorou por não saber ler o que ali estava, e seus admiradores românticos que sempre tinham como referência o "Inferno" tampouco o entenderam, por mais que nessa parte da obra, aliás, por mais que justamente nela, a fonte de seu poderio poético se manifeste na força intelectual de Dante, com a precisão, a consistência, a agudeza e a aversão à hesitação sentimental que lhe são próprias. As penas do inferno exploram o material mitológico e as crenças do povo, e a fantasia se excita intensamente com elas — mas cada uma repousa em uma ponderação rigorosa e precisa sobre a classe e o grau de cada respectivo pecado, repousa em um conhecimento preciso dos sistemas morais racionais, e cada uma, sendo a realização concreta e aparente da concepção da ordem divina, deve forçosamente levar a um cálculo racional sobre o caráter do pecado correspondente, isto é, sobre a maneira como os condenados se desviaram daquela ordem. Quando os escravos dos desejos são ar-

---

[201] Ele imagina que Dante teria sido um poeta maior se nada tivesse aprendido da escolástica e de latim; G. Vico, *Opere, op. cit.*, vol. 4, p. 200. (N. do A.)

rastados de um lado para o outro em meio à tempestade, quando os gulosos se prostram no chão sob a chuva fria, quando os iracundos lutam entre si no pântano, quando os suicidas são transformados em galhos que sangram e são dilacerados por uma matilha de cães de caça que passa por ali, quando os aduladores são imersos em fezes humanas, e os traidores no gelo eterno[202] — esses poucos exemplos tirados da rica obra de Dante não são produtos arbitrários da fantasia volúvel, que procura acumular horror em cima de horror, e sim a obra de um intelecto rigoroso e questionador, que escolheu a pena cabível para cada pecado e que encontra na consciência de que sua escolha é justa e está em conformidade à ordem divina a força que confere às suas palavras e imagens uma qualidade pictórica impressionante e admirável. Não é diferente com os monstros mitológicos, que servem de uma só vez como guardiões e animais heráldicos dos círculos do inferno. Em lugar algum Dante é mais medieval, no sentido do romantismo francês, do que nessas criações, e nelas ganha vida o espírito de ornamentação próprio do espiritualismo vulgar, que, em sua busca por exprimir, de modo físico e evidente, significados secretos de teor histórico e moral, misturou e acentuou as tradições da mitologia, com base em um princípio que deixou de ser corrente para nós, e concretizou ideias abstratas sob a forma de monstros que se movem em um submundo fantástico. De maneira semelhante, por exemplo, aos monstros e figuras grotescas da escultura gótica que encantaram Victor Hugo e seus amigos, as criaturas de Dante trazem a nova linhagem de uma Antiguidade estranhamente desfigurada, graças à sua fusão com doutrinas heterogêneas; em Dante, porém, está inteiramente ausente o elemento de arbitrariedade fantásti-

---

[202] Tais penas são retratadas, nesta ordem, nos seguintes cantos do "Inferno": V, VI, VII, XIII, XVIII e XXXII. (N. do T.)

A estrutura da *Comédia*

ca que elas teriam em outras obras, nas quais a razão do artista ou se esqueceu dos significados racionais, ou só conseguiu incorporá-los de forma incompleta e abstrusa. Isso porque, mesmo também conservando incólume, à primeira vista, o horror das figuras sombrias e fantásticas, elas ainda revelam uma ponderação precisa, na medida em que Dante atribuiu um significado exato a cada uma e as circunscreveu não só de maneira a dispensarem um comentário, como também de servirem elas mesmas, em seu respectivo domínio, de comentário ao texto. Isso fica quase sempre claro, e em uma das poucas passagens desse tipo difíceis de elucidar, Dante afirmou explicitamente que certa doutrina se esconde sob esses estranhos versos.[203]

---

[203] Dante, "Inferno", IX, 34 ss. Por isso, parece-me que não se pode fugir da elucidação dessa passagem afirmando, como se fez várias vezes, que Dante não tinha aí em mente nada de específico, ou que o que tinha em mente seria pouco importante ou não poético, ou que os versos em que anuncia a "doutrina que se esconde" seriam um artifício para introduzir o que vem na sequência, ou a isso se referem. Dante leva a sério o que diz, e a *Comédia* é mesmo por vezes difícil, mas não é um enigma. Pode-se, portanto, elucidar essa passagem, ou conceder que não se conhece o seu significado. A arte da interpretação está perdida caso se pretenda poder desprezar as palavras claras do texto em nome de uma intuição poética mais elevada. Uma contribuição para elucidar a passagem me parece disponível na tradição mitográfica que remonta a Fulgêncio. Nele, os górgonas denotam a "*tria terroris genera*" [os três tipos de terror], e a Medusa, o grau mais sinistro do horror, "*qui non solum mentis intentum, verum etiam caliginem ingerat visus*" [que impõe não apenas uma tensão ao espírito, mas também a cegueira da visão]; daí a menção de que seu nome seja "*quasi meidusa*" [como *meidusa*] (cf. Fabii Planciadis Fulgentii, *Opera*, editado por Rudolf Helm, Leipzig, Teubner, 1898, I, XXI, pp. 32-3). Perseu mata a Medusa com a ajuda de Minerva, "*quia virtus, auxiliatrice sapientia, omnes terrores vincit*" [pois a virtude, como auxílio da sabedoria, vence todos os terrores] — em paráfrase do *Mythographus Secundus Vaticano* (cf. Georgius Henricus Bode [ed.], *Scriptores Rerum Mythicarum*, Cellis, E. H. C. Schulze, 1834, p. 113) —, que, após citar Fulgêncio de maneira quase literal, surpreenden-

Dante como poeta do mundo terreno

A ordem moral do Purgatório se segue, como já dissemos, da ideia igualmente aristotélico-tomista de que os vícios se originam do amor pervertido, e já não se referem a malfeitos individuais; os degraus que levam à porta do purgatório e as palavras do anjo que a abre[204] simbolizam o sacramento da confissão, e a purificação, a cura de suas chagas, só começa depois de atravessada a porta e, portanto, depois da alma ter sua culpa absolvida e não estar mais sujeita à tentação em sua derradeira *conversio ad Deum* [conversão a Deus]. Mas antes de Virgílio e Dante chegarem a tal porta, passam por uma região onde aguardam as almas que ainda não foram admitidas para a purificação; elas morreram em anátema e só se arrependeram com a morte, quer por negligência, quer por morrerem subitamente e de um modo violento. Entre as que aguardam, estão ainda as almas do vale dos príncipes, que governaram em um mundo no qual a ordem terrena ainda estava incompleta e por se cumprir; à noite, a serpente da tentação se aproxima deles, que para afugentá-la imploram pela ajuda divina dos dois anjos armados com suas espadas, sendo atendidos. Nesse ponto, Dante cai em um sono sobrenatural, no curso do qual a misteriosa Lúcia o carrega até a porta de entrada: só então começa o verdadeiro caminho da purificação pelos sete círculos no entorno do monte. Neles, as almas são expurgadas de seus vícios na ordem explicada acima — *superbia, invidia, ira, accidia, avarizia, gola* e *lussuria* —, em que

---

temente designa a Medusa como "*oblivio*" [esquecimento] — como se ela, com o enorme medo que inspira, provocasse a cegueira do espírito, o esquecimento. (N. do A.) [O sentido da referência à expressão "*quasi meidusa*", encontrada na obra citada por Auerbach, fica mais claro se consideramos a frase completa da qual proveio, na qual Fulgêncio explica que o nome "Medusa" seria "como *meidusa*, pois ela não enxerga" (tradução de Eduardo Henrik Aubert). (N. do T.)]

204 Dante, "Purgatório", IX, 73 ss. (N. do A.)

A estrutura da *Comédia*

a doutrina do amor se mistura à dos sete pecados capitais. A purificação se dá de acordo com o princípio aristotélico do justo meio (μεσότης), de maneira que as almas se agarram à sua aspiração em se opor a uma de suas índoles pecadoras até se sentirem livres desse defeito; nesse momento, sua vontade se realiza e elas ascendem rumo ao patamar seguinte. É verdade que Dante precisou impor para si uma maior limitação na escolha das penitências quando comparadas às penas do inferno, mas a concretude, que, aqui como lá, repousa na mais aguçada racionalidade, não é menor; e, por outro lado, o ambiente e a paisagem dos diferentes patamares do monte são sempre adequados ao tipo específico de purificação e estão sujeitos a ele. Cercadas de imagens, visões e vozes que anunciam os exemplos da virtude premiada ou do vício punido em cada respectiva ordem, as almas são regeneradas por meio do sofrimento; e o sofrimento regenerador é, na maior parte das vezes, ou de tipo oposto à doença, no sentido de que os arrogantes se curvam para carregar fardos pesados, os invejosos sustentam uns aos outros como mendigos cegos, os preguiçosos correm com a máxima pressa, os glutões são privados de comida e bebida, os luxuriosos quedam no fogo purificador; ou então são do mesmo tipo dela, uma manifestação simbólica concreta do vício correspondente, que expõe a atitude do penitente e se contrapõe dolorosamente à sua boa vontade; esse é o caso dos avarentos, que ficam presos ao chão com o rosto para baixo, e dos coléricos, que se movem em uma nuvem de fumaça escura.[205] Embora, no purgatório, a diversidade dos destinos finais também seja bem menor do que no inferno, isso de modo algum elimina a continuidade da personalidade terrena. Cada um que fala ou aparece ali é mais do que

---

[205] Tais penitências são narradas, nesta ordem, nos seguintes cantos do "Purgatório": X, XIII, XVIII, XXIII, XXV, XIX e XVI. (N. do T.)

só um penitente deste ou daquele grupo, pois continua sendo, além disso, quem fora na Terra: o ilustrador Oderisi, o gibelino Buonconte, o príncipe Hugo Capeto, os poetas Estácio ou Arnaut. Isso porque, assim como as penas do inferno, também as penitências não são algo novo, acrescentado, que suprime o caráter da pessoa encontrada e faz com que seja engolfada pela multidão das outras pessoas dotadas das mesmas falhas e encarregadas das mesmas penitências, e sim uma realização das potências que já estavam contidas em sua natureza terrena, e que são, portanto, sua continuação e intensificação. Daí que, apesar de toda a uniformidade na atitude de penitência, a diversidade individual seja preservada na maneira como a penitência é conduzida por cada um e na relação que guarda com os fatos específicos de sua respectiva vida pessoal, e essa vida pessoal não é abafada, nem esquecida, e sim incorporada à penitência de modo a se fazer inteiramente presente e a conservar toda a plenitude de sua particularidade, do *habitus* espiritual e corporal, do temperamento e da aspiração prática de outrora.

No topo do monte do purgatório, no "*nobilissimo loco totius terrae*", está o paraíso terreno, em que Adão e Eva foram criados e onde viveram até o pecado original. O que autoriza Dante a associá-lo ao purgatório é uma tradição que, como a própria figura do monte da purificação, é de origem oriental e se difundiu na Idade Média; e Tomás também afirmou que ele não seria uma morada dos mortos, e sim um local de passagem.[206] Só o ápice da purificação consumada poderia ser pensado como cenário da bem-aventurança terrena: ao mesmo tempo

---

[206] "*Paradisus terrestris pertinet magis ad statum viatoris quam ad statum recipientis pro meritis; et ideo inter receptacula... (animarum) non computatur*" ["O Paraíso Terrestre diz mais respeito à condição de peregrino do que ao *status* de quem recebe algo por seus méritos; e, assim, não é computado entre os receptá-

A estrutura da *Comédia*

que ainda pertence à Terra, tal região, já livre das condições naturais da Terra, está imediatamente sujeita aos efeitos dos movimentos celestes.[207] Mas, ao mesmo tempo, essa região mais baixa a que Beatriz desce para buscar Dante revela a perfeição terrena à qual ele renunciara ao se afastar de Beatriz após a morte dela; e, por isso, é preciso aqui, antes de tudo, após passar por todos os graus de purificação no purgatório, fazer a confissão e pagar a penitência que cabia a Dante em particular e a ele apenas, e que tinha por objeto o seu desvirtuamento. Desde a mais tenra idade, Dante fora escolhido pela altíssima graça divina, de modo que parecia destinado à máxima perfeição que pode ser alcançada por um homem na Terra; porém, após o arrebatamento e a transfiguração de Beatriz, a visão que ela proporcionara não conseguia mais mantê-lo no caminho certo, e ele se afastou dela. Não restou nenhum testemunho claro que permita ter uma ideia palpável de como se deu esse afastamento; só o que se pode deduzir do local da confissão e da penitência é que os vícios sanados nos círculos do purgatório, por mais que possam ter ocasionado, completa ou parcialmente, sua rejeição a Beatriz, em todo caso não são o que há de mais próprio em seu desvirtuamento, que é antes algo em tudo pessoal, exclusivo desse homem dotado de graça extraordinária que é Dante; o que está no texto é que ele, após a aparente perda desse que é o maior dos bens, foi seduzido por outros bens terrenos, mais baixos, mas tal perversão não pode ter sido idêntica a nenhum dos vícios específicos do purgatório, sendo antes um pecado extraordinário, em que só pode incorrer aquele a quem foi dada a graça extraordi-

---

culos (das almas)."] Tomás de Aquino, *Summa Theologica*, III, suppl. 69, 7 ad 5. (N. do A.)

[207] Dante, "Purgatório", XXI, 34 ss. (N. do A.)

nária. Compete ao paraíso terreno, que Dante perdeu ao se afastar de seu caminho, ser o local da penitência para esse pecado; outra incumbência não menos apropriada a essa região é fornecer o palco para a grande alegoria da história universal, a cujas particularidades retornaremos em breve, ao expor o sistema histórico-político da *Comédia*; é só no local da primeira ordem terrena, ainda imaculada, e da queda do homem, que se poderia apresentar a segunda ordem e a segunda queda, tal como Dante enxergava a história universal desde a aparição de Cristo.

Regenerado pelo banho no Letes e no Eunoé, agora sob a condução de Beatriz, Dante inicia a ascensão rumo às esferas celestes. Elas são o *"paese sincero"*,[208] a pátria criada diretamente por Deus para abrigar as almas redimidas. Mas a ordem moral que ali impera é mais difícil de entender do que a das outras duas partes do poema. Isso se deve, por um lado, a que, nesse caso, uma explicação sistemática não é dada pelo próprio poeta, como o é no décimo primeiro canto do "Inferno" e no décimo sétimo do "Purgatório"; e, por outro lado, à circunstância de que as almas do paraíso aparecem duas vezes em hierarquias distintas e ao que parece praticamente sem relação uma com a outra, primeiro na esfera de um dos astros celestes e uma segunda vez na rosa do Empíreo. Daí que a argúcia dos exegetas tenha encontrado nessa parte da obra, mais do que nas outras, a oportunidade de se aplicar ainda mais avidamente, e, na nossa opinião, de maneira criativa até demais e, por isso mesmo, infrutífera; mesmo assim, só raramente não se tira algum proveito dessas obras, pois a explicação arguta e concebida no espírito de uma teologia escolástica sempre permite, mesmo se rejeitada como um todo, uma imersão profunda no poema e em suas várias relações doutrinárias, e, com isso, aprofunda o encanto dos

---

[208] Dante, "Paraíso", VII, 130. (N. do A.)

A estrutura da *Comédia*

sentidos e o do intelecto que a *Comédia* é capaz de proporcionar. Qualquer apreciador de Dante lerá com proveito Filomusi-Guelfi ou Busnelli ou Ronzoni, para mencionar só uns poucos nomes; porém, o que me parece é que nem a teoria dos sete dons do espírito santo, nem a dos graus de *caritas* [amor], por mais importante que sejam, em especial, esta última, realmente bastam como princípio de organização do paraíso; assim que se tenta aplicá-las de maneira metódica, surgem dificuldades que só se consegue vencer de maneira forçada e que não convence.[209] É também improvável que Dante tenha empregado uma teoria para o paraíso como um todo, sem elucidar seu significado de maneira explícita em passagens importantes, e se é verdade que podemos recorrer ao corpo doutrinário da *Summa Theologica* como princípio que informa seu pensamento, é ainda assim temerário destacar passagens dogmáticas específicas da *Summa* para resolver algum problema específico, nos casos em que o próprio Dante, que jamais esconde as máximas dogmáticas que orientam sua obra, não se refere a elas.

As esferas celestes às quais Dante é alçado até chegar à visão de Deus não são o verdadeiro endereço das almas que ele ali encontra — como o são os círculos do inferno ou os patamares do purgatório — mas, em vez disso, sua aparição nesta ou naquela esfera só se dá para elucidar de maneira acessível aos sentidos de Dante a posição que ocupam na hierarquia celeste; sua verdadeira pátria, seu destino final, está para além de todas as localidades, está na comunidade dos beatos, ou seja, na rosa branca do Empíreo;[210] nela também se apresenta a hierarquia dos bea-

---

[209] Cf. Ernesto Parodi (ed.), *Bullettino della Società Dantesca Italiana*, XXIII, 1916, pp. 150 ss. (N. do A.)

[210] Dante, "Paraíso", IV, 28 ss. (N. do A.)

tos, mas o que é narrado a esse respeito — o trono do imperador Henrique VII, a divisão entre os beatos da antiga e da nova aliança,[211] as duas sequências que os distinguem, as crianças beatas, as duas sumidades, Maria e João Batista, e aqueles sentados logo abaixo deles — não se relaciona diretamente à ordem moral do universo, mas antes revela a finalidade da história da salvação, e, por isso, diz respeito à ordem histórico-política. É verdade que não se deve separar as duas ordens, elas precisam coincidir, e é evidente que os grandes patrícios desse reino, os que estão na raiz da rosa, ocupam o lugar mais alto tanto no âmbito da providência histórica como no da dignidade moral; aqui, a identidade entre as duas ordens se realiza. Porém, ao menos nos níveis mais baixos a hierarquia moral da rosa branca parece não se aplicar; a não ser que se queira ver tal aplicação nos nomes das mulheres judias e dos santos que ocupam os degraus que formam a linha divisória entre os beatos da antiga e da nova aliança. Isso é algo que já se tentou fazer de várias maneiras, e também há quem tenha se ocupado em construir uma correspondência completa entre o escalonamento da rosa e as esferas celestiais; mas as tentativas não são satisfatórias. Pois Dante vê "mais de mil degraus" na rosa branca,[212] mas em seguida só menciona sete nomes de um lado, e três do outro, e diz expressamente, o que vale para a imagem como um todo, que a sequência avança ainda mais dali para baixo.[213] Assim, as sete

---

[211] Que correspondem, *grosso modo*, às figuras do Velho e do Novo Testamento; ou, nas palavras de Dante: os beatos da antiga aliança foram aqueles que "acreditaram no Cristo vindouro" (Dante, "Paraíso", XXXII, 24), isto é, que seguiram os mandamentos de Deus antes da vinda de Cristo; e os da nova aliança, os que "viram o Cristo vindo" (*idem*, *ibidem*, 27). (N. do T.)

[212] Dante, "Paraíso", XXX, 113. (N. do A.)

[213] Cf. *idem*, *ibidem*, XXXII, 36. São sete nomes de um lado e três de outro

A estrutura da *Comédia*

posições representadas por Maria-João, Eva-Francisco, Beatriz--Raquel-Benedito, Sara-Agostinho, Rebeca, Judite e Rute[214] expõem só os escalões mais elevados da hierarquia, e, por isso, não é possível conciliá-los com a ordem das esferas celestes, que simboliza a ordem moral do paraíso como um todo; e as tentativas que se empreenderam para tentar superar ou negar essa dificuldade me parecem demasiado artificiais.

Por isso, só se pode depreender uma ordem moral implementada no paraíso com base nas aparições dos beatos nas diferentes esferas celestes, em que se mostram a fim deixar claro para Dante sua posição na hierarquia. Comum a todos é a bem--aventurança proporcionada pela visão de Deus, pela *visio dei*, na qual todos encontram paz; porém, a grandeza de sua visão de Deus é diferente, e por sinal extremamente individualizada, o que também se aplica às "outras legiões", a dos anjos, já que tal grandeza depende da graça concedida. Ninguém é capaz de conhecê-lo completamente, nem mesmo Maria ou as ordens angelicais mais elevadas; só ele mesmo se vê e se compreende per-

---

se excluirmos a sumidade maior de cada parte da rosa (isto é, Maria e João Batista); Auerbach mencionará tais nomes em seguida. (N. do T.)

[214] Cf. o esquema da edição de Leonardo Olschki (Dante, *La Divina Commedia*, Heidelberg, J. Groos, 1918, p. 523). (N. do A.) [A essa altura do poema, Dante descreve os ocupantes das pétalas da rosa do Empíreo, onde as almas bem--aventuradas se sentam; ele se refere a essas pétalas como "degraus", uns mais altos, outros mais baixos, e fica claro que ela representa uma hierarquia, organizada em dois grupos. O primeiro tem Maria como maior sumidade, e logo abaixo está Eva, enquanto Raquel e Beatriz repousam na terceira pétala, dividindo, portanto, o terceiro escalão da hierarquia; Sara ocupa a quarta, e Rebeca, Judite e Rute, as três seguintes. João Batista está no ápice do segundo grupo de beatos, e, portanto, na posição análoga à de Maria, e abaixo dele estão, nessa ordem, Francisco, Benedito e Agostinho; cf. Dante, "Paraíso", XXXII, 1-36. (N. do T.)]

feitamente. A graduação da visão de Deus deriva da graça, cuja obtenção tem o mérito como condição necessária, mas por si só não suficiente; ela é voluntária e ultrapassa qualquer mérito, mas recebê-la é algo merecido, pois deve ser recebida conforme a boa vontade. A graça cria a visão, da visão surge a grandeza do brilho do amor celeste, da *caritas patriae* [amor da pátria], que se manifesta na graça da luz que emana das almas. Dante recorre às tradições astrológicas da Antiguidade tardia para dar forma tangível — tanto para si, como para os leitores — a essa hierarquia altamente sutil e que, em última análise, opera em cada alma de maneira singular. Já que a preparação para receber a graça consiste na virtude, a qual emana do amor dedicado a Deus na Terra, da *caritas viae* [amor do caminho] — já que, além disso, a direção específica que esse amor assume é determinada pela disposição natural, isto é, pela influência dos astros, e que o amor justo, a virtude, é um uso correto e moderado que a *anima rationalis* [alma racional] faz de sua disposição natural —, então Dante encontra no critério astrológico da disposição natural uma ordem hierárquica para o paraíso alinhada à doutrina do amor, que conserva a multiplicidade das personalidades humanas na hierarquia eterna do reino de Deus.

A esfera mais baixa e de luz mais tênue, a da Lua, que, de acordo com a tradição astrológica, é fria, úmida, variável e fácil de sujeitar a qualquer influência, é uma espécie de antessala do paraíso: as almas que ali aparecem, como Piccarda e Constança, não ocupam o seu respectivo escalão, como nos outros céus, graças ao seu amor específico, e sim por uma falha em seu amor; por se submeterem a forças alheias, não conseguiram cumprir seus votos na Terra. Também a segunda esfera, a de Mercúrio, ainda pode ser interpretada como um átrio do paraíso: o corpo celeste simboliza a atividade polivalente e o virtuosismo, e além disso o anseio por fama e por provocar um grande impacto;

A estrutura da *Comédia*

Dante faz com que ali apareçam as almas que tiveram uma vida ativa na Terra, mas que foram afetadas demais pela busca da fama e devotadas demais a este mundo. As quatro esferas seguintes parecem revelar as formas de *caritas* da vida ativa, as quatro virtudes cardinais: Vênus, o astro dos amantes, revela a *temperantia*; o Sol, onde aparecem os padres e teólogos, a *sapientia* ou *prudentia*; Marte, o astro dos guerreiros e mártires, a *fortitudo*; e Júpiter, o astro dos príncipes e da Águia, a *iustitia*.[215] A última esfera planetária, a de Saturno, é o local onde aparecem as almas da *vita contemplativa*, que dedicaram a vida inteira à contemplação ascética e com isso alcançaram, em sua existência terrena, a forma mais próxima de Deus; Saturno é o escalão mais elevado da hierarquia moral, no que diz respeito à vida humana, e ao mesmo tempo o ponto de partida que prepara a visão celestial de Deus; a escadaria celeste, que Jacó viu em um sonho, leva daí em diante ao topo mais elevado do paraíso, ao Empíreo. Mas isso tudo não passa de preparação; Beatriz não sorri, pois Dante ainda não seria capaz de suportar tal visão, o canto celestial está em silêncio, a questão de Dante sobre a providência ainda não pode ser respondida, e seu desejo de ver a alma de São Benedito em sua forma revelada e genuína ainda não pode ser ali realizado; na natureza privativa dessa preparação, e também no grito de indignação que se segue ao discurso amargo de Pedro Damião contra o clero,[216] há talvez algo do caráter sombrio e pro-

---

[215] Os termos em latim, nesta ordem: temperança; sabedoria ou prudência; força; e justiça. A Águia a que Auerbach se refere aparece no canto XIX do "Paraíso". (N. do T.)

[216] As cenas retomadas sinteticamente por Auerbach nessa passagem são todas narradas em Dante, "Paraíso", XXI. (N. do T.)

blemático do astro, que Dante provavelmente conhecia, como outras passagens indicam.[217]

Com Saturno, conclui-se aquele aspecto da ordem moral do universo que diz respeito à representação sensível do destino final das almas individuais, e começa a ascensão até a verdadeira *civitas dei*, com a visão das duas legiões que ela abriga. Após rever a Terra, agora do céu de estrelas fixas, em que Dante ingressa pela constelação de Gêmeos (a do momento em que nasceu), o Triunfo de Cristo aparece para ele como um grande Sol, que ilumina as milhares de estrelas e as reúne ao seu redor; depois que esse símbolo da redenção da "*prima milizia*", da espécie humana,[218] projeta o espírito de Dante para além dele mesmo, ele pode desfrutar a verdadeira visão de Beatriz, e a sua visão de juventude se revela para ele como algo presente e verdadeiro, como a verdade revelada aos homens. Ela então guia seu olhar para a coorte dos beatos, podendo agora contemplar a coroação e ascensão de Maria, que segue o Salvador, o qual já completou sua ascensão; começa em seguida a tripla provação, ou melhor, a proclamação dos frutos espirituais da redenção, das três virtudes teológicas; ele responde a Pedro sobre a fé, a Jacó sobre a esperança, e a João sobre o amor. No céu cristalino, vê a outra legião de pura inteligência, os anjos, aprende sobre a época em que foram criados e como o foram, sobre a correspondência entre a hierarquia deles e as ordens do céu e do mundo, sobre as infinitas maneiras como refletem Deus. Mas também essa visão desa-

---

[217] Cf. *idem*, "Purgatório", XIX, 1-3. (N. do A.)

[218] Como Auerbach dá a entender, "*prima milizia*", ou seja, primeira milícia ou legião, alude à humanidade. Para ser mais exato, é uma referência ao trecho em que Beatriz explica a Dante que ele verá passarem, a seguir, "uma e outra legião" ("Paraíso", XXX, 43); como fica claro no contexto, uma delas é a legião dos homens bem-aventurados, dos beatos, e a outra, a dos anjos. (N. do T.)

A estrutura da *Comédia*

parece, ele ascende novamente; vê na luz que flui do Empíreo e nas flores que brotam à sua margem um símbolo da atividade da graça divina; curva-se, como manda Beatriz, até o fluxo luminoso, que toca a beirada de suas pálpebras; um novo grau de arrebatamento toma conta de Dante, a visão se transforma, e na rosa celestial, no "*convento delle bianche stole*",[219] as duas legiões aparecem unidas em glória; São Bernardo, fiel a Maria e símbolo do êxtase máximo, ajuda Dante a alcançar a satisfação derradeira, a visão de Deus; em uma iluminação crescente, por vontade e por necessidade, seus olhos mergulham profundamente na luz, que satisfaz seu anseio e permite que sua vontade participe do movimento do amor universal.

As formas das almas humanas redimidas, que aparecem no paraíso como indivíduos e com a memória de sua existência individual na Terra, não são numerosas; tampouco se mostram, como se mostram nas outras duas partes do poema, em sua forma de outrora e de modo que Dante pudesse reconhecê-las, mas em vez disso aparecem encasuladas sob o traje luminoso de sua bem-aventurança, que as mantém ocultas. Quanto mais alto Dante ascende, tanto mais as almas que aparecem se tornam genéricas e representativas de algo impessoal; para além de Saturno, há apenas os grandes dignatários do reino celestial, cuja vida terrena, conhecida por todos e que os preparara para assumir tal posição, já não exige que sua personagem seja reapresentada. Apesar disso, Dante quis tratar individualmente de dois desses santos, São Francisco e São Domingos, separados dele em sua vida terrena por cem anos apenas, e cuja atividade cheia de vida tinha para ele um aspecto todo especial, que nitidamente se destacava do pano de fundo geral da história da salvação; já que não

---

[219] "Convento das brancas estolas." Dante Alighieri, "Paraíso", XXX, 129. (N. do T.)

havia espaço para fazê-lo ao narrar a glória do Empíreo, em que eles precisavam aparecer, Dante faz com que outros contem suas vidas; na esfera do Sol, o dominicano Tomás fala de São Francisco, e o franciscano Bonaventura, de São Domingos.[220] As duas narrativas oferecem — o que não é frequente na *Comédia* — uma história de vida completa, ainda que restrita ao objetivo de cada um na ordem das coisas e ao seu destino final, sem divagar em nenhum momento pela extensão épica da lenda, por mais que, especialmente no caso de São Francisco, o material biográfico à disposição de Dante, por sua abundância de particularidades fantásticas, só possa mesmo incentivar tais divagações. Mais uma vez, Dante reúne, quase de maneira protocolar, só o mais importante para o objetivo e seu destino final, os feitos e resoluções grandiosos e decisivos, e da mera referência dos feitos ao seu objetivo surge forçosamente o *ethos* inteiramente pessoal de cada um dos santos, afinal tão diferentes entre si. O que se passa com eles, dos quais temos apenas o relato, não é diferente do que se passa com as demais figuras individuais cercadas de luz que aparecem nas esferas planetárias. Sua forma real, sua forma terrena de outrora, não aparece, seu único gesto é o brilho mais fraco ou mais forte; porém, suas palavras contêm seus gestos e conservam a essência da pessoa terrena que dava e ainda dá vida a eles. As palavras que dizem sobre si são amiúde poucas, mas sempre se referem a ações e destinos decisivos, e nada têm de meramente anedótico ou naturalista; mesmo no auge do sentimento e do arrebatamento, as palavras que justificam sua posição na hierarquia celeste, fazendo assim a ponte entre tal posição e sua existência terrena passada, são sempre muito objetivas e já apresentam a pessoa transfigurada, mas ainda assim de maneira intacta e plena.

---

[220] Cf. *idem*, *ibidem*, XI e XII. (N. do T.)

A estrutura da *Comédia*

No céu de estrelas fixas, o céu da *"prima milizia"*, ou seja, da humanidade redimida, unida no Triunfo de Cristo, juntam-se ao poeta que passa pela provação os três apóstolos e, no fim, ainda uma quarta personagem; Adão, o primeiro homem, que arremata ali o círculo, apresentando o lugar em que teve início todo o drama da salvação e relatando como foram os primeiros tempos. O terceiro dos sistemas da *Comédia*, o histórico-político, tem como ponto de partida os eventos que ele relata ou explica.

Pois, com a queda de Adão, a humanidade perdeu sua pureza e seu bem originais, com os quais fora criada, e caiu em danação tal como Lúcifer, o anjo decaído. O pecado original que Eva cometeu não foi o ato em si de provar o fruto proibido, e sim o de passar de um limite, o de buscar algo além do que lhe fora destinado; a Terra e o céu obedeceram, mas uma mulher que acabara de ser criada não suportou permanecer no lugar que lhe cabia. O ser humano era a mais completa de todas as criaturas terrenas: era imortal, livre e semelhante a Deus, mas o pecado da rejeição à ordem divina lhe privou dos frutos desses dons e o rebaixou a uma profundeza proporcional à altura de seu antigo posto. E as forças humanas não dispunham de nenhum meio para reparar sua falta, pois nenhum grau de humildade era perfeitamente equivalente à atrocidade da rejeição a Deus, ao bem máximo; só a *misericordia* infinita do próprio Deus poderia perdoá-lo e recolocá-lo onde antes estivera. Mas Deus é tão justo como bom, a justiça é a ordem eterna do universo, e por isso lhe apraz satisfazer a justiça também no exercício de sua bondade infinita; quando o filho de Deus encarnou e nasceu do ventre humano, surgiu o homem puro, cuja humildade podia reparar o pecado original e expiá-lo de uma vez por todas; a união em Cristo das naturezas divina e humana é o mistério que cumpriu a justiça de Deus, já que se trata de um homem que, por sua humildade em sua passagem na Terra e por sua paixão, redimiu o pecado original, ao mesmo tempo que, devido a sua outra natureza, a divina, é em si uma dádiva incalculável, que transcende qualquer justiça e foi concedida pela bondade infinita.[221]

A essa ideia, cujo conteúdo básico é familiar para qualquer cristão, Dante amarra uma outra, que em tal contexto pode parecer estranha a um observador de hoje: a ideia da missão específica de Roma e do Império romano na história universal. A providência divina designou desde o início Roma como a cidade mais importante, imbuiu o povo romano da disposição para o sacrifício e do heroísmo para conquistar este mundo e ocupá-lo em paz, e quando, após séculos de duros sacrifícios e difíceis batalhas, o trabalho de conquista e pacificação, a missão sagrada já anunciada por Eneias, foi enfim completado, e o mundo habitado estava em paz nas mãos de Augusto, a hora então chegou e o Salvador apareceu. Pois o mundo redimido devia repousar na mais plena paz, no auge da perfeição terrena, até a chegada do Juízo Final; é por isso que Cristo dá a César o que é de César, e se submete ao seu tribunal, é por isso que Pedro e Paulo vão a Roma, e que Roma se torna o centro do cristianismo e o trono do papa; o encadeamento entre os dois planos da providência está presente desde o começo da saga romana, mesmo a viagem de Eneias ao mundo inferior é permitida visando o triunfo romano tanto no plano espiritual como no mundano, e Roma reflete a tal ponto a ordem divina do mundo que o paraíso é a certa altura designado por Dante como "*quella Roma onde Christo è Romano*".[222] Segundo as palavras e os feitos de Cristo, dois po-

---

[221] Dante, "Paraíso", VII, 19 ss.; sobre isso, também "Purgatório", XXIX, 24 ss., e "Paraíso", XXVI, 115 ss. (N. do A.)

[222] "Daquela Roma onde Cristo é romano." Dante, "Purgatório", XXXII, 102. (N. do A.)

deres estritamente separados e de peso equiparável devem governar na Roma terrena: o poder espiritual do papa, que nada deve possuir, pois seu reino não é deste mundo, e o poder mundano do imperador, que é justo, pois Deus o instituiu e tudo que é terreno está em seu poder.

Assim, toda a tradição romana conflui para a história da salvação, e parecem aqui se complementar, quase que com o mesmo peso, as duas proclamações: o *"tu regere imperio populos"* ["(lembra-te) tu de reger os povos sob teu comando"], de Virgílio, e a *Ave Maria*. A Águia romana, cujos feitos Justiniano narra no céu de Mercúrio, é a vanguarda antes da aparição de Cristo, e depois dela a executora da vontade de salvação divina; o algoz que leva a termo o pecado original, que faz jus à ira de Deus, é o terceiro César, Tibério, que o faz como juiz legítimo do homem Jesus Cristo; o conquistador de Jerusalém, Tito, é o executor legítimo do castigo ao povo da Judeia; e no poço mais profundo do inferno, nas mandíbulas de Lúcifer, ao lado de Judas, estão Bruto e Cássio, os assassinos de César.[223]

Mas o mundo se afastou pela segunda vez da vontade divina, e outra vez o pecado é um *"trapassar del segno"*, uma transgressão da ordem universal imposta por Deus sobre a Terra; esse

---

[223] Dante, "Paraíso", VI; "Inferno", XXXIV, 61 ss.; também "Purgatório", XXI, 32 ss., e várias outras passagens. Também cabe aqui mencionar a nova interpretação da *Comédia* por Luigi Valli, inspirada por Pascoli, e que logo ganhou fama por sua exposição pitoresca e perspicaz. Ele vê na estrutura do poema um sistema de correspondências entre os símbolos da Cruz e da Águia, e atribui à Águia a mesma importância da Cruz, também no que diz respeito à redenção individual. Cf. as duas principais obras de Valli sobre a *Comédia*: Luigi Valli, *Il segreto della Croce e dell'Aquila nella Divina Commedia*, Bolonha, N. Zanichelli, 1922; *La chiave della Divina Commedia: sintesi del simbolismo della Croce e dell'Aquila*, Bolonha, N. Zanichelli, 1925; sobre isso, ver a contribuição de Luigi Pietrobono em *Giornale Dantesco*, vol. XXX, 1927, pp. 89 ss. (N. do A.)

pecado é simbolizado pelo destino da carruagem mística no paraíso terreno (Dante, "Purgatório", XXXII). Cristo, o Grifo,[224] amarrara o veículo à árvore da qual Adão, outrora, colhera o fruto proibido, e a qual, nesse contexto, significa a ordem terrena do universo ou o Império Romano. Nesse abrigo, a humanidade consegue repousar em paz (o sono de Dante), e, sob a sombra da árvore, a autoridade revelada da doutrina cristã está em seu recanto natural. O carro da Igreja resiste aos ataques da Águia (a perseguição aos cristãos no primeiro Império Romano) e da Raposa (as seitas hereges do cristianismo em seus inícios); mas a depravação se instala quando a Águia recobre a carruagem com suas plumas — uma alegoria da doação de Constantino.[225] Satã então emerge das profundezas e arranca um pedaço do forro da carruagem — o espírito da humildade —, que de resto está inteiramente coberta pelas plumas da Águia (os bens terrenos); e os sete pecados capitais aparecem como carrancas no timão e nos cantos do carro. Aparece sentada na carruagem a Cúria Romana, sob a forma de uma prostituta que copulava com um gigante; o gigante significa o poder ilegítimo e sem rédeas, e nessa passagem em particular provavelmente o rei francês, que, para ter a prostituta inteiramente em seu poder, desamarra a carruagem da árvore e se vai com ela para longe dali.

---

[224] O Grifo é quem puxa a carruagem mística que Dante encontra no paraíso terreno, no canto XXIX do "Purgatório", e que simboliza a Igreja; Erich Auerbach, como vários outros comentadores, entende que o Grifo representa Cristo, mas isso não é afirmado explicitamente no texto de Dante. (N. do T.)

[225] Decreto apócrifo atribuído a Constantino, imperador romano do século IV, que transferiu ao papa autoridade secular sobre uma parte do Império Romano, aí incluída Roma; o documento, cujo caráter apócrifo ainda não fora demonstrado de maneira cabal na época de Dante, desempenhou um papel importante nas disputas políticas desse contexto. (N. do T.)

A estrutura da *Comédia*

O que aqui se ensina em contexto alegórico é afirmado com todas as letras em várias passagens do poema, e, dependendo da ocasião, formulado de maneira apaixonada junto a esta ou aquela manifestação individual da depravação terrena. O mundo saiu dos trilhos, seu equilíbrio estipulado por Deus foi destruído, e o começo de todo o mal é a riqueza da Igreja, que nada deveria possuir, segundo a ordem divina. A loba da avareza — entendida em sentido amplo como busca ilegítima por poder terreno em geral, como empenho em extrapolar a esfera de poder estabelecida por Deus — é o pior dos vícios que assola o mundo, e desde que a Cúria Romana usurpou, com ganância desenfreada, até mesmo o poder do imperador, desde que os imperadores da dinastia de Habsburgo, negligenciando seus deveres, abandonaram a Itália e Roma, a capital do mundo,[226] desde então, enfim, surgiu por toda parte um desregramento caótico, e cada um busca apanhar o que quer que esteja ao alcance das mãos. E os frutos dos instintos desenfreados são a guerra e o caos. O papa luta contra os cristãos por bens terrenos, os reis, livres da soberania do imperador, governam mal e sem objetivo, os partidos brigam por uma hegemonia nas comunas não legitimada por Deus, já que põem os assuntos do imperador ou do papa a serviço de seus interesses sórdidos; os dignatários espirituais são mercenários, seus representantes vivem em meio a extravagâncias nada cristãs e abjetas, as ordens, mesmo a franciscana e a dominicana, desrespeitam as próprias regras e se degeneram: a discórdia e a depravação agravam uma à outra, e a Itália, a senhora das nações, tornou-se um bordel, um barco sem timoneiro na tempestade.

---

[226] Auerbach voltará ao ponto mais à frente; sobre a crítica de Dante à dinastia de Habsburgo, ver nota 239. (N. do T.)

Dante como poeta do mundo terreno

A pátria de Dante, Florença, tem uma posição específica nesse mundo da vida maldita, e não apenas por ser sua pátria. É verdade que o seu ódio ao mal e o seu juízo condenatório se tornaram mais mordazes e mais amargos aqui do que em qualquer outro lugar, por conta do amor ardente e infeliz que permaneceu inabalado em seu coração, e da dureza do destino que ali sofreu. No entanto, mesmo sem essas relações e motivações pessoais, Florença é, dentre todas as comunas italianas, o exemplo mais nítido disso que Dante só podia mesmo sentir como algo maligno por excelência. Pois foi ali que o novo espírito mercantil e burguês ganhou consciência pela primeira vez e se desenvolveu com vigor; foi ali que pela primeira vez os grandes motivos metafísicos do mundo político foram julgados e explorados de modo puramente político e com uma mentalidade pragmática consistente; foi ali que pela primeira vez se alçou à consciência, com consequências até para as camadas mais baixas da população, a mentalidade de que toda instituição terrena, mesmo que sua proveniência e autoridade sejam supramundanas, faz parte de um jogo de forças que se pode calcular friamente. E com isso, apesar de todos os reveses, Florença prosperou, já na época de Dante; o número de habitantes e a afluência cresceram, o comércio se ampliou consideravelmente, e com a atividade financeira a cidade conquistou tamanha hegemonia na Europa que as repercussões políticas, dela decorrentes, seriam cada vez mais sentidas. Surgiu uma geração de homens frios, versados e experientes nas coisas deste mundo, preocupados em obter vantagens e sucesso, para os quais os vínculos da ordem tradicional do mundo nada significavam, mesmo que, em virtude do próprio tino para os negócios, ainda a respeitassem da boca para fora, deixando de fazê-lo apenas quando necessário; e quando uma nova forma de cultivo interior surgiu entre eles, o que inspirava e regulava a vida já não era uma sabedoria ecumênica e autori-

A estrutura da *Comédia*

zada por Deus, e sim a busca por um prazer sensível intenso e por uma ornamentação da vida, despojada de toda força criadora de obrigações práticas. No fim das contas, as várias lutas e divisões políticas mais beneficiaram do que prejudicaram esse desenvolvimento; pois promoveram um jogo de forças e, com isso, também a pressão seletiva constante graças à qual um organismo se mantém jovem e se torna capaz de se adaptar de maneira flexível, a qualquer momento, às várias exigências impostas pelo curso da vida terrena, e de assimilar e dominar cada uma delas. Essa é a mesma ideia expressa, de maneira só parcialmente consciente, em uma passagem muito citada de Maquiavel, em que afirma não haver testemunha mais enfática da força interior da cidade de Florença do que a grandeza conquistada a despeito de todas as suas terríveis divisões políticas; qualquer outra comunidade teria sido arruinada por elas.[227] Mas Maquiavel concebia as lutas internas como mera resistência a ser vencida; na verdade, essa resistência foi produtiva, e quando ele logo em seguida afirma que a cidade teria florescido de maneira ainda mais incomparável se tivesse desde o princípio conservado sua unidade interior, essa é uma concepção que consideramos errônea; Florença, *"fior che sempre rinovella"*,[228] tornou-se grandiosa graças aos seus conflitos internos.

Dante não queria saber de nada disso: jamais reconheceria uma política voltada ao sucesso terreno em prol do próprio sucesso, para ele o mundo terreno está nas mãos de Deus, e só devem possuir seus bens quem Deus legitimou para tal, e isso só

---

[227] Cf. o proêmio de Maquiavel em *Istorie fiorentine* (1532). (N. do A.)

[228] "flor que sempre se renova". Verso de Guittone d'Arezzo na canção *"Ahi lasso! or è stagion di doler tanto"* ["Ai de mim! agora é estação de tanta dor"], em Guittone d'Arezzo, *Rime* (editado por Flaminio Pellegrini, Bolonha, Dall'Acqua, 1901, p. 316). (N. do A.)

Dante como poeta do mundo terreno

na medida prevista por tal legitimação. Uma luta pelos bens da vida é uma transgressão da vontade divina, é uma barafunda contrária ao cristianismo, e, mesmo em termos práticos, só pode levar ao infortúnio, à ruína tanto temporal como eterna. Quando lamenta em tom de condenação a desunião, os conflitos e catástrofes de seu tempo, não lhe ocorre em nenhum momento a ideia de que nisso tudo podia estar sendo gestada uma forma de vida e uma ordem novas, imanentes e mesmo frutíferas. Em nenhuma outra parte de sua obra, o poeta parece, aos olhos de um observador moderno, ser tão reacionário e alheio ao que se passa, tão pouco profético e cego para o futuro. Porém, quando se pondera quanto sacrifício se empenhou para se chegar a esse futuro — ou seja, para se chegar à cultura da modernidade —, e quando se pondera como a cisão entre a vida íntima e a pública foi se tornando cada vez mais insuportável, como se perdeu a unidade da vida dos homens e dos europeus, como se tornou tangível a fragmentação e a insuficiência das ideologias, mesmo nos menores círculos — quando se leva em conta, além disso, o quão mais frágeis são os fundamentos espirituais da tentativa moderna de restabelecer a comunidade humana, se comparados à ordem universal de Dante —, então se, de um lado, não se nutrirá mais o desejo fútil e tolo de que se poderia reviver o que se foi e jamais voltará, de outro igualmente se evitará desdenhar e condenar a busca do espírito de Dante por uma ordem plena de sentido.

Como já dissemos, para ele a expansão secular do trono papal é um sinal funesto e a origem do mal na ordem política. Livre do poder do imperador, o papa se tornou infiel ao seu desígnio e arrastou o cristianismo consigo, rumo à ruína. Mas — e isso é algo que precisa ser enfatizado, pois pode causar estranhamento a muitos — para ele a autoridade espiritual da Cúria, que ele lamentou com extrema rispidez e comparou à prostituta da

A estrutura da *Comédia*

Babilônia, apesar de tudo seguia inconteste e intacta. Mesmo o papa mais degenerado ainda é o sucessor de Pedro, o vicário de Cristo na Terra, e possui o poder de proibir e permitir:[229] "Tendes o velho e o novo Testamento, assim disse Beatriz, e o pastor da Igreja que vos guia; isso vos basta à vossa salvação".[230] Portanto, Dante está muito longe de estender ao domínio da fé sua oposição à Cúria, em qualquer sentido que seja, e a ideia de que um homem cuja alma estaria destinada à região mais profunda do inferno era, mesmo assim, o vicário legítimo de Cristo na Terra e exercia de maneira igualmente legítima o máximo poder espiritual, podia muito bem parecer para ele e para o seu tempo algo lamentável e terrível, mas não absurdo ou impossível.

Sabe-se que as esperanças políticas de Dante foram mais uma vez revividas quando o imperador Henrique VII de Luxemburgo viajou para a Itália, a quem apoiou com a força de sua palavra e talvez também com ações. O fracasso de Henrique e sua morte não desanimaram Dante. O imperador Henrique é a única personagem da história secular cujo local do Empíreo ele designa explicitamente: Beatriz mostra a Dante o assento destinado à alma do imperador, "do grande Henrique, que virá para endireitar a Itália, antes dela estar pronta para ele".[231] Ela ainda

---

[229] Dante, "Paraíso", V, 76-8. (N. do A.)

[230] Ou, em tradução literal, o poder de "ligar" ou "soltar". Referência a Mateus, 16:19, passagem em que Cristo oferece a Pedro as chaves do reino dos céus, para que estipule o que é proibido e o que é permitido, ou seja, o que se pode ou não fazer para se ter acesso ao reino dos céus; no texto bíblico, como na argumentação de Auerbach, as ideias de proibição e permissão são comunicadas pelos verbos "ligar" (*ligo*, em latim) e "soltar" (*solvo*): Jesus diz a Pedro que o que este "ligar", ou seja, proibir, na Terra também será proibido no céu, e o que "soltar", ou permitir na Terra, também o será no céu. (N. do T.)

[231] Dante, "Paraíso", XXX, 133 ss. (N. do A.)

não estava pronta; mas há de chegar o tempo em que a ordem sagrada será restabelecida na Terra; eis a crença apaixonada de Dante, e ela se revela para ele em profecias obscuras e fantásticas, que despertaram recorrentemente o interesse das gerações futuras e a curiosidade dos intérpretes, sem que se tenha logrado, seis séculos depois, interpretá-la de maneira inconteste.

Trata-se aqui de duas profecias em particular: na primeira, quem fala é Virgílio,[232] e o que enseja suas palavras é a loba da *avaritia*, diante da qual Dante recua; essa besta sempre faminta, diz Virgílio, ainda há de desgraçar muita gente, antes da vinda do galgo, do *veltro*,[233] que a matará; ele salvará os desafortunados italianos e acossará a loba de volta para o inferno, de onde a inveja de Satã a soltara para assolar a Terra. Na segunda passagem, quem fala é Beatriz;[234] chega ao fim a alegoria da carruagem, que descrevemos acima, e o gigante parte com a carruagem da Igreja e com a prostituta; Beatriz diz as palavras auspiciosas de João, 16:16 ("*Modicum, et non videbitis me* [...]" etc.[235]); em seguida, profetiza a salvação da Igreja: a Águia não ficará para sempre sem herdeiros; o astro já se aproxima da constelação sob

---

[232] Idem, "Inferno", I, 94 ss. (N. do A.)

[233] Nome italiano do galgo, um cão de caça. (N. do T.)

[234] Dante, "Purgatório", XXXIII, 31 ss. (N. do A.)

[235] Beatriz evoca os versículos iniciais da passagem bíblica mencionada por Auerbach em Dante, "Purgatório", XXXIII, 10-2, que podem ser assim traduzidos: "Um pouco, e não me verás [...]". Nessa passagem, Jesus profetiza a própria morte a seus discípulos, fato que em um primeiro momento os encherá de tristeza; mas diz que seus corações logo voltarão a se alegrar, agora em definitivo, pois ele ressuscitará. Na *Comédia*, Beatriz evoca tal passagem para explicar a Dante que a situação da Itália, simbolizada pela usurpação da carruagem da Igreja, por mais lamentável que possa ser, é uma desgraça também passageira, como a morte de Cristo, e profetiza que ela ainda será retificada, e em definitivo. (N. do T.)

A estrutura da *Comédia*

a qual um *"Cinquecento dieci e cinque"*,[236] enviado por Deus, matará a prostituta e o gigante.

Que as duas profecias, nas quais a razão e a revelação falam de assuntos futuros na Terra, estejam inter-relacionadas e tenham de convergir de maneira que a primeira esteja contida na segunda e seja complementada e elucidada por ela — isso parece evidente e é bem possível que ninguém o conteste. Também não é difícil interpretar o que, nas duas passagens, significaria esse mal presente que o salvador do futuro viria matar: a loba e a prostituta simbolizam o vício da *avaritia*, que tomou conta do líder espiritual do mundo, do papado; e, nessa medida, simbolizam também o próprio papado. Em várias passagens do poema, fica claro que a fonte da perdição terrena é a usurpação dos bens terrenos pelo papado; a imagem do pastor que se transforma em lobo pelo ouro florentino, o *"maledetto fiore"*,[237] desvirtuando assim o cristianismo, aparece sob várias formas; o próprio destino de Dante, as várias invectivas da *Comédia*, em particular o discurso impactante de Pedro no céu de estrelas fixas, e todo o contexto de sua teoria política mostram de maneira tão clara onde estava, para ele, o verdadeiro inimigo da felicidade terrena, que qualquer outra interpretação parece forçada, se comparada a esta. E se pode afirmar com alguma certeza, além disso, quem era o aguardado salvador, ao menos em chave mais geral. Pois quem está faltando ao mundo? O domínio imperial: a Águia está sem herdeiros, Alberto tedesco abandonou seu rei-

---

[236] Isto é, um "quinhentos e quinze", que em algarismos romanos é DXV. Entende-se que Dante faz um jogo com a palavra latina *"Dux"* ou *"Dvx"*, que significa "líder". Ou seja, Beatriz profetiza que um líder enviado por Deus chegará para pôr a Itália em ordem. (N. do T.)

[237] "Maldita flor." Dante, "Paraíso", IX, 130. (N. do T.)

Dante como poeta do mundo terreno

no, Henrique chegou cedo demais:[238] mas Roma, a capital do mundo cristão, precisava de dois sóis que iluminassem os dois caminhos, o mundano e o celestial; só que um deles acabou eliminando o outro, a espada se fundiu ao cajado do pastor, e a ordem justa foi impetuosamente destruída; falta o governo legítimo sobre a Terra, e é por isso que a *humana famiglia*, a comunidade humana, está desvirtuada. Para mim, e também de acordo com a opinião dominante, não parece haver dúvida de que o salvador só pode ser o representante do poder imperial secular; mas, com base nos elementos alegóricos e cronológicos específicos que Dante introduz no poema,[239] não tenho como inferir nada de conclusivo a respeito; só uma coisa é afirmada com clareza: que é antes de tudo a Itália que precisa ser salva, e que, portanto, a missão de Roma como liderança mundial vale tanto para o futuro, como para o passado.

Mas esses símbolos histórico-políticos estão alicerçados em camadas ainda mais profundas de uma crença mitológica muito antiga. Pois a primeira profecia, a de Virgílio, se passa ao pé de uma montanha banhada pelo sol, que é o "começo e a causa de

---

[238] Esse "Alberto tedesco" a que se refere Auerbach, por alusão a um verso de Dante ("Purgatório", VI, 97), é o rei alemão Alberto de Habsburgo, governante na época dos eventos que desembocaram no exílio de Dante, por volta de 1300, e ostentava o título de Rei dos Romanos; ele, contudo, não foi coroado imperador do Sacro Império Romano, ainda em interregno. Na *Comédia*, Dante o condena por ter abandonado a Itália, cujas cidades estariam "cheias de tiranos", e o desafia a ir "ver a tua Roma que chora" (Dante, "Purgatório", VI, 132 e 112). O longo período de interregno terminou oficialmente só em 1308, quando Dante já estava no exílio, com a coroação de Henrique VII; este, porém, morre poucos anos depois, frustrando as esperanças de quem, como Dante, aguardava o restabelecimento do poder imperial nas cidades italianas. (N. do T.)

[239] Cf. ainda Dante, "Paraíso", XXVII, 142 ss. (N. do A.)

toda alegria",[240] no momento em que Dante tenta escalá-la por conta própria, em vão; e a segunda se passa no cume do purgatório, no paraíso terreno. Mas o monte de sete andares do purgatório, ilhado em um ponto inacessível do oceano do hemisfério sul, com o jardim do Éden e a árvore milagrosa, é a parte da cosmologia de Dante mais profundamente arraigada no misticismo da renovação do universal próprio do Mediterrâneo oriental. Ele remete à torre de sete andares da Babilônia, ao monte dos deuses, símbolo das sete esferas planetárias, ao monte divino de Ezequiel, aos sete portais da viagem da alma no gnosticismo, cada um dos quais com sua respectiva esfera de purificação vigiada por um arconte, sendo a última a esfera do fogo, e que permitem à alma, depois de atravessá-las, juntar-se ao banquete do casamento de Cristo e Sofia; remete aos mitos de renovação cabalistas, joaquinitas e franciscanos. Dante é alçado à sua primeira porta pela personagem enigmática da águia Lúcia — um anagrama —, que já no começo do poema comunicara a missão de Beatriz a Virgílio, e que parece reunir em si os símbolos da *gratia illuminans* [graça iluminadora] e da ordem justa do mundo, o Império Romano;[241] em seu cume, quem o recebe é Matelda, sem dúvida um retrato da pura vida ativa junto a uma natureza ainda intocada e próspera, e é ela quem o leva para se ba-

---

[240] Dante, "Inferno", I, 78. (N. do T.)

[241] Referência a um episódio do canto IX do "Purgatório": Dante, ainda a caminho da primeira porta do purgatório, adormece e sonha que é levado por uma "águia no céu com penas de ouro" (Dante, "Purgatório", IX, 20); quando acorda, já está diante da porta, e Virgílio lhe conta que foi Lúcia quem o levou até lá no meio da noite. Em latim, águia é "*aquila*", e o nome Lúcia (que em italiano não tem acento) é um anagrama de "*acuil*", que tem sonoridade similar a "*aquila*", além de ser a própria palavra para "águia" em alguns idiomas, como o gaélico, com clara relação etimológica com o termo latino. (N. do T.)

nhar no Letes e no Eunoé, a fim de ser agraciado com o esquecimento que purifica e renascer; e, em seu cume, aparece para ele, junto à processão da carruagem mística, Beatriz transfigurada. Assim, se a viagem de Dante ao Além significa a preparação do caminho da purificação e o renascimento da alma individual, o renascimento graças ao qual será conduzida à imediata *visio Dei* — então as profecias que aparecem no começo e no fim desse caminho, que se relacionam ao futuro da comunidade humana, só podem mesmo resgatar o tema do renascimento futuro de toda a humanidade na Terra e da futura era de ouro: a era em que não só o reino celeste, mas também o terreno há de ser perfeito e imaculado, conforme o estipulado por seu desígnio divino, e na qual, portanto, a Terra realizará seu potencial como paraíso terreno. Não consigo decidir se procede a conjectura de que o *veltro* seria a fusão do Cangrande de Verona com o grão-cã dos tártaros — do país dos mantos e chapéus de feltro[242] —, ou se a que procede é uma outra, que para mim soa mais provável, segundo a qual as palavras "*Cinquecento dieci e cinque*" esconderiam uma alusão à era de fênix; em todo caso, os textos dos estudiosos alemães que formularam tais conjecturas — Basser-

---

[242] A primeira alusão aqui é a um nobre italiano, Cangrande I (1291-1329), que comandou várias campanhas militares bem-sucedidas na Itália e foi um dos patronos de Dante no exílio. Em seguida, Auerbach também se refere ao grão-cã, isto é, ao título do líder máximo do Império Mongol, que experimentou expansão sem igual ao longo do século XIII, sob o comando de Gengis-Khan e de seus filhos; como Auerbach dá a entender, o feltro era um material comum do vestuário dos povos chamados de tártaros na sua época, e há semelhança de sonoridade entre o nome desse material, que em italiano também é "feltro", e "*veltro*", a palavra italiana para galgo, o cão de caça que, segundo a profecia, mandaria de volta para o inferno a loba da avareza. (N. do T.)

A estrutura da *Comédia*

mann, Kampers, Burdach[243] — expõem de forma vívida e convincente toda a riqueza de relações que ligam a obra de Dante aos mitos da renovação universal do Oriente. Não é fácil e ainda não se conseguiu demonstrar as fontes imediatas de Dante; não me parece que se possa descartar que ele se serviu de fontes específicas, as quais não eram de conhecimento geral; isso porque, se elas fossem conhecidas por muita gente em sua época, e se as suas visões do futuro fossem familiares para muitos, então seus filhos e os demais comentadores da geração que veio logo depois poderiam contribuir mais e de maneira mais concreta para a interpretação das passagens enigmáticas. Dante contribuiu para a história dos mitos de renascimento como o artífice que os reuniu e renovou; também sob esse aspecto, sua obra é a grande foz para a qual confluíram várias correntes e na qual estas ganharam nova força para frutificar. É certo que foi só com Dante, foi só quando foram organizados e integrados ao sistema hierarquicamente calibrado de sua visão, que esses mitos ganharam o volume e a grandeza que se atribui a eles, e ali eles não são nem digressões desconexas da livre fantasia, nem planos de reforma que urgem por realização imediata.

A edificação da ordem histórica e política do mundo não está integrada à estrutura do reino do Além com aquela mesma

---

[243] Cf. Alfred Bassermann, "Veltro, Gross-chan und Kaisersage", *Neue Heidelberger Jahrbuch*, vol. 11, 1902, pp. 28-75; Franz Kampers, *Dante und die Wiedergeburt. Eine Einführung in den Grundgedanken der "Divina commedia" und in dessen Quellen*, Mainz, Kirchheim, 1921; *idem*, *Vom Werdegang der abendländischen Kaisermystik*, Leipzig/Berlim, Teubner, 1924, especialmente pp. 141-2; Konrad Burdach, *Reformation, Renaissance, Humanismus. Zwei Abhandlungen über die Grundlage moderner Bildung und Sprachkunst*, Berlim/Leipzig, Paetel, 1926, 2ª ed., especialmente pp. 57 ss.; *idem*, "Dante und das Problem der Renaissance", *Deutsche Rundschau*, vol. 198, fev.-mar. 1924, pp. 206-77. (N. do A.)

Dante como poeta do mundo terreno

clara continuidade sequencial que encontramos nos casos da ordem física e moral; não se pode, por exemplo, identificar simbolicamente em cada estação da viagem um grau específico da vida social, e as tentativas de demonstrar tal correspondência — como em *Humana Civilitas*, de Fritz Kern,[244] aliás bem instrutivo e consistente — me parecem temerárias demais. Mesmo assim, há uma imagem que qualquer um que examine a *Comédia* por esse ângulo é impelido a interpretar no sentido acima visado; trata-se da antítese entre as duas cidades, Dis, a *civitas diaboli*, situada no inferno, e a *civitas Dei*, no paraíso.[245] A cidade murada de Lúcifer, na qual não pode entrar o sábio poeta da ordem mundial romana, de modo que um mensageiro divino — talvez o *veltro* — precisa abrir à força a passagem, é o reino da *malizia*, e o objetivo da *malizia* é a injustiça. Mas a injustiça não é apenas um pecado contra Deus, sendo também um delito contra o próximo e uma causa de desordem da vida justa na Terra; a cidade de Dis é o lugar da depravação social. É verdade que ela faz parte da ordem divina como um todo, em que o mal também está contido, e nesse sentido está em seu devido lugar; mas nela persiste a insurreição vã contra a autoridade de Deus, uma vez que a malícia privou seus habitantes do bem que permite distinguir o que é certo, e, com isso, da liberdade; aquela liberdade para escolher o bem, que os homens possuem em sua vida terrena; por isso, eles só podem querer o mal, e são consumidos pela depravação incorrigível do ódio e da cegueira. Eles já não podem mais atuar em comum de maneira frutífera, a comuni-

---

[244] Fritz Kern, *Humana Civilitas. Staat, Kirche und Kultur*, série Mitteralterliche Studien, vol. 1, Leipzig, K. F. Koehler, 1913. (N. do A.)

[245] Na *Divina comédia*, Dis, ou Dite, é o nome da cidade infernal, cercada por muros "duros como ferro", que Dante encontra ao chegar ao sexto círculo do inferno, como narrado a partir do oitavo canto. (N. do T.)

A estrutura da *Comédia*

dade surgida em torno da malícia não cria vínculos, apenas confunde e isola; a pretensão espúria que os domina se volta contra seus próximos, também condenados, e visa prejudicá-los. Essa é uma comunidade incorrigivelmente enredada na guerra e na miséria; seu rei, Lúcifer, impedido de agir, ainda é forte o bastante para soprar o bafo gélido e petrificante do ódio em seu território; no centro dele,[246] naquele mesmo círculo no qual os blasfemos recebem a pena da chuva de fogo, passa por seu duro leito de pedra o rio de sangue fervente, o Flegetonte, parte do rio do inferno, formado pelas lágrimas da humanidade perdida em pecado: as lágrimas do ancião de Creta, que tem as costas voltadas ao Oriente e os olhos a Roma, como em um espelho, e que retrata a ruína — instalada paulatinamente ao longo das eras — da raça humana caída em desgraça. Já a *civitas Dei*, no paraíso, é o país da justiça: as almas residem ali em uma ordem justa, atuam em conjunto, cada qual contente com a sua posição na hierarquia, e partilham de um bem verdadeiro, cujo estoque é inesgotável e cujo deleite que proporciona, aliás, é tanto maior quanto mais almas redimidas participam dele. A diversidade de habilidades e profissões,[247] entendida como a ordem natural que faz do homem um cidadão,[248] se exprime nas formas que as almas abençoadas assumem ao aparecer nas esferas planetárias; assim, cada um pode se tornar um membro da comunidade humana de acordo com as suas capacidades, sendo o objetivo dessa comunidade realizar na Terra a ordem divina do mundo, e sendo que é ela que, com a vida justa, serve de guia para se discernir o que é certo e se chegar à bem-aventurança; e é conforme

---

[246] Dante, "Inferno", XIV, 76 ss. (N. do A.)

[247] Cf. F. Kern, *op. cit.*, pp. 88 ss. (N. do A.)

[248] Cf. Dante, "Paraíso", VIII, 115 ss. (N. do A.)

as habilidades de cada um e dentro de seu nível específico na hierarquia que alguém se torna um cidadão do reino celestial, da verdadeira Roma eterna.

O monte do purgatório está situado entre essas duas cidades: é ao mesmo tempo um lugar de penitência e um local de exercício da vida comum e da criação para a verdadeira liberdade. No antepurgatório, as almas que ainda aguardam, sem conseguir começar a escalada por conta própria, precisam de condução e proteção externas; quando o prazer físico ameaça desvirtuá-las, Catão, o justo guerreiro que lutou pela liberdade na Terra, aponta o caminho certo a seguir, e o faz com severidade, enquanto os anjos com as suas duas espadas protegem as almas indefesas da tentação. Tendo atravessado a porta do purgatório propriamente dito, desperta dentro delas a vontade própria da purificação de todos; as almas cumprem primeiro a penitência dos vícios mais graves, que como tais ameaçam a vida da comunidade, e em seguida as desordens sensíveis mais leves, que prejudicam mais por serem excessos à autonomia moral e, portanto, à organização da sociedade. Por último, passa-se pela purificação pelo fogo, e é então que se ganha a liberdade: com os votos de coroação, Virgílio livra Dante de toda autoridade,[249] e a alma livre ingressa no paraíso terreno, onde o homem vive em meio à natureza pacífica em estado de inocência, sem precisar de nenhum governo; no entanto, esse é apenas um local de passagem e se relaciona ao *status viatoris* [condição de peregrino], uma vez que a vida perfeita na Terra tampouco é o fim último da comunidade humana, e sim mera preparação para a visão de Deus, que significa a bem-aventurança eterna.

---

[249] Referência aos versos finais do "Purgatório", XXVII, em que Virgílio se despede de Dante com votos para que vista "mitra e coroa". (N. do T.)

A estrutura da *Comédia*

Por isso, essa ordem também está em plena conformidade com as outras duas, na medida em que a edificação como um todo, quer considerada em termos físicos, morais ou histórico--políticos, apresenta já edificado, por meio de imagens sensíveis, o destino do homem e de sua alma: Deus e criação, espírito e natureza são circunscritos e ordenados pela necessidade eterna (que nada mais é senão a liberdade concluída e consumada de acordo com o caráter de cada um), e a única coisa que permanece em aberto é a estreita brecha da história humana na Terra, o intervalo da vida terrena do homem, em que se deve tomar a grande e dramática decisão; ou, caso se queira ver a questão pelo ângulo oposto, o da vida humana, então esta, com todas as suas diferentes manifestações, é julgada de acordo com o objetivo máximo que deve alcançar, o objetivo com o qual não só a individualidade alcança sua satisfação efetiva, mas também a comunidade como um todo encontra o seu lugar predestinado e final na ordem do universo. Daí que, em última análise, seu objeto ainda seja a vida terrena em toda sua extensão e conteúdo, por mais que a *Comédia* retrate o estado das almas após a morte; pois tudo o que se passa na parte inferior ou superior do reino do Além se relaciona ao drama humano neste mundo. Porém, como tal drama recebe do Além a medida conforme a qual deve ser plasmado e julgado, este não se torna nem o reino da necessidade funesta, nem o país da paz divina; em vez disso, a brecha fica realmente aberta, e toda a eternidade há de ser decidida no intervalo curto e incerto da vida; o dom esplêndido e formidando do potencial para a liberdade cria a atmosfera urgente, inquieta, característica tanto da humanidade em geral como do cristianismo europeu, que surge em torno do instante irremediavelmente efêmero que é preciso aproveitar; a graça de Deus é infinita, mas também o é sua justiça, e uma não anula a outra. O ouvinte e o leitor mergulham na exposição; no grande reino onde o destino já está realizado, vê que só ele ainda não se realizou, que só ele ainda atua no palco realmente decisivo, sendo iluminado de cima para baixo e ficando mesmo assim ainda no escuro; está em perigo, a decisão se aproxima, e nas imagens da viagem que desfilam diante de seus olhos, ele se enxerga ora condenado, ora penitente, ora salvo, mas, em todo caso, jamais se vê riscado da face da Terra, e sim conservado para sempre em seu estado mais próprio.

A *Comédia* de fato é, portanto, uma imagem do mundo terreno — ele é incorporado à estrutura do Além em toda sua amplitude e profundidade, de forma completa, inalterada e posta em ordem de uma vez por todas; a barafunda do curso do mundo não é silenciada, nem atenuada ou privada de suas qualidades sensíveis, e sim conservada de forma plenamente evidente e assentada em um plano que a engloba e que a despe de todo aspecto acidental. Doutrina e fantasia, história e mito se fundem em sua estrutura formando uma composição muito bem amarrada, e não raro um único verso exige que se empenhe uma quantia quase inconcebível de tempo e energia para que se consiga acessar algo do que está nele contido; porém, uma vez que se consegue contemplar o todo, então os cem cantos revelam, com o brilhantismo da *terza rima*, com o jogo constante de tensão e relaxamento, a simplicidade e a impecabilidade fantásticas próprias do que é perfeito, do que mais parece flutuar como uma dança de roda encenada por personagens de outro mundo. Mas a lei que rege esse sonho fantástico é a razão humana sistemática, que sabe qual é o seu destino e como dominá-lo pela imposição da ordem, pois a graça divina não lhe privou de sua vontade, corajosa e boa.

5. A apresentação

Como vimos, o reflexo do mundo terreno, em toda a sua diversidade, aparece na *Comédia* transposto ao estado do destino final e da ordem perfeita, e agora só nos resta, após o que dissemos sobre a força de seu objeto e a ordem de sua edificação do universo, examinar o efeito desses pressupostos gerais nas imagens e expressões específicas.

Dante viajou pelo mundo do Além e encontrou as almas das pessoas que conheceu, ou de cuja vida ficou sabendo, nas estações individuais que seriam o lugar de seu destino final e da permanência eterna de sua figura. Mesmo sem conhecer a *Comédia*, o leitor consegue facilmente imaginar, só a partir da situação aqui identificada, quantas emoções a simples ideia desses encontros desencadeia, e quão natural é o ensejo que fornecem para o desenrolar da expressão mais verdadeira, enérgica e humana. O encontro não se passa nesta vida, em que o homem sempre se acha em um estado contingente, revelando apenas uma parte de seu caráter, e na qual a própria intensidade da vida, em seus momentos mais importantes e intensos, dificulta tomar consciência de quem se é e torna o encontro quase impossível. Tampouco se passa em um mundo do Além no qual o que há de mais pessoal na pessoa está apagado pela sombra da morte que se projetou sobre ela, subsistindo apenas como uma lembrança pálida, desbotada ou apática da vida. Nada disso: as almas do Além dantesco não estão nem um pouco mortas, mas antes vivem a verdadeira vida; embora os fatos concretos de sua história e a atmosfera própria ao seu caráter individual sejam com efeito tirados de sua vida passada na Terra, elas não obstante apresentam esses fatos com uma plenitude, uma sincronia, uma presença e uma atualidade que quase nunca alcançaram no seu tempo na Terra, e que, em todo caso, jamais revelaram a nenhum observador. Dessa forma, quando Dante as encontra, a surpresa, o espanto, a alegria ou o horror tomam conta de um e de outro — afinal, também para o habitante do Além, tal como aqui apresentado, o encontro com uma pessoa viva é algo comovente —; a simples ocorrência que se resume a ver e a reconhecer um ao outro mexe com o que há de mais profundo na sensibilidade humana e produz imagens de um poder poético e de uma variedade inauditos.

Por isso, os encontros das almas na *Comédia* proporcionam uma série de cenas que, apesar de extraírem seus elementos expressivos da lembrança dos encontros terrenos, vão muito além de qualquer evento terreno desse tipo que se consiga conceber, graças ao grau de emoção que as acompanha e à riqueza de situações ali exploradas. Tais cenas são ainda mais tocantes nos casos em que já havia relações entre os vivos, sejam elas relações travadas, de fato, na vida comum, sejam relações espirituais, que exprimem uma influência íntima. O afeto que, no curso da existência temporal, facilmente se furtava à expressão, quer por vergonha, quer por falta de oportunidade, vem aqui à tona em sua totalidade, justamente pela consciência de que só lhe será permitido se expressar *uma única vez*, e que essa única vez é agora.

Na mais extrema penúria, em face da desgraça eterna, aparece para Dante o ajudante que a graça divina enviou para salvá-lo: e é Virgílio! Já no grito de misericórdia que dirige ao seu interlocutor ainda desconhecido, é a penúria que o impele a se

A apresentação

entregar por inteiro à expressão da súplica; e quando o mestre de sua arte e o precursor de seu pensamento se faz conhecer para o poeta, que está muito aflito e suscetível a toda sorte de emoções, então é fatal que a torrente de seu amor cheio de admiração venha à tona de forma natural e incontrolável, e, nessa situação, as palavras decisivas com as quais um e outro se apresentam no que têm de mais fundamental se tornam autoevidentes e cheias de *pathos*, sem deixar de ser genuínas e verdadeiras para a ocasião. E quando Beatriz aparece na procissão triunfal do paraíso terreno; quando ele se volta a Virgílio, procurando ajuda, para dizer que "cada gota de seu sangue treme", e vê que o *dolcissimo padre* já não se achava mais ao seu lado;[250] e quando ressoa o nome de Dante como se fosse o chamado do Juízo Final: então a emoção tão aguardada, fundamentada tanto em seu destino passado como no presente, legitimada pela razão não menos do que pelo coração, que nada mais é senão a verdadeira disposição para o autoconhecimento e para a revelação de si, não é menor para nós do que é para ele, e também o ouvinte pode muito bem dizer: "*men che dramma di sangue m'è rimaso che non tremi*".

Nesses dois casos em particular, a comoção só atinge uma das partes, Dante: pois as outras duas, Virgílio e Beatriz, sabem de antemão quem encontrarão, ambos receberam sua missão de seus superiores e são de uma outra esfera. Mas em geral, nos outros casos, o encontro arrebata com a mesma força as duas partes que se encontram. Para seguir na categoria dos mestres ou modelos reencontrados, que fomos levados a apresentar ao nos de-

---

[250] O trecho entre aspas é uma referência a Dante, "Purgatório", XXX, 46-7; esses são também os versos que serão citados em italiano ao fim do parágrafo a que se liga esta nota. Logo nos versos seguintes, Dante se refere a Virgílio, que já não mais o acompanha em sua jornada, como "dulcíssimo pai". (N. do T.)

bruçar sobre as passagens de Virgílio e Beatriz, uma entrada de cena inesquecível para qualquer leitor do "Inferno" é a de Brunetto Latini (canto XV): do alto dique por onde passa, Dante não consegue reconhecer as almas dos sodomitas que o espreitam, ocultos na escuridão do deserto tórrido, até que uma delas pega em seu manto e grita: "'que maravilha!' E eu, quando ele estendeu seu braço para mim, concentrei de tal modo o olhar na escuridão tórrida que pude reconhecer sua face abrasada: e inclinando meu rosto em direção ao rosto dele, respondi: '*Siete voi qui, ser Brunetto?*' E ele: '*O figliou mio* [...]'".[251] E essa imagem, que introduz e justifica as importantes palavras de Brunetto, mesmo assim parece ser apenas um esboço, um aperitivo se comparado a uma imagem que virá depois, que leva ainda mais longe o tema aí sugerido e amplia o sentimento nele contido: refiro-me aqui ao encontro entre Estácio e Virgílio ("Purgatório", XXI). É só aqui que o poema explora todo o cabedal de recursos propiciados por seu objeto e por seu cenário, pondo-os a serviço do tema do encontro entre o pai espiritual e seu aluno. Os dois não foram contemporâneos em sua vida na Terra, não se conhecem; doze séculos se passaram desde que viveram, Virgílio habita o átrio do inferno com os pagãos, e Estácio, que, segundo a ficção de Dante fora secretamente um cristão, cumpre penitência no purgatório; e Virgílio guia o seu aluno Dante pelo purgatório quando Estácio chega ao fim de seu período de purificação, sentindo-se livre e pronto para ascender ao céu, e nessa hora um tremor que abala a montanha anuncia a salvação de uma alma; ele começa a ascensão, e se reúne aos dois viajan-

---

[251] Cf. Dante, "Inferno", XV, 1-33; o trecho entre aspas é uma paráfrase dos versos 24-9, transposta para prosa em alemão. Os trechos que Auerbach mantém em italiano podem ser assim traduzidos: "Sois vós aqui, senhor Brunetto?"; e "Ó meu filho [...]". (N. do T.)

A apresentação

tes como uma terceira personagem, ainda desconhecida e que ignora quem está diante dela. Relata sua vida e sua obra poética, e termina com um elogio a Virgílio: a *Eneida* fora sua ama, e ele nada conseguiria sem ela; para ter vivido na mesma época em que Virgílio viveu, ele de bom grado passaria mais um ano no purgatório, aguardando por sua liberação. Diante dessas palavras, Virgílio se volta a Dante e, com seus gestos, ordena que fique em silêncio: pois a força da vontade não pode tudo...

Sorri apenas levemente, como que concordando com o olhar; então a sombra se calou e me olhou nos olhos [...] "Que tenha sucesso em tua grande empresa", me disse, "mas por que despontou em tua face, agora mesmo, o lampejo de um sorriso?" Agora não sei quem devo seguir, um me manda calar, o outro me insta a falar; suspiro, e então meu mestre me acode: "Não tenha medo de falar", diz [...] e eu: "Talvez tenhas te espantando, espírito antigo, com o meu sorriso; mas serás tomado por um espanto ainda maior. Este aqui, que guia os meus olhos para o alto, é Virgílio" [...] Ele já se inclinava para abraçar os pés de meu mentor; mas este disse: "Irmão, não o faças; pois és uma sombra, e uma sombra é o que vês"; e se erguendo: "que possas compreender quão grande é o amor que sinto por ti e que me abrasa tanto, que me faz esquecer que nada somos, tratando sombras como coisas firmes."[252]

---

[252] O trecho é, em sua maior parte, uma paráfrase em prosa de Dante, "Purgatório", XXI, 103 ss.; no texto em alemão, Auerbach apresenta o trecho final (os quatro últimos versos) na tradução feita por Stefan George: "*Und der erhob sich: miss von meiner Minnel daran die ganze Glut die mich entfachel dass ich mich unsrer Leerheit nicht entsinnel mit Schatten tue wie mit fester Sache*". (N. do T.)

Os encontros entre amigos, apesar de não trazerem gestos tão grandiosos, são ainda assim doces e repletos da memória da vida comum de outrora. O camarada de juventude, Forese Donati, com quem chegou a travar uma *tenzone* de sonetos maestral em termos de ousadia, Dante o encontra em meio aos glutões do "Purgatório" (XXIII): "e ali, então, a esquálida cabeça de uma sombra voltou para mim seus olhos, mirando firme; depois gritou com força [...]. Jamais o reconheceria pelo rosto; mas em sua voz se revelou para mim o que não se via; tal faísca acendeu minha memória diante de seus lábios deformados, e vi de novo a face de Forese".[253] "*E ravvisai la faccia di Forese!*" Quem quiser pode reler o texto, para se dar conta de como esse último verso é mesmo o ápice de um movimento interior que vai sendo preparado aos poucos, e como o discurso que vem a seguir também parte da imagem da face macilenta e de seu contraste com a juventude outrora brilhante e audaciosa, para fazer sentir todo o peso do simples encontro ocorrido nesse local. O jovem rei húngaro Carlos Martel de Anjou, que Dante conhecera em 1294, em Florença — sendo que o rei tinha então pouco mais de vinte anos e morreria logo depois —, é reencontrado na esfera do céu de Vênus ("Paraíso", VIII), encasulado como uma larva de bicho-da-seda no brilho de sua bem-aventurança, de modo que o poeta não consegue reconhecê-lo: o rei o saúda com um dos versos mais bonitos da juventude de Dante, e quando revela quem é e o quanto o ama, a lembrança do brilho da admiração e da devoção da juventude se irradia em meio à bem-aventurança da terceira esfera. Dante não encontra Guido Cavalcanti, pois este ainda vivia em 1300, mas encontra o seu pai entre os hereges, que ficam em tumbas incandescentes ("Inferno", X); e o pai

---

[253] Versão transposta para prosa, com algumas supressões indicadas pelos colchetes, de Dante, "Purgatório", XXIII, 40-8 ss. (N. do T.)

de Guido se levanta tanto quanto pode para ver se o seu filho não acompanhava Dante, pois um espírito tão profundo como o dele só poderia mesmo ter recebido a mesma permissão de seu amigo Dante para entrar com vida no mundo inferior; porém, ao ouvir uma palavra que o faz crer que seu filho morreu, volta a afundar em sua tumba, lamentando — uma imagem do orgulho paterno e da arrogância epicurista, mesmo porque é isso que também está implícito no que diz sobre a "*altezza d'ingegno*", na exaltação que faz ao doce lume do sol e na indiferença quanto ao destino final de Guido, do qual na verdade não quer saber.[254] Essa cena interrompe o encontro com o líder gibelino Farinata degli Uberti, um dos mais belos da extensa lista de encontros com seus conterrâneos. No Além de Dante, o mesmo berço e o mesmo idioma são um laço de amizade e de amor, e a *Comédia* matiza e eleva ao patamar do sublime o motivo dos compatriotas que se encontram longe da terra natal, que para nós parece sentimental. Virgílio e Dante passam conversando pelos túmulos dos hereges, e Farinata o reconhece como florentino pelo dialeto: de repente sua voz ressoa, vinda de um túmulo e causando espanto: "*O Tosco che per la città del foco vivo ten vai cosi parlando onesto*". Ó Toscano que passas pela cidade do fogo, vivo e falando tão dignamente [...].[255] A própria frase é um exemplo magnífico da linguagem nobre, pois, formulada com toda a atenção ao detalhe, logra circunscrever com palavras que não poderiam ser mais diretas e mais simples todas as nuances do

---

[254] Cf. Dante, "Inferno", X, 55-72; o trecho em italiano, "alteza de engenho", se refere à expressão que o pai de Guido usa para perguntar por que seu filho não o acompanha, já que Dante estaria ali justamente graças à grandiosidade de seu engenho — o que implica que, para o pai de Guido, seu filho seria tão genial quanto Dante. (N. do T.)

[255] Dante, "Inferno", X, 22-3. (N. do A.)

que visa expressar; gostaríamos de repeti-la várias vezes, para enfatizar bem a emoção do grande Farinata e o poder de suas palavras, que esconde sua riqueza; mas o que o próprio Farinata quer dizer com o *"parlare onesto"* é o belo dialeto florentino, e assim aprendemos com tal passagem que Dante também fala, ao conversar com Virgílio, o italiano da Toscana, e que este, sendo mantuano, emprega o italiano da Lombardia de 1300 — como o revela outra passagem, bem similar.[256] Mais adiante, em outra oportunidade, voltaremos a essa passagem, que também traz um apelo à pátria comum; afinal, no tocante ao motivo de que se trata agora, o do encontro com um compatriota, dispomos ainda de outro mantuano: Sordello, poeta provençal oriundo dessa cidade, que, quando a noite cai no antepurgatório, sozinho e afastado como um leão em repouso, mal responde à questão de Virgílio, até que a palavra "mântua" faz com que ele subitamente se levante: "*'O Mantovano, io son Sordello de la tua terra' — e l'un l'altro abbracciava*".[257] Nada exemplifica melhor do que essa cena a força do cenário que torna possível esse encontro; pois sem a introdução e a ocasião que ele propicia de maneira em tudo natural, as apóstrofes que então se seguem à Itália e ao imperador nada seriam além de retórica, ao passo que ali, acompanhadas de ideias dotadas de extremo rigor e clareza, são um brado, uma oportunidade autêntica, como já dissemos acima; Dante e o ouvinte estão ambos igualmente prontos para desfrutar por inteiro da emoção que aflora, quer ao criá-la, quer ao acolhê-la, e essa emoção não é produzida por meios artificiais, mas

---

[256] Dante, "Inferno", XXVII, 19 ss. (N. do A.)

[257] "'Ó mantuano, eu sou do mesmo lar, Sordello eu sou', e um o outro abraçava." Dante, "Purgatório", VI, 74-5. (N. do A.)

A apresentação

antes seu artifício é ele mesmo natureza, por corresponder ao curso natural do sentimento humano.

Com isso, damos por concluída nossa listagem de encontros, posto que, para esgotá-los, precisaríamos transcrever grande parte do poema, e esperamos ter deixado suficientemente claro o que está aí em jogo: a saber, o estado de comoção e agitação em que as almas se acham, em parte devido ao lugar onde afinal estão, e em parte porque o encontro que se passa justamente nesse lugar é com um ser vivo. Nem todos se alegram com o encontro, pois muitos dos que estão nos círculos mais profundos do inferno preferem não ser reconhecidos; e nem todos que se alegram o fazem da mesma maneira, pois já no monte do purgatório o anseio ardente dos espíritos mais baixos por ouvir notícias sobre o estado atual do mundo e sua preocupação com a longevidade das marcas que deixaram na Terra perdem força e se mesclam a outros motivos de alegria, mais cristãos; no paraíso, por fim, o que causa alegria é poderem demonstrar o amor que sentem pelo bendito visitante. Mas todos os que estão ali reunidos, vindos de todas as épocas e países, com toda sua sabedoria e estupidez, bondade e maldade, amor e ódio do mundo, e que representam, em suma, toda a história disposta em uma ordem sincrônica, veem na criatura viva que se aproxima deles a ocasião e a necessidade de expressar quem são, e de documentar de maneira palpável para os sentidos o estado final em que se encontram.

Nem sempre é fácil para eles dizer o que gostariam de dizer. Especialmente no inferno, mas também no purgatório, parece haver uma resistência que se interpõe entre a sua necessidade de se comunicar e a satisfação dessa necessidade — uma resistência que deriva da mesma situação da pena ou penitência que carregam, e que faz com que a comunicação, que vem à tona mesmo assim, venha à tona de maneira ainda mais enérgica.

Esses corpos terrivelmente deformados ou atormentados, que quase não encontram forças ou tempo livre para tais manifestações, seja por se moverem sem parar, seja por estarem imobilizados pela dor, mesmo assim arrancam do peito, com dor e esforço, as palavras ou os gestos que desejam e que ao mesmo tempo são compelidos a expressar, e são a dor e o esforço justamente o que conferem a essas palavras e gestos sua força premente. O velho Montefeltro se aproxima dos dois viajantes envolto em chamas ("Inferno", XXVII); o que ele diz, abafado pelo crepitar das chamas, só se faz ouvir muito lenta e esforçadamente, e, temeroso de que percam a paciência para ouvi-lo, suplica para que fiquem e conversem com o conterrâneo: até que finalmente a pergunta que quer fazer e que tomou todo esse tempo para formular irrompe como uma explosão de todo o seu corpo e seu espírito diante dos dois ouvintes, já tensos: "*dimmi se i Romagnuoli han pace o guerra?*". "Diz-me se a Romagna está em paz ou em guerra".[258] Escolhemos esse exemplo de caso pensado, porque a frase que coroa a cena não é, por si só, tão importante assim: afinal, o que seria mais natural do que um morto, que desempenhara um papel importante no destino de sua pátria, perguntar pela situação atual dessa pátria? Mas as qualidades especiais do cenário em que a frase é formulada, e aqui, em particular, a resistência que precisa superar para vir à luz, incute nela o peso do anseio e da curiosidade febril que o inquiridor traz dentro de si e urge externar.

Até aqui, tentamos mostrar que as almas encontradas no Além estão sempre prontas e inclinadas a expor a realidade última delas mesmas, e que as resistências que por vezes dificultam que se exponham só confere uma intensidade ainda mais profunda a essa exposição. Porém, ainda não examinamos o que se-

---

[258] Dante, "Inferno", XXVII, 28. (N. do A.)

A apresentação

ria essa "realidade última delas mesmas", e ainda não nos perguntamos de onde Dante tirou os elementos para formá-la. É fácil responder em um registro bem genérico: ele os tirou da experiência de sua vida e procedeu selecionando e misturando as memórias que tal experiência colocou à sua disposição, o que fez com certo método, que às vezes parecia uma espécie de síntese, e às vezes, uma espécie de abstração. Que se trata da experiência de sua vida, da qual todas as personagens do grande poema foram tirados, é algo evidente e que não requer nenhuma explicação; o material com o qual trabalhou foi um cabedal quase sobre-humano de vivências e um dom divinatório para examinar a fundo todas as variedades e gradações da sensibilidade humana. Já a questão da seleção é bem mais difícil, pois em cada caso ele precisou fazer uma escolha dentre os muitos traços de caráter do indivíduo, que podiam ser interpretados de várias maneiras; e ligado ao problema de qual seria afinal a realidade verdadeira, que surge no bojo dessa seleção, está o problema da autoridade reivindicada por Dante; pois não é apenas que ele não apresentava toda a amplitude épica da vida, e sim que apresentava um único momento de realidade verdadeira: e esse momento ainda contém, ao mesmo tempo, o destino final definido pela providência para cada pessoa que aparece no poema. Dante, portanto, quando faz com que suas personagens apareçam nesta ou naquela região do Além, afirma conhecer, ou ao menos ter contemplado em uma visão, não só seu aspecto real, como ainda o juízo de Deus a seu respeito; uma pretensão risível, uma mentira descarada, a não ser que a visão contenha uma verdade que salta aos olhos; a não ser que esteja em sintonia com as convicções mais profundas do ouvinte, ao mesmo tempo que se projete para além delas de maneira a ser aquilo mesmo o que afinal torna evidente e delineia um elemento comum que organiza todas as diferenças e com o qual se obtém aquela sintonia.

Isso tudo faz parte da tarefa de seleção que Dante resolveu por meio da síntese ou da abstração acima indicadas. Ele não narra a vida como um todo, não analisa o caráter das almas de maneira ampla e em todas as suas partes; ele omite algo. Rabelais designava a si mesmo sob o título "*abstracteur de quinte essence*", e um pintor moderno teria dito que pintar é omitir; parece que Dante também fazia algo do tipo. Mas as nossas comparações foram tiradas de tempos mais recentes; será que algum poeta fizera algo similar antes de Dante? Parece que não; os poetas antigos e também os medievais, quando queriam retratar a personagem como um todo, precisavam do percurso épico, no qual o caráter se revela; nos casos em que, por outro lado, retrataram apenas uma parte, então abdicavam desde o começo de uma concepção total, e então já não importava o que o amante, o ciumento, o glutão ou o importuno poderiam ser além de amante, ciumento, regalão ou inconveniente. Mesmo a tragédia clássica, da qual também se pode dizer que muito "fica de fora", requer um acontecimento que se desenrola ao longo do tempo; é a esse acontecimento que está subordinada a seleção do que incluir e do que omitir, e em seu decorrer o herói sempre dá uma resposta que fica cada vez mais clara, e que é afinal a definitiva, para a questão de quem ele realmente é, que seu destino coloca para si. Dante, porém, não deixa nenhum evento simplesmente acontecer; para ele, há um único instante em que é preciso que tudo se descortine, ainda que se trate de um instante muito particular, já que é a eternidade. E ele retrata algo que a tragédia grega se negava a pôr em evidência, a saber, as qualidades sensíveis do indivíduo: ele alcança o caráter a partir do idioma, da entonação, dos gestos e da postura. É possível que o leitor de uma tragédia grega, e ainda mais seu espectador de antigamente, seja capaz de imaginar Prometeu ou Antígona ou Hipólito sob uma forma acessível aos sentidos; mas a figura assim concebida

A apresentação

é muito mais aberta à interpretação do que no poema de Dante, em que se define com precisão cada entonação e cada gesto; e nesse ponto seria possível acrescentar aqui várias observações a respeito da ampliação e da mudança de significado pelas quais passou a ideia da unidade de corpo e alma, depois que, com o dogma cristão, o corpo humano individual passou a participar da eternidade.

Porém, não queremos nos perder e vamos agora tentar definir o que Dante deixa de fora. Com base na comparação com os poetas anteriores, a que há pouco recorremos, logo resulta o seguinte: ele deixa de fora os eventos temporais. No Além, já não acontece mais nada de temporal: a história chegou ao fim. E a memória entrou no lugar dela. Nada de novo acontecerá com as almas, exceto o dia do Juízo Final, e mesmo ele só acarretará uma intensificação de seu estado atual. Elas perderam o *"statum viatoris"* e estão no *"statum recipientis pro meritis"*[259] — o que também se aplica às almas do purgatório, com algumas reservas de pouca monta. Não há de se esperar ou temer mais nenhuma mudança, não há mais um futuro incerto para lhes proporcionar a consciência da dimensão do tempo. Nada mais acontece com elas, ou melhor, o que acontece com elas acontecerá eternamente com elas. E sua situação permanente, a-histórica e atemporal é o fruto de sua história na Terra: de modo que as almas, ao refletir sobre si e se apresentar, são sempre compelidas a ver uma conjuntamente à outra: é a sua memória, portanto, que seleciona, dentre suas muitas experiências passadas, a que foi decisiva; pois Deus revelou, por meio do seu julgamento, o que foi decisivo. Elas estão privadas da história sujeita a mudanças, e o que lhes resta é uma memória que necessariamente atinge o que é

---

[259] Alusão aos termos de Tomás de Aquino, na citação da nota 206. (N. do T.)

essencial; e além disso também lhes resta o aspecto individual; mas mesmo este não varia historicamente, não é influenciado a cada instante pela condição histórica e empírica, sendo antes um aspecto derradeiro, seu aspecto verdadeiro e próprio, que em certo sentido revela o julgamento e está fixado pela eternidade. É verdade que, no inferno, algumas delas, como as almas dos suicidas, sofreram transformações radicais, e que outras, como as dos ladrões, as sofrem de maneira contínua; mas é preciso reconhecer que a metamorfose, nesses casos, é justamente o seu aspecto eterno, e que revela a quintessência sensível — com o perdão do termo ambicioso — de sua vida na Terra. E as mesmas observações acima expostas são aplicáveis, com só umas poucas modificações, às almas do purgatório; também elas receberam um destino final em tudo decisivo, que é preciso associar à memória de sua vida na Terra; embora o seu aspecto não seja o derradeiro, em certo sentido o é, na medida em que simboliza a soma de seu caráter de outrora e se transformará só em um momento predefinido e de maneira predefinida. Em todo caso, elas ainda não sabem quando esse tempo chegará, ainda possuem esperança e expectativa, e nesse sentido o monte do purgatório ainda contém algo do caráter histórico do *status viatoris*; mas essa incerteza é bem mais limitada, quando comparada à da vida terrena; também no purgatório não há nenhuma experiência como a que se tem na Terra, mas apenas sua memória.

Ficam de fora, portanto, os acontecimentos temporais, só se conserva a memória, e é só por meio dessa via indireta que a realidade se introduz no Além; mas fica claro que, dissociada de tudo o que há de acidental e de toda vinculação contingente a uma condição terrena situada no tempo, a memória captura o caráter não apenas com maior precisão intelectual, mas também com uma sensibilidade mais plena do que o faz o evento temporal, que é por demais incerto e está sujeito a várias interpretações. No Além, os homens têm autoconhecimento, pois o juízo de Deus proporcionou isso a eles. E mesmo o autoconhecimento que temos como pessoas deste mundo, que é fragmentário e aberto a interpretações, só é possível graças à memória. É verdade que a concomitância potencial de todas as vivências na memória sempre se realiza junto a uma imagem específica, mas essa imagem é ela mesma composta por uma consciência, e o teor de tudo o que essa consciência viveu contribui para a composição daquela imagem; em contrapartida, o instante em que algo acontece é obscuro, e nele podemos até ser observados, mas não observamos a nós mesmos enquanto ele se passa. Dante, portanto, explora uma experiência íntima quando faz com que as personagens apresentem quem são projetando isso a partir de suas memórias; elas se lembram, e é o seu destino final que lhes mostra o objeto ou a matéria de sua lembrança e revela sua perfeita correspondência com o seu caráter. Por isso, elas não podem lembrar de mais nada senão do essencial, e qualquer que seja a imagem específica oriunda de seus dias na Terra que a memória possa evocar, ela precisa sempre ser decisiva para o seu caráter e exauri-lo; o encontro com alguém do mundo dos vivos as obriga a falar até mesmo o que prefeririam esconder,[260] e a expressão que encontram precisa ser, a um só tempo, a mais pungente e também a mais pessoal possível, pois as almas sabem quem são e qual é o sentido de suas vidas, e se identificam com quem são, ao alcançar sua realização derradeira.

---

[260] *"Mal volontier lo dico; ma sforzami la tua chiara favella, che mi fa sovvenir del mondo antico"* ["Só o digo, vencendo a esquivez, porque me obriga a tua fala singela, que o mundo antigo recordar me fez"]. Dante, "Inferno", XVIII, 52-4. (N. do A.) [É o que diz a alma de um rufião, após ser interpelado por Dante e antes de se apresentar a ele. (N. do T.)]

Daí que o poema consista em uma longa sequência de apresentações de si, que são tão vívidas e tão completas que aprendemos algo a respeito dessas pessoas, já mortas há muito tempo e que viveram em contextos tão diferentes dos nossos, ou então que nem sequer viveram — e o que aprendemos é algo que talvez jamais descobriremos a respeito de nós mesmos e de quem nos é próximo, com quem nos associamos diariamente, a saber: o significante oculto que governa sua existência como um todo. O significante que Dante nos apresenta é no mais das vezes muito simples, amiúde uma sentença curta; mas, mesmo quando parece pobre e simples, ainda assim é preciso ter uma força quase sobre-humana para encontrá-lo, e ele extrai sua riqueza do amplo cabedal de experiências de vida que implica e do qual é derivado; apenas uma parte das experiências de vida se expressa, mas o que se expressa é o decisivo, e o que se omite está contido nessa parte e está de acordo com ela. Quando o velho Montefeltro diz: "*io fui uom d'arme, e poi fui cordigliero*" — "eu fui soldado, e depois franciscano"[261] —, então está aí dado o significante desse homem duro e ardiloso, em que já pulsou um anseio secreto e jamais satisfeito, e quando ele, em seguida, narra só um de seus muitos feitos, o de não ter conseguido resistir à tentação de praticar o seu ardil, do que ele já se provara capaz várias vezes, com isso não apenas se decide o seu destino, como também se decifra quem ele mesmo é, e está implícita nesse significante toda a plenitude de sua vida, tudo o que permaneceu sem ser dito — as batalhas, os afãs, as intrigas e os dias de penitência feita em vão.

No Além de Dante, não há imitação dos eventos presentes que possa ser mais real e atingir o que há de mais essencial do que a memória. Imagine-se o tema de uma mulher jovem e de-

---

[261] Dante, "Inferno", XXVII, 67. (N. do A.)

A apresentação

licada, que é morta em um lugar ermo por encomenda de seu marido; tente-se pintar uma versão dramática ou épica desse tema, preenchendo-a com toda a riqueza de motivos e de detalhes que o tema admita, para compor sua atmosfera; e em seguida, leia-se estas duas *terze rime* do antepurgatório, onde Pia de' Tolomei, morta de maneira violenta, finalmente levanta sua voz:

> *"Deh, quando tu sarai tornato al mondo,*
> *e riposato de la lunga via",*
> *seguitò 'l terzo spirito al secondo,*
> *"Ricorditi di me, che son la Pia:*
> *Siena mi fè; disfecemi Maremma:*
> *Salsi colui che innanellata pria*
> *Disposando m'avea con la sua gemma."*[262]

Não se apresenta aqui nenhuma motivação e nada de particular; os contemporâneos ainda podiam ter como complementar a alusão, mas nós já nada mais sabemos de certo a respeito de Pia de' Tolomei. Mas nada falta para nós: ela é uma pessoa perfeitamente real e bem definida. Sua memória está voltada por inteiro à hora da morte, que foi o que selou o seu destino final; com essa lembrança e com o apelo que faz para que se reze por quem foi na Terra, ela se expressa plenamente, sem deixar restos; e no único verso em que não fala de si mesma, a delicada e doce interpelação a Dante — *"e riposato de la lunga via"* —, está concentrada toda a humanidade que gostaríamos de presenciar nes-

---

[262] "Rogo-te, quando, retornando ao mundo,/ repousado estarás de longa via",/ — seguiu um terceiro espírito o segundo —// "recorda-te de mim que sou a Pia;/ Siena me fez e me desfez Maremma;/ bem sabe-o quem cativado me havia;// ao me esposar com o anel de sua gema." Dante, "Purgatório", V, 130 ss. (N. do A.)

sa mulher, para termos uma ideia viva de quem é ela e qual o seu destino.

A quintessência do caráter que a recordação de si faz manifestar, ao vir à tona no local definido para o seu destino final, raramente remonta ao que os modernos chamariam de "atmosfera" ou "*milieu*". Em vez disso, a memória quase sempre se concentra em um feito ou em um evento específico, e é só a partir dele que começa a se iluminar a aura da alma de quem se apresenta. O feito, o evento, o vício ou a virtude, a situação histórica pragmática — em suma, um dado concreto decisivo — basta para mostrar de modo acessível aos sentidos quem é a pessoa atrelada a esse dado; ficam de fora todos os requisitos do naturalismo do cotidiano, e quando uma alma flagelada no inferno, que a princípio queria se esconder, diz apenas: "*io fui colui che la Ghisolabella condussi a far la voglia del Marchese*" —,[263] ela não precisa contar nada de particular sobre sua vida passada, tais palavras bastam ali onde está. Nisso, Dante não procede diferentemente da saga ou do mito, que também sempre se baseiam em dados concretos para compor as suas personagens poéticas ou as suas figuras imaginadas com seu aspecto sensível; e o seu procedimento se distingue não apenas dos poetas naturalistas que viriam mais tarde, e que primeiro introduzem a pessoa no contexto de suas relações de vida, de seus hábitos e de seu ambiente, para só depois fazer com que algo aconteça a ela, mas também do procedimento dos poetas antigos, que abordavam as sagas e os mitos de maneira trágica ou épica; pois estes nada precisam descobrir de essencial, as personagens e os destinos estavam dados, eram conhecidos por todos os seus ouvintes. Dante, porém, forma ele mesmo os seus mitos; por mais que as pes-

---

[263] "Fui eu aquele que a Ghisola bela conduzi pra o capricho do Marquês." Dante, "Inferno", XVIII, 55-6. (N. do A.)

A apresentação

soas e as histórias por ele tratadas pudessem ser familiares para vários contemporâneos, ainda assim, quando Dante as apanhou, elas ainda estavam em grande medida sujeitas a diferentes interpretações e sua forma ainda não fora plasmada. É sobretudo no uso que faz de personagens conhecidas, mas cuja forma mítica ainda não está consolidada, que Dante se aproxima da antiga comédia ática, aquela de Aristófanes, para quem, aliás, tampouco era estranho o tema do arrebatamento das figuras terrenas para uma esfera que não é deste mundo, onde revelam quem são; Vico chegou a associar o título do poema de Dante à comédia antiga, mas sem possuir uma pista específica que indicasse que tal associação seria algo mais do que um jogo espirituoso.[264] Em todo caso, a semelhança se resume à aparição de pessoas contemporâneas e à crítica aos tempos, pois em Aristófanes não se busca plasmar uma forma definitiva, mítica ou ideal-típica, como faz o poema de Dante com as suas personagens. O naturalismo de Dante é algo novo: a imediaticidade com a qual separa, da multidão dos vivos, esta ou aquela pessoa e a transporta para o Além, para ali decifrar o que tem de real e essencial, como se ela fosse tão famosa como uma personagem mitológica ou ao menos já historicamente consolidada, cujo significado é conhecido por todos — tal imediaticidade parece ter sido algo desconhecido antes dele. Será útil ilustrar isso junto a um exemplo. Um homem da Antiguidade teria imaginado o tema da "veleidade da fama", por exemplo, com a imagem de Aquiles, que confessa a Odisseu, no mundo inferior, que preferiria antes ser o mais subalterno dos escravos do que o senhor dos mortos; e mesmo nós, se queremos instanciar essa ideia em uma imagem, pensamos, por exemplo, em um senhor poderoso, que teria che-

---

[264] Giambattista Vico, *Scienza Nuova*, editado por Fausto Nicolini, Bari, Laterza, 1928, pp. 750-1. (N. do A.)

gado à conclusão de que a fama em nada importa graças, talvez, a uma conduta contemplativa a que chega ao fim do curso de sua vida, ou a um conhecimento póstumo. Dante aborda o objeto de outra maneira: na *Comédia*, não é César que fala da veleidade da fama terrena; para Dante, a fama de César não foi vã, mas sim importante no contexto da história universal determinada pela providência; mas isso por si só não basta; Dante só precisava de personagens históricas ou mitológicas ao tratar dos grandes estágios da história universal ou da história da salvação; ele não precisava se ocupar delas para dar forma concreta a um tema meramente moral ou empírico. E quem ele toma como exemplo para o tema "veleidade da fama"? Toma o pintor Oderisi da Gubbio, um contemporâneo († 1299), do qual nada restou para nós senão uma nota de Vasari, e mesmo este já não sabia muito mais a seu respeito.[265] Mas mesmo supondo que, na época de Dante, ele fosse o número um de sua arte: que fama limitada para um tema como esse, quão numerosos não seriam até mesmo os leitores contemporâneos que nada sabiam a seu respeito, e Dante confiava que teria leitores nos séculos que ainda viriam e era para eles que escrevia! Mas ele não precisava de um exemplo ilustre, que impactasse pelo contraste com sua posição antes ocupada na Terra, conhecida por todos; para ele, bastava que Oderisi tivesse algum valor em seu domínio e se apegasse à sua fama. A cena se passa no canto XI do "Purgatório", entre os orgulhosos; eles marcham muito lentamente, curvados

---

[265] Referência a Giorgio Vasari (1511-1574), importante pintor e historiador da arte, cuja obra *Le vite de' più eccellenti pittori, scultori, ed architetti*, de 1550 — que traz o breve comentário sobre Oderisi mencionado por Auerbach —, tornou-se um marco na história da arte. (N. do T.)

A apresentação

quase até o chão pelo fardo pesado que carregam, e eis o que Dante disse a um deles:

> *Ascoltando chinai in giù la faccia;*
> *Ed un di lor, non questi che parlava,*
> *Si torse sotto il peso che li'mpaccia,*
> *E videmi e conobbemi e chiamava,*
> *Tenendo li occhi con fatica fisi*
> *A me che tutto chin con loro andava.*
> *"Oh!", diss'io lui, "Non se' tu Oderisi,*
> *L'onor d'Agobbio e l'onor di quell'arte*
> *Che 'alluminare' chiamata è in Parisi?"*
> *"Frate", diss'elli, "più ridon le carte*
> *Che pennelleggia Franco bolognese;*
> *L'onore è tutto or suo, e mio in parte.*
> *Ben non sare' io stato sì cortese,*
> *Mentre ch'io vissi, per lo gran disio*
> *De l'eccellenza ove mio core intese.*
> *Di tal superbia qui si paga il fio [...]"*[266]

Depois da imagem do reconhecimento, aliás bem veemente ("*e videmi e conobbemi e chiamava*"), Dante o saúda com pa-

---

[266] "Escutando-o volvi pra baixo o olhar/ e vi que um deles, não o que falava,/ torcia-se sob seu peso a me buscar;// viu-me e reconheceu-me, e me chamava/ e tinha fixo o olhar, vencendo a agrura,/ em mim curvado que os acompanhava.// "Oh! não és tu Oderisi, criatura/ maior de Gubbio e honra daquela arte",/ disse eu, "que Paris chama iluminura?"// "Irmão", disse ele, "mais prazer disparte/ o que pincela o Franco bolonhês;/ dele é a honra toda, inda que minha em parte.// Não seria certamente tão cortês/ enquanto vivo, na procura obsesso/ da perfeição que arte buscar me fez./ De tal soberba aqui paga-se o preço [...]" Dante, "Purgatório", XXI, 73-88. (N. do A.)

lavras honoríficas, pois sabe que o outro era suscetível a elas; mas elas trazem um leve tom de condescendência e ironia: "o orgulho de Gubbio"![267] Talvez a maneira algo altissonante com a qual Dante designa a arte de Oderisi igualmente expresse uma leve zombaria. Mas que resposta emocionante dá o penitente! "Irmão, disse ele, são mais brilhantes as folhas que pinta o Franco da Bolonha." Ele ainda se preocupa com o rival, cuja superioridade, que jamais reconheceu, o atormentou em vida, e faz parte de sua penitência que cumpra reconhecê-lo; essas são as primeiras palavras que fala, e a seguir começa o conhecido discurso sobre a fama, em que são mencionados Cimabue e Giotto e os poetas do estilo novo. Da mesma maneira como, aqui, para tratar do grande tema da fama, Dante se vale de um homem de importância limitada, cuja busca desmedida pela fama não se baseia em um instinto de dominação e em um grande projeto de poder, mas sim na estreiteza de seu campo de visão, cujo "*disio de l'eccelenza*" se resume à bela arte por ele confeccionada — e da mesma maneira como aqui se tomou como ponto de partida uma personagem que, embora conhecida em seu âmbito, não se consolidara na consciência geral, para criar com ela o tipo ideal de um vício e da sua superação — assim também Dante é quase sempre o criador de suas figuras, e quem primeiro lhes deu forma. Quando Cacciaguida diz que só apareceriam para Dante, no Além, as almas "*che son di fama note*",[268] já que ninguém se daria por convencido com exemplos desconhecidos, isso pode muito bem se aplicar ao ouvinte da época; mas, mesmo que estes pudessem saber mais do que nós a respeito das figuras retratadas, e que a opinião a respeito desta ou daquela figura pudes-

---

[267] Ou "criatura maior de Gubbio", na tradução citada. (N. do T.)

[268] "Que a fama elevara." Dante, "Paraíso", XVII, 136. (N. do A.)

A apresentação

se estar mais ou menos difundida, o que deu forma e consolidou tal opinião foi antes de tudo o poema de Dante, que revelou quem realmente eram e qual o seu destino final. E as palavras de Cacciaguida já não se aplicam em absoluto para nós, para quem a maior parte das pessoas que ali aparecem são completamente desconhecidas, e que somos, quando muito, capazes de aprender certas informações a seu respeito a partir de alguma fonte primária; para nós, a maioria dos exemplos que Dante fornece já não são famosos, e mesmo assim acreditamos neles. Pensemos em Francesca Malatesta de Rimini! Sua história pode ter sido famosa na época de Dante, mas foi hoje esquecida, e não restou mais nada dela senão a segunda metade do quinto canto do "Inferno"; mesmo assim, com base nesses versos ela se tornou uma personagem poética, equivalente a uma grande figura histórica ou mitológica.

Mas os grandes nomes das sagas antigas e do passado histórico também se movem em meio a essas pessoas de um presente esquecido: Dante faz com que heróis e reis, santos e papas, príncipes, estadistas e generais, que há muito já possuíam contornos claros na consciência de todos, apareçam no lugar de seu destino final e revelem o seu caráter real. Nesse ponto, ele sempre preserva a tradição relatada a seu respeito; mas também aqui é criador da figura, como Gundolf demonstrou e deixou bem claro no tocante ao seu objeto, César.[269] Assim como fazia com as pessoas que ele mesmo conheceu ou sobre as quais ficou sabendo por meio de relatos orais, conjurando a quintessência de seus gestos e destino a partir de sua aparência acidental e particular, assim também aqui ele extrai uma aparência que é real e evidente a partir dos relatos da historiografia medieval, a qual

---

[269] Friedrich Gundolf, *Caesar: Geschichte seines Ruhmes*, Berlim, G. Bondi, 1924, pp. 99 ss. (N. do A.)

era em si mesma pobre em termos de conteúdo sensível. Nem sempre foi ele quem os consolidou para a consciência europeia: muitas vezes, Dante foi corrigido por um entendimento posterior do significado das figuras antigas, mais preciso, mas que só se tornou possível graças a ele, e seu Homero com a espada em punho foi substituído pelo busto de Nápoles.[270] No entanto, em geral ele foi o primeiro a dar forma a elas: embora as pessoas antigas da *Comédia* tenham sido alteradas pela reinterpretação medieval e encaixadas em uma ordem geral do universo talvez nem sempre adequada, ainda assim esse espírito medieval que reinterpreta e ordena foi o primeiro a retratá-los como algo mais do que um ensinamento sistemático. O que Dante alcançou de inédito e para todo o sempre é algo imponderável, é poesia, vivência, visão: mas nem por isso se deve esquecer que o estímulo que o animou a fazê-lo provém diretamente do universalismo da doutrina racional, que ele não mediu esforços para demonstrar, na medida em que foi ela que lhe permitiu imbuir de realidade a visão divina. Esta pergunta: como Deus enxerga o mundo terreno? — e sua resposta: como algo que, com todas as suas particularidades, está subordinado à finalidade eterna — são a base da qual surge a forma apaixonada do poema, e em seus quinze mil versos não há nenhuma cena e nenhuma sonoridade mágica que não tenha sido imbuída de sentido e de vida pelo fundamento racional. Por mais inesquecível que seja César com os seus "*occhi grifagni*" à maneira de Suetônio,[271] por mais palpável que seja Ulisses, por mais que Cato nos pareça, apesar de sua in-

---

[270] Dante, "Inferno", IV, 86. (N. do A.) [Isto é, o busto de Homero exposto no Museu de Nápoles. (N. do T.)]

[271] "Olhos de águia", "olhos afiados". Referência a Dante, "Inferno", IV, 123. Suetônio foi um historiador romano que viveu entre os séculos I e II e deixou registros importantes da vida dos imperadores da época. (N. do T.)

A apresentação

terpretação peculiar, eivado de uma realidade nobre, o que afinal a postura eterna de cada um mostra para nós é a correspondência das suas tendências decisivas com o curso universal estipulado pela providência, em que eles atuam dessa maneira e apenas dessa maneira; é uma doutrina que em nenhum momento abre mão de seu rigor em nome do poder de sua beleza eminentemente poética. Que figura é o seu Odisseu ("Inferno", XXVI)! Ele é um dos poucos cuja memória não começa diretamente pelo feito que selou o seu destino, a traição de Troia, a cidade que daria luz a Roma; Dante não pode se dirigir a ele, pois o grego não responderia, e quem o faz é Virgílio, que, por ser o poeta antigo dos heróis gregos, pode esperar que se cumpra o seu pedido, instando-lhe a revelar o fim de sua vida; e a figura envolta em chamas narra sua última viagem; narra como não achou paz em sua pátria, como sua curiosidade e seu desejo de aventura o impeliram mais uma vez rumo ao desconhecido, e como finalmente, velho e cansado, tendo chegado já às colunas de Hércules, chamou mais uma vez seus companheiros para uma expedição ousada:

> *"O frati," dissi, "che per cento milia*
> *Perigli siete giunti a l'occidente,*
> *A questa tanto picciola vigilia*
> *De'nostri sensi ch'è del rimanente*
> *non vogliate negar l'esperienza*
> *Diretro al sol, del mondo sanza gente!*
> *Considerate la vostra semenza:*
> *Fatti non foste a viver come bruti*
> *ma per seguir virtute e conoscenza."*[272]

---

[272] "Ó irmãos", disse eu, "que por cem mil, vencidos,/ perigos alcançastes

Nessa narrativa, que, como um sonho revelador, permite sentir a unidade do caráter europeu contida na afinidade com o espírito de conquista do mundo, comum aos gregos e aos modernos, talvez até se possa ver a criação de uma personagem autônoma na acepção moderna; mas o seu sentido só se revela no desfecho da narrativa. Há cinco meses Odisseu e seus companheiros seguiam viajando oceano afora; por lá, veem uma grande montanha, mas sua alegria é breve; é a montanha do purgatório; um ciclone se forma por lá e faz o navio naufragar. Foi a ordem universal da providência que determinou a que fim serve a superação dos limites, a sagacidade não tem nenhum valor autônomo, a figura humana não encontra sua medida em si mesma, mas sim no destino julgado de maneira justa. E, por outro lado, como já afirmamos várias vezes, o que há de mais próprio no retrato que Dante faz das pessoas é que, mesmo assim, ele sabe conservar o que há de autônomo na personagem, é que esta parece mesmo se tornar ainda mais evidente para os sentidos ao se ater a esse parâmetro e a essa interpretação rigorosos. No lugar de seu destino final, conserva-se em sua aparência sensível de outrora mesmo o que a pessoa individual tem de mais particular: ela é conservada não só em seu caráter espiritual, mas também no corporal, mas mesmo essa afirmação implica uma disjunção que poderia levar a um mal-entendido: não é em absoluto que se conservam duas coisas diferentes, e sim a personagem como uma coisa só.

Dante viu muitos homens, seus olhos eram claros e precisos; mas não é um mero observador. Extrai uma imagem pul-

---

o Ocidente;/ a esta vigília dos nossos sentidos,// tão breve, que nos é remanescente,/ não queirais recusar esta experiência/ seguindo o Sol, de um mundo vão de gente.// Considerai a vossa procedência:/ não fostes feitos pra viver quais brutos,/ mas pra buscar virtude e sapiência." (N. do T.)

A apresentação

sante de todo evento dado, inclusive de eventos que não viu, mas dos quais aprendeu alguma coisa a respeito, mesmo que em termos nada concretos: ele ouve o tom de quem fala, vê seus movimentos, sente seus impulsos e pensa seus pensamentos. Tudo é uma coisa só; e é a partir da unidade, apenas, que ele apreende a aparência. Os gestos, as *"manifestazioni plastiche"*, como o chamou um estudioso italiano,[273] em nenhum momento carregam o pedantismo da observação naturalista; eles encontram seu motivo e seus limites no acontecimento a cada vez apresentado, e se é verdade que também trazem o caráter sensível do corpo que realiza esses gestos, essa é uma convergência que precisa necessariamente decorrer da correspondência desse caráter com o acontecimento. Nada de particular aprendemos sobre a aparência externa das pessoas de Dante ou Virgílio; não se descreve nenhuma de suas qualidades físicas, e a única passagem em que se diz algo desse tipo — a interpelação (*"alza la barba"*) de Beatriz[274] — causa mesmo estranhamento, pois tal frase é só metafórica. É provável que Dante jamais tenha usado barba. Mas a imagem do corpo de ambos se forma em vários dos acontecimentos nos quais eles falam e se movem, conforme requer a situação. E qualquer figura individual do poema que também se queira destacar — o glutão Ciacco, que se ergue em meio à chuva lamacenta e nela volta a afundar revirando os olhos, Argenti coberto em lodo e mordendo a si mesmo, Casella se aproximando de Dante de braços abertos, o preguiçoso Belacqua, que senta abraçando os seus joelhos e ergue só levemente a cabeça com

---

[273] Manfredi Porena, *Delle manifestazioni plastiche del sentimento nei personaggi della Divina Commedia*, Milão, U. Hoepli, 1902. (N. do A.)

[274] "Levanta a barba." Dante, "Purgatório", XXXI, 68. (N. do T.)

a visão inesperada de Dante[275] —, todas ensinam que a observação naturalista é dada e delimitada pelo acontecimento em tudo específico que é narrado, e que, portanto, a perfeição e a plenitude mesmo assim obtidas da pessoa sensível só pode se basear na circunstância de que aquele acontecimento a abrange completamente. E, por mais que sejam poucos os gestos que retrata, Dante adora retratá-los com uma precisão extrema e não raro rebuscada; ele nada deixa apenas sugerido, mas sim registra de forma protocolar, descrevendo o movimento de maneira amiúde analítica, e muitas vezes isso ainda não lhe basta: ele busca esclarecê-lo e acentuá-lo por meio de uma alegoria que já vinha sendo tramada há muito e que deixa na expectativa o leitor cativado. Quando, no começo do poema, Dante se volta para ver o vale da selva atrás de si, ele elabora a imagem do nadador salvo, que ainda olha para o mar de onde escapou, ofegante;[276] já no fim do "Paraíso", compara sua entrega à visão de Deus com a devoção cada vez maior do matemático a um problema insolúvel;[277] há entre essas duas imagens cem cantos, com sua profusão interminável de alegorias, que em sua maioria devem ilustrar um acontecimento sensível, e mais raramente uma sensação; eles mostram com extrema beleza o alcance e a intensidade da visão de Dante; animais e pessoas, destinos e mitos, idílios, atos bélicos, paisagens, descrições naturalistas das ruas, eventos periódicos dos mais comuns, relacionados à época do ano e à profissão, e a mais pessoal das lembranças, tudo isso está ali: os sa-

---

[275] O encontro com Ciacco é narrado em "Inferno", VI, 34 ss.; com Filippo Argenti, em "Inferno", VIII, 34 ss.; com Casella, "Purgatório", II, 76 ss.; e com Belacqua, "Purgatório", IV, 106 ss. (N. do T.)

[276] Dante, "Inferno", I, 22-7. (N. do T.)

[277] *Idem*, "Paraíso", XXXIII, 133-8. (N. do T.)

A apresentação

pos coaxando à noite, um lagarto que passa ligeiro pelo caminho, as ovelhas que se amontoam para sair do cercado, uma vespa que recolhe o ferrão, um cachorro que se coça, peixes, falcões, pombas, cegonhas; um ciclone repentino que derruba as árvores, a paisagem de uma manhã de primavera após a geada, o crepúsculo do primeiro dia de uma viagem pelo mar; um monge que recebe a confissão de um assassino, uma mãe que resgata seu filho do incêndio, um cavaleiro solitário a galopar, um camponês em Roma, maravilhado; às vezes a alegoria é muito breve, ocupa meio verso — "*attento si fermò com'uom ch'ascolta*" ["Parou atento, como homem que escuta"] —, e às vezes termina de se desdobrar só muito depois, de modo que uma paisagem, um evento, uma saga se revela em toda a sua amplitude em determinada passagem para ser posta à serviço do curso do poema. A técnica dessas alegorias vem, como se sabe, da Antiguidade, muitas foram aliás tomadas de Virgílio e várias delas conservam algo do tom virgiliano; mas seu espírito e objetivo são diferentes. As alegorias de Virgílio são um ornamento e só estão a serviço dos acontecimentos em um sentido genérico, ao produzirem uma ideia similar, como que paralela; suprimi-las afetaria o fluxo do discurso poético e também empobreceria a harmonia do que se expõe, mas não comprometeria a realidade em todo caso fabulosa e indefinida dos acontecimentos ali narrados. E Dante se afasta ainda mais dos contemporâneos, como por exemplo de Guinizelli, que, em "*Voglio del ver mia donna laudare*", busca, seguindo o fluxo volúvel da fantasia, por tudo que há de amável, florescente e radiante para fazer comparações com a amada, deixando assim escapar a exatidão do que é específico ao objeto. As alegorias de Dante não são paralelas, e sim correspondentes, não devem ornamentar, e sim elucidar; são extraídas de algo concreto e devem levar a algo concreto. É por isso que são muito mais ricas do que as de Virgílio, e conseguem deixar para trás o do-

241

mínio do lirismo; estão a serviço não de uma bela invenção, e sim da verdadeira realidade; devem ajudar Dante a alcançar o objetivo que ele tinha em vista ao evocar as musas, *"si che dal fatto il dir non sia diverso"*.[278]

O que se disse aqui sobre as alegorias também vale, correspondentemente, para uma outra forma poética que Dante tirou dos modelos antigos: a das metamorfoses. Tanto a figura física como a moral são sempre conservadas na *Comédia*; mas a autorrealização a que se chega no destino final requer alterações na aparência externa, que em alguns casos destroem completamente a aparência física de outrora. A alteração afeta só a aparência e não a personagem; em contrapartida, a nova aparência é a continuação, a intensificação e a interpretação da antiga e é, portanto, o que afinal revela quem a personagem realmente é. Com isso, despoja-se esse motivo arcaico do ar de fábula que o caracterizava, e deixa-se para trás a escuridão remota da saga, para se chegar à realidade presente; pois pode haver uma metamorfose recôndita em quem quer que esteja vivo, e quem dentre nós não poderia se imaginar como um suicida? Os suicidas e os ladrões são aqueles que sofrem a mudança mais drástica de sua forma aparente; os suicidas se transformam em galhos que as harpias abocanham e enxovalham ("Inferno", XIII); e os ladrões sofrem uma transformação peculiar diante dos olhos de Dante: ao serem mordidos por serpentes, ou se incendeiam e voltam a se recompor a partir das cinzas, ou assumem o de uma serpente ("Inferno", XXIV, XXV). As transformações ocorrem com pessoas conhecidas e contemporâneas, e implicam o julgamento que define o sentido de sua vida pregressa; em virtude disso, o acon-

---

[278] "Pra do fato o dizer não ser diverso." Dante, "Inferno", XXXII, 12. (N. do A.)

A apresentação

tecimento se afasta da esfera remota dos mitos e alcança a realidade, e na figura transformada há uma pessoa muito bem definida, há alguém que lamenta ou zomba ou chia ou escarra, alguém que muitos conheceram e que todos conseguem imaginar como um de seus semelhantes. Dante retrata o evento presente de ser transformado ou de passar por uma transformação como um destino humano individual, e o faz de maneira bem mais concreta do que Ovídio ou Lucano; o encontro com Pier della Vigna ou a transformação dos ladrões florentinos[279] possuem uma intensidade e uma precisão na expressão, um teor de realidade tão elevado que não se compara a nada feito na Antiguidade, justamente porque, assim como nas alegorias, substitui-se o distanciamento poético da bela aparência pela proximidade proporcionada pela verdade julgada.

As almas no paraíso sofreram uma mudança geral de aparência, insuportável para os olhos humanos: o brilho de sua bem-aventurança as mantém ocultas, Dante é incapaz de reconhecê-las; elas mesmas precisam dizer quem são, e seus afetos não se expressam facilmente por meio de gestos individuais; na verdade, só mesmo o brilho revela o afeto pessoal. Salta à vista o perigo da despersonalização exagerada e da repetição monótona, e muitas vezes já se defendeu que Dante teria sucumbido a ele; o "Paraíso" não possuiria a mesma força poética das duas primeiras partes. Porém, essa crítica ao *ultimo lavoro* [último trabalho] de Dante se origina do preconceito romântico de que falamos acima,[280] e é testemunha de que o crítico não está disposto a se entregar ao objeto dantesco como um todo. A grande semelhança das aparições luminosas, condicionada pela bem-aventurança

---

[279] Cf. Dante, "Inferno", XIII, 31 ss.; e XXV, 49 ss. (N. do T.)

[280] Cf. p. 176, acima. (N. do A.)

comum a todas elas, não exclui nesse caso a conservação da figura pessoal; a figura está inteiramente, ou quase inteiramente, oculta aos olhos, mas está lá e encontra um caminho para se apresentar. A apresentação é mais sutil e transcorre de forma mais direta do que nas outras duas partes; mas assim como nas outras partes, aqui também se enraíza na convergência singular da vida terrena com o destino final, e encontra seu ensejo no encontro com Dante, com alguém vivo. Embora os seus corpos permaneçam ocultos, as aparições luminosas do paraíso possuem gestos para expressar os seus afetos, que acompanham as suas memórias da vida pregressa na Terra; trata-se aí das diferentes modulações da luz e de seu movimento, que Dante ilustra com uma profusão impressionante de alegorias; as almas femininas na Lua aparecem como pérolas sobre uma fronte branca, as almas da esfera de Mercúrio se reúnem ao redor de Dante como peixes que nadam em águas claras atrás da isca lançada; uma interrupção da dança no momento em que começa uma nova melodia, o badalar dos sinos que anuncia as matinas, o duplo arco-íris, isso tudo simboliza as fases do baile que se passa na esfera solar; no céu de Marte, a luz de Cacciaguida desce da cruz em direção ao neto como uma estrela cadente que se precipita em direção à Terra, e o Triunfo de Cristo enseja o desenvolvimento da mais bela de todas as paisagens lunares: *"quale ne' plenilunii sereni"*.[281] Quem recita tais passagens entoando-as com uma expressão lírica e musical, quem prefere interpretá-las des-

·

---

[281] "Tal como, em seus plenilúnios serenos". A alegoria das pérolas encontra-se no canto III do "Paraíso" (v. 14); a dos peixes, no canto V (vv. 76-81); as três imagens da esfera solar aparecem nos cantos X (vv. 73-81 e 139-44) e XII (vv. 10 ss.); a alegoria da estrela cadente no canto XV (vv. 13 ss.); e o último verso, citado por Auerbach, no canto XXIII (v. 25). (N. do T.)

A apresentação

pojando-as de todo sentido e objetivo específicos, para ver nelas nada mais senão a criação de uma inspiração mística, anônima e autônoma, em suma: toda a concepção moderna da poesia como *ens realissimum* da intuição,[282] que estipula que não é preciso e nem se deve ir atrás de suas fontes — isso tudo é algo muito distante do espírito do poeta; pois o que produz a imagem sensível e confere força a ela é a verdade da doutrina racional, e quem, como é tão comum, se lembra daquela passagem, mas se esquece que se refere ao Triunfo de Cristo, é como uma criança que tira as passas do bolo: mal tem paladar para apreciar o bolo. Esse "*pasture da pigliar occhi per aver la mente*",[283] para citar o verso magnífico de Dante, impressiona demais tais observadores; eles se esquecem, ou então não querem saber, que o objetivo aí é "*aver la mente*"; a aparência sensível, por mais bela que seja, serve como um meio para comunicar um estado de coisas compreensível em termos racionais, e é só com esse estado de coisas que se pode demonstrar se o encanto dos sentidos é ilusório ou legítimo.

As paisagens e os marcos cronológicos de Dante, com suas frequentes referências às tradições míticas e astrológicas, não servem ao mero encanto dos sentidos — e tampouco tais referências são mera demonstração pedante de erudição. Tanto a erudição a respeito da mitologia como o encantamento dos sentidos são postos a serviço da figura concebida, e essa figura aparente — seja ela a configuração da manhã ou da noite, seja a de um período do dia ou do ano, tal como documentado em dado mo-

---

[282] Em latim no original; "o ser mais real" da intuição, ou, menos literalmente: sua "realidade última". (N. do T.)

[283] "Pra olhar prender, a fim de conquistar a mente." Dante, "Paraíso", XXVII, 92. (N. do A.)

mento — é um modo ou uma maneira como a ordem divina se manifesta. Justamente por estar sempre dentro da ordem divina, a natureza está cheia de espíritos; ela é a *natura sympathetica* [natureza analógica], que contém o todo em cada uma de suas partes e que é controlada por energias espirituais. E ela é sempre o palco que corresponde ao destino dos homens; mesmo a mais veemente das expressões deve o seu cabimento e a sua justificativa à unidade que caracteriza a configuração desse palco; um verso como este *"urlar li fa la piogga come cani"*,[284] com o seu poder expressivo horripilante, é plenamente cabível por repousar em uma correspondência bem pensada.

Nesse mundo do Além, a aparência empírica é sempre conservada; ela nos cativa pelo encanto ou pelo horror, mas nunca nos enche de tédio, como tão amiúde o faz a realidade da nossa própria vida; e nunca se apresenta para nós em sua imagem individual, como algo acidental, cego e fragmentário, e sim sempre como um todo. A fantasia sublime da visão divina se apoderou da aparência das pessoas, organizando-a e transformando-a, e essa aparência, então, se torna a figura real e definitiva que revela, por seu lugar e seu caráter, a riqueza das relações estabelecidas por tal ordem, e que, com isso, pressupõe e abarca dentro de si todas as demais figuras contidas naquela ordem. A poesia da *Comédia* é eminentemente filosófica: não tanto por conta das próprias doutrinas filosóficas que o poema apresenta, mas sobretudo porque o espírito das doutrinas obriga o autor a compor filosoficamente. Para o poeta, que acredita, à maneira cristã, em uma justiça aplicada a cada um individualmente, há no objeto do poema, no *status animarum post mortem* [estado das almas

---

[284] "Como cães berram sob as chibatadas da chuva." *Idem*, "Inferno", VI, 19. (N. do A.)

A apresentação

após a morte], a necessidade de fazer com que a ideia do indivíduo seja acessível aos sentidos; todos os elementos acidentais ou meramente temporais da aparência devem ser deixados de lado, e mesmo assim é preciso, para que ele sofra ou desfrute da justiça divina, conservar o próprio homem, o conjunto de espírito e corpo em que ele uma vez consistiu. As relações temporais cessaram, mas a forma apriorística do eu foi preservada na eternidade, como uma espécie de fruto de todos os seus feitos e sofrimentos terrenos. Assim como o trabalho filosófico abstrai as ideias puras das aparências, assim também esse trabalho poético extrai delas a sua figura verdadeira, que é ao mesmo tempo corpo e espírito; o que ela cria é uma espécie de sensibilidade ideal, ou algo de espiritual para o qual o corpo é necessário, congruente e essencial. O encaixe de cada um na verdadeira ordem do Além é a fonte desse elemento necessário e real oferecido pela *Comédia* e, portanto, a semente do *vital nutrimento*[285] que Dante promete a seus leitores.

Dante esperava cair nas graças daqueles que chamariam de antigo o tempo em que vivia — *"che questo tempo chiameranno antico"*[286] —, e a sua esperança se cumpriu. Mas não imaginava que, um dia, boa parte de seus admiradores consistiriam em pessoas para as quais os fundamentos de sua fé e de sua imagem de mundo nada mais significavam, tornando-se algo alheio. Isso é algo que ele não podia imaginar, pois lhe faltava, assim como a toda sua época, o senso histórico ou a capacidade de reconstruir uma época histórica a partir de seus próprios fatos e pressupostos, sem relacioná-la ao presente; ainda que sua relação com Virgílio não fosse muito diferente da nossa com o poeta latino, ain-

---

[285] Dante, "Paraíso", XVII, 131. (N. do A.)

[286] *Idem, ibidem*, 120. (N. do A.)

da que as bases espirituais e culturais nas quais surgira a arte de Virgílio já tivessem ruído e se tornado completamente estranhas para Dante, a questão é que ele não se deu conta disso; reformulou Virgílio como se a única coisa que separasse a Roma de Augusto de sua própria época fosse a passagem do tempo, e como se o ocorrido nesse ínterim fosse um simples acréscimo de conhecimentos e eventos novos, e não uma mudança completa da forma de viver e de pensar; de modo que Virgílio se tornou um ancestral que fala a mesma língua de seu descendente e o compreende com uma profundidade ímpar, ao passo que, para nós, o que parece é que Virgílio, se tivesse conhecido Dante, não o teria nem apreciado, nem sequer compreendido — como propôs Anatole France, com sua elegância repleta de erudição, mas um pouco barata.[287] Hoje dispomos, ao menos em termos comparativos, de um melhor entendimento do caráter de círculos culturais passados ou que nos são estranhos e, a partir desse entendimento, afinal desenvolvemos a capacidade de nos adaptar a eles, em vez de, como Dante, seguir o caminho contrário; conseguimos, por um tempo determinado e sem nos comprometer, adotar formas estranhas para nós, como alguém que observa as regras de um jogo, e é dessa maneira que esperamos acessar visualmente o caráter e as construções das culturas alheias e desfrutar sua arte. Compreender Dante, e o mesmo vale para alguns outros, não requer essa mudança de chave; basta entender seu idioma e ser capaz de sentir algum grau de empatia com o destino da humanidade para conseguir assimilar imediatamente a maior parte de sua obra; o mínimo de entendimento histórico

---

[287] Anatole France, *L'Île des Pingouins*, Paris, Calmann-Lévy, 1908, pp. 152 ss. (N. do A.)

A apresentação

que é necessário, seus próprios versos já transmitem sem que se perceba. Bem mais difícil é esta outra questão: será que o mais refinado entendimento histórico e a mais rigorosa erudição permitem compreendê-lo a fundo, caso não se esteja nem um pouco disposto a se comprometer com a atitude de Dante? É claro que as grandes criações do espírito humano não estão atreladas às formas específicas de pensamento e de crença da qual brotaram; transformam-se a cada nova geração que as admira, e revelam um novo aspecto, sem perder o que têm de próprio; mas sua capacidade de transformação tem um limite; elas não se dobram a formas excessivamente arbitrárias de admiração. Para me expressar de maneira cautelosa, o que me parece é que, no que diz respeito à *Divina comédia*, praticamente se alcança o limite de sua capacidade de transformação quando seus intérpretes com vocação para a filosofia recortam as assim chamadas belezas poéticas e as apreciam como fenômenos puramente sensíveis, deixando de lado o seu sistema e a sua doutrina, e mesmo o seu objeto como um todo, como se isso tudo fosse algo indiferente e que é preciso, por assim dizer, relevar.

Afinal, o objeto e a doutrina da *Comédia* não são um subproduto, e sim as raízes de sua beleza poética. São as forças motrizes da fartura brilhante de suas alegorias pitorescas e da magia ressonante de seus versos, são a forma dessa matéria, animam e incendeiam a suma fantasia; são eles que antes de tudo conferem o poder de comover e encantar tanto à aparência visionária como à figura verdadeira que ela assume, e é com isso em mente que concluímos esta parte da nossa investigação com a apóstrofe de Dante à fantasia:

> *O imaginativa che ne rube*
> *Talvolta sì di fuor, ch'om non s'accorge*
> *Perché dintorno suonin mille tube,*

Chi move te, se il senso non ti porge?
Moveti lume che nel ciel s'informa
Per sé o per voler che giù lo scorge.[288]

* * *

O conteúdo da *Comédia* é uma visão; mas o que nela se vê é a verdade como forma, e, portanto, como algo na mesma medida real e racional. A linguagem que comunica tal verdade é, portanto, de uma só vez a linguagem de um relato e a de um tratado didático. De um relato em primeiro lugar, não de uma narrativa épica: pois não é permitida a essa linguagem deixar a fantasia correr livremente na região remota das sagas e dos heróis; em vez disso, quem fala é uma testemunha que viu tudo com os próprios olhos, e o que dele se espera é um relato preciso: ele viu com os próprios olhos algo inaudito, mais fantástico do que qualquer saga, e o que diz não é "Musa, diz pra mim como esse homem se chama", ou "Uma vez o nobre rei Arthur fez uma festa real no Pentecostes"; em vez disso, eis o que começa dizendo: "no meio do curso da minha vida, eu me encontrava numa selva escura". A linguagem é, além disso, a de um tratado didático; pois o acontecimento contemplado pela visão é o ser ou a verdade, está organizado do começo ao fim de maneira racional, e é passível de ser comunicado com rigor por meio de palavras e ideias, até o momento em que se chega praticamente ao limiar da verdadeira *visio Dei*.

A linguagem que caracteriza a obra se define pela combinação entre esses dois elementos: o relato autêntico e exato de

---

[288] "Ó imaginação, que até nos vetas/ de nós mesmos, e da desarmonia/ podes nos aportar de mil trombetas,// quem te move, se o senso não te guia?/ Move-te um lume que no céu se forma/ por si ou por querer que à Terra o envia." Dante, "Purgatório", XVII, 13 ss. (N. do A.)

A apresentação

acontecimentos reais, que vai até os seus mínimos detalhes, e a doutrina dogmática da ordem verdadeira, racional a ponto de ser pedante. Os dois elementos não chegam em momento algum a ser inteiramente dissociáveis e na maior parte do tempo estão perfeitamente fundidos; nada acontece que não seja demonstrado pela doutrina, e nada é ensinado, senão junto a um estado de coisas visivelmente presente. Mas o verdadeiro elemento de poética, a saber, a fantasia — seja a épica, que desdobra por associação livre o material dos acontecimentos oriundo da esfera remota das sagas, reformulando-o e reelaborando-o, seja a lírica, que renuncia aos limites da razão para fazer despertar e arrefecer livremente o que não tem mesmo limites, o sentimento —, tal elemento perde sua autonomia na *Comédia*. É verdade que ela contém de maneira ímpar tanto a fantasia épica como a lírica, tanto a variedade colorida dos acontecimentos como a riqueza do sentimento e de sua expressão. Mas elas não são livres e dominantes. O evento é apresentado de forma breve e sucinta, raramente se torna uma narrativa e jamais uma saga errática, e conserva melhor, em comparação a outras do seu gênero, a posição bem definida e os limites rigorosamente traçados característicos de algo que deve servir a um princípio mais elevado; da mesma forma, até o sentimento mais intenso é descrito em um espaço bem delimitado, com exatidão e como que medido a régua; e está tão perfeitamente contido nos versos que o expressam, e é deixado para trás tão rápida e definitivamente, que o impacto duradouro e a ressonância do sentimento é interrompida e se inviabiliza.

A subordinação e o represamento da mais rica fantasia pelo relato doutrinário dão à linguagem o caráter específico de uma força comprimida, que é peculiar à *Comédia*. A precisão é a primeira exigência que a verdade contemplada impõe àquilo que comunica. Ela é exatamente como é, está circunscrita com

Dante como poeta do mundo terreno

rigor à sua forma e aos seus limites, e é isso também o que a exposição requer dela: ela precisa se tornar acurada e clara, e estar sempre preocupada em retratar o que se contemplou ou se sentiu com exatidão e na medida certa, em vez de se preocupar com uma digressão lírica ou com uma prodigalidade retórica dos meios de expressão. É fácil achar um exemplo: a elegia provençal para o rei Henrique da Inglaterra começa com um belo período, um dos mais belos da época que precedeu Dante:

> *Si tuit li dol lh plor e lh marrimen*
> *E las dolors e lh dan e lh chaitivier*
> *Que om anc auzis en est segle dolen*
> *Fossen ensems, sembleran tot leugier*
> *Contra la mort del jove rei engles* [...][289]

Compare-se agora esse lirismo, em que pululam imagens acumuladas e que é, portanto, retórico e impreciso, com um verso em que Dante mede a dose exata de uma dor terrível: "*Tant'è amara, che poco è più morte*".[290] A selva é assustadora, é difícil dizer como era: a morte é só um pouco pior, mas é em todo caso pior, e a racionalidade dessa verdade vivenciada nos compele a fazer um cálculo exato e a chegar à medida certa, rejeita uma pintura errática e restringe os seus recursos poéticos, e mesmo assim a sua força se revela com a aliteração da encantadora palavra "*amara*" com a pungente e dura "*morte*". Mesmo a cons-

---

[289] "Se todas as penas, os prantos e as amarguras/ e as dores e os pesares e os cativeiros/ Que já se ouviram neste mundo dolente/ Se encontrassem juntos, pareceriam todos leves/ Diante da morte do jovem rei inglês [...]". Albert Stimming (ed.), *Bertran von Born*, Halle, M. Niemeyer, 1913, 2ª ed., p. 54. (N. do A.)

[290] "De tão amarga, pouco mais lhe é a morte." Dante, "Inferno", I, 7. (N. do A.)

A apresentação

trução da frase com o comparativo *"tanto che"*, que Dante tão amiúde emprega, nada tem aqui de ornamental, sendo antes, muito pelo contrário, algo que serve de medida, como em uma equação matemática; e se outras comparações do grande poema podem trazer um encanto lírico ainda maior, seu sentido não é o de um ornamento, e sim o de uma medida e uma equação; e se algumas vezes, bem raramente, ocorre que uma referência erudita ou a imposição formal da *terza rima* faz com que extrapole a medida do necessário — e não cito nenhuma passagem, pois é uma questão de sentimento, e posso muito bem imaginar que isso que aqui e ali sinto como excessivo, outrem consideraria inteiramente necessário e pertinente —, mesmo assim ele ainda provê um comentário que aponta para uma visão exata, que nunca é uma imprecisão lírica ou retórica, que nunca move a fantasia sem limitá-la e para tão somente satisfazê-la. A expressão exata é aquilo que fez com que o próprio Dante e vários de seus críticos julgassem o estilo da *Comédia* como sendo meio poético, meio prosaico. Basta tirar de seu contexto uma frase como esta: *"E poi, cosi andando, mi disse: perchè sei tu si smarrito?"*[291] — um exemplo bem arbitrário —, para nos darmos conta de sua objetividade prosaica; e a partir desse verso, a partir da

---

[291] "E, junto caminhando, perguntou-me: 'Algo tens que te contriste?'". *Idem, ibidem*, X, 124-5. (N. do A.) [A essa altura do texto, Auerbach comenta algumas características muito específicas do texto de Dante, não captadas pela tradução de Italo Eugenio Mauro — que, como é natural, preocupava-se com as melhores soluções para manter a estrutura métrica e as rimas do poema. Nesta passagem, por exemplo, Auerbach chama a atenção para o caráter prosaico e simples das palavras escolhidas por Dante; e "contriste", adotada por Mauro, não é bem um termo prosaico. Por isso, ofereço no rodapé traduções próprias, nos casos em que julgar necessário, a fim de captar esses elementos específicos para os quais Auerbach chama a atenção em seus comentários. O verso em questão: "E então, assim andando, ele me disse: 'Porque te espantas?'". (N. do T.)]

Dante como poeta do mundo terreno

circunstância de que Dante não hesitou em escrevê-lo, cabe reconhecer que outros, mais poéticos, indiretos e pitorescos — por exemplo: *"perchè la tua faccia testeso un lampeggiar di riso dimostrommi?"* ou *"scocca l'arco del dir* [...]*"*[292] — não foram escritos em nome da imagem em si mesma. E mais. Quem lê com atenção as passagens mais brilhantes da *Comédia*, as mais famosas por sua força poética — os versos inscritos na entrada do "Inferno" ou a oração *Vergine madre* — não poderá negar que estão saturadas de lições dogmáticas exatas, convertidas em termos sensíveis: *"Vergine madre, figlia del tuo figlio, umile e alta più che creatura, termine fisso d'etterno consiglio, tu se' colei che l'umana natura nobilitasti si, che il suo fattore non disdegnò di farsi sua fattura. Nel ventre tuo si raccese l'amore per lo cui caldo ne l'etterna pace così è germinato questo fiore"*.[293] Isso é uma lição, e uma peça como a *Stabat mater*,[294] que está longe de ser um exemplo de lirismo desmedido, certamente possui um teor incomparavelmente maior de autonomia lírica e épico-lendária; a fantasia de Tomás de Celano pode muito bem pintar o lirismo da lenda de uma maneira mais livre, ampla e completa, e basta pensar quão inverossímil seria achar na obra de Dante um movimento retó-

---

[292] "Por que há pouco em teu semblante um lampejo de riso apareceu?" Dante, "Purgatório", XXI, 113; "Desfecha já o arco da fala." *Idem*, "Purgatório", XXV, 17. (N. do A.)

[293] "Ó Virgem mãe, filha do Filho teu, humilde e mais sublime criatura, pedra angular do desígnio do Céu; tu foste aquela que a humana Natura assim enobreceu, que o seu Feitor não desdenhou de assumir sua figura. Reacende-se no ventre teu o Amor, por cujo alento, na eterna bonança, germinou aqui esta divina Flor." Paráfrase em prosa de Dante, "Paraíso", XXXIII, 1-9. (N. do T.)

[294] Hino cristão que canta a dor de Maria ao ver Cristo na cruz; em seguida, Auerbach atribui sua autoria a Tomás de Celano, como era comum na época; hoje, no entanto, a autoria do hino é considerada incerta. (N. do T.)

A apresentação

rico como este: "*Quis est homo qui non fleret, Christi matrem si videret*"[295] — para que fique claro o enorme abismo que há entre uma leitura puramente lírica, por mais que trate dos próprios fatos ligados à Paixão de Cristo, e o relato da verdade contemplada, que a *Comédia* proporciona. Às vezes Dante também se dirige a quem está fora do poema. "Tu, leitor!", diz ele, ou: "Vós, de intelecto sadio!". Mas ele se dirige diretamente a pessoas específicas, a alguém diante dele, quase como um professor que interpela um aluno, e exige atenção para um assunto específico. A precisão expressiva que Dante também emprega nas passagens líricas de sua fala — "*per chiare parole e con preciso latin*"[296] — se mostra ainda, da mesma maneira, na escolha de palavras e artifícios de sonoridade, nas conexões entre as frases e os ritmos. Já elogiamos a sua capacidade de apreender a realidade em sua poesia de juventude, e na *Comédia* ela aparece ainda mais rica, graças ao objeto mais rico e à experiência mais profunda, e também ainda mais bem definida e delimitada graças à univocidade da tarefa. Nenhuma palavra é para ele grosseira e óbvia demais, ele evoca todos os sentidos para ajudá-lo, qualquer experiência comum e cotidiana precisa estar à mão para que ele crie sua visão: o "*tu proverai si come sa di sale lo pane altrui*",[297] a compa-

---

[295] O sentido da frase fica mais claro acrescentando as palavras que a fecham, omitidas por Auerbach "[...] *in tanto supplicio?*". Traduzida, a frase completa seria: "Qual homem não choraria, se visse a mãe de Cristo em tanto suplício?". (N. do T.)

[296] "Com claras palavras e preciso latim." Dante, "Paraíso", XVII, 34. (N. do A.) [Ou, destacando a precisão sintática para a qual Auerbach chama a atenção, aqui refletida no uso das preposições: "Por palavras claras e com latim preciso". (N. do T.)]

[297] "Tu provarás como tem gosto a sal o pão alheio." Dante, "Paraíso", XVII, 58. (N. do A.)

ração entre São Bernardo, que explica como é a rosa branca do céu, com o bom costureiro que faz a saia com o pano de que dispõe,[298] e as metáforas corporais que afinal aparecem por toda parte para apresentar acontecimentos íntimos — isso tudo atinge o cerne do objeto com uma certeza de seu objetivo e com um escrúpulo até então nunca vistos. E a sua sonoridade também é radicalmente objetiva; quando Beatriz, ao falar da fama de Virgílio, repete *"dura"* e *"durerà"*[299] — um exemplo entre tantos outros —, quando um humor ou uma paisagem é pintada com sons e ritmos — *"lo di c'han detto ai dolci amici addio"*,[300] ou, para variar o ritmo: *"e cigola per vento che va via"*[301] —, não se trata aí de deixar o ouvido atento ou o sentimento fervente com uma dessas impressões, e sim de compelir o leitor a captar certo estado de coisas de maneira exata, e é para servir a esse objetivo que tais recursos extraordinários são mobilizados. No que diz respeito à formação das frases, ela é amiúde quase prosaica, e no mais das vezes conscientemente paratática e simples: a maioria dos períodos cobre exatamente uma estrofe, a

---

[298] *Idem, ibidem*, XXXII, 138-9. (N. do T.)

[299] Dante, "Inferno", II, 59-60. (N. do A.) ["Dura" e "durará" (ambas conjugações do verbo "durar"). (N. do T.)]

[300] "O dia da despedida a reviver." Dante, "Purgatório", VIII, 3. (N. do A.) [Ou: "o dia em que se diz ao doce amigo adeus"; no verso original, a sonoridade se estrutura em torno da alternância de sílabas não-tônicas e tônicas, com o acento recaindo em todas as sílabas pares; o ritmo resulta ainda mais marcado graças à repetição do som do "d", que sempre cai numa tônica; é o que tentei reproduzir aqui de maneira aproximada, com o revés de que o verso virou dodecassílabo. (N. do T.)]

[301] "Pelo ar que dela escapa, e assobia." Dante, "Inferno", XIII, 42. (N. do A.) [Ou: "e assovia co'o vento que se esvai"; neste caso, as silabas tônicas são a terceira, a sexta e a décima, e há aliteração com o som do "v". (N. do T.)]

A apresentação

maioria das pausas semânticas coincide com a metrificação e com as rimas; mas o apuro dos conectivos e o significado preciso de todas as conjunções, que realmente articulam e amarram o objeto colossal do poema, criam uma nova linguagem do pensamento, que revitaliza e reformula o estilo da composição de períodos da Antiguidade. Divagaríamos demais se fôssemos falar das prescrições retóricas e das práticas do *Duecento*, do estilo curial e das *artes dictandi* [artes epistolares]; basta estabelecer o fato de que a linguagem da *Summa Theologica*, da grande obra intelectual da época, não é muito mais precisa em termos lógicos do que *Comédia*, mas é certamente mais pobre do que ela. Antes de Dante, seria inimaginável que alguém concebesse e desenvolvesse como algo unitário, sem perder nada da riqueza de suas articulações, uma ideia como esta:

> *Tu dici che di Silvio lo parente, corruttibile ancora, ad immortale secolo andò, e fu sensibilmente: però se l'avversario d'ogne male cortese i fu, pensando l'alto effetto che uscir dovea di lui, e il chi, e il quale, non pare indegno ad omo d'intelletto; ch'ei fu dell'alma Roma e di suo impero nell'empireo ciel per padre eletto: la quale e il quale, a voler dir lo vero, fur stabiliti per lo loco santo, u'siede il successor del maggior Piero. Per questa andata onde gli dai tu vanto, intese cose che furon cagione di sua vittoria e del papale ammanto; andovvi poi... ma io [...]*[302]

---

[302] "Dizes que o pai de Sílvio, corruptível ainda, pôde naquele imortal mundo adentrar com seu corpo sensível. Se o inimigo, porém, de todo mal o apoiou, já pensando no alto efeito que dele surgiria, e quem e o qual, não acha impróprio, quem julgar direito, que ele, pai da alma Roma e de seu império, tenha sido no empíreo céu eleito: a qual e o qual, segundo alto critério foram pres-

Dante como poeta do mundo terreno

E é evidente que uma arte sintática como essa se baseia na exatidão com a qual se espera apresentar o que a visão sistematicamente percebe.

Mas a verdade divina, que exige de seu poeta que seja preciso, exige o impossível: pois é infinitamente maior do que sua força espiritual, e, por mais que tal força tenha sido abençoada em certos momentos decisivos e se ampliado para além dela mesma, ainda assim as capacidades expositivas do homem que retornou à Terra não cresceram a ponto de estarem à altura da tremenda tarefa; nos versos iniciais do segundo canto, no contraste que descreve o despertar do medo em face do caminho formidável, há um caso raro: o último verso de uma *terza rima* termina abruptamente com as palavras "*ed io sol uno*",[303] e em seguida temos um apelo para que as musas e suas próprias forças — "*o mente che scrivesti ciò ch'io vidi*"[304] — não o abandonem diante da tarefa gigantesca. Se aqui, e em mais algumas oportunidades mais à frente, fala-se com uma confiança cheia de orgulho da própria obra, no paraíso o reconhecimento da insuficiência humana aos poucos vem à tona, intensificando-se cada vez mais: o ombro mortal já quase não suporta mais o fardo, e mais de uma vez o poema sagrado precisa "saltar, como alguém que

---

critos para o trono santo dos que herdariam de Pedro o ministério. Em sua ida, que louvas em teu canto, coisas ouviu que deram condição à sua vitória, e após, ao papal manto. Lá foi depois... mas a mim [...]". Paráfrase em prosa de Dante, "Inferno", II, 13 ss. (N. do A.)

[303] "Enquanto que só eu." Dante, "Inferno", II, 3. Isto é, a estrofe termina com as primeiras palavras de uma nova frase, que continua na seguinte. (N. do T.)

[304] "Mente que o que eu via inscrevias." Dante, "Inferno", II, 8. Ou: "ó mente que registra isso que eu via". (N. do T.)

A apresentação

encontra o seu caminho barrado".[305] Pode-se perceber claramente na linguagem do poema o caráter sobre-humano da missão; pois, embora a *Comédia* atue com uma leveza espantosa se vista como um todo — o que se deve à transparência e à ordem de sua estrutura —, ainda assim nas partes específicas há tensão e esforço por toda parte; fica mesmo a impressão de que a obra exigiu de seu poeta uma entrega excepcional e constante, exigiu que ele se consumisse de modo incessante e irrestrito; e se os versos "*Se mai continga*"[306] ainda carecem de comentário para produzir um efeito mais forte, este talvez seja a ponderação de que o homem que escrevia tais versos, caído na miséria, podia muito bem sentir que esse acontecimento logo se daria, que haveria de vivê-lo. Quase todo verso da *Comédia* trai seu esforço impressionante, e a linguagem se contorce e se revira nos firmes grilhões da rima e da métrica; a figura de muitos versos e frases faz lembrar um homem petrificado ou congelado em uma posição peculiarmente forçada, clara e expressiva até demais, e mesmo assim pouco usual, assustadora e sobre-humana; aí está a raiz da concepção popular que associa Dante a Michelangelo; o desvio em relação à posição natural das palavras, que Dante emprega com mais frequência e mais vigor do que qualquer outro estilista medieval, e que ele permite aflorar sem recorrer a nenhuma amenidade harmônica, junto a outras frases puramente prosaicas e amiúde com palavras prosaicas comuns, é algo que ele pode muito bem ter aprendido com a poética antiga e com Virgílio; mas Virgílio recorria à amenidade harmônica, e a linguem clássica possuía uma tradição de posicionar as palavras no poema que permitia identificar e demonstrar de imediato que se tratava

---

[305] Dante, "Paraíso", XXIII, 61-3. (N. do A.)

[306] "Se acontecer [...]" *Idem, ibidem*, XXV, 1 ss. (N. do A.)

aí de um artifício, bem como admirá-lo ou criticá-lo como tal. O próprio Dante elaborou essa tradição, e quando quebra suas frases no meio, quando destaca palavras ou as muda de lugar, quando separa elementos que combinam ou junta o que se costuma separar, o que está em jogo para ele é a busca instintiva por alcançar a expressão correspondente, que nada tem a ver com as considerações estéticas a que ele mesmo pode ter recorrido no passado e em outras obras; tendo sido concebidas de modo imediato, é de modo igualmente imediato que as suas palavras são engolidas pelo leitor, e este sempre precisa de algum tempo antes de conseguir se dar conta de que artifício é esse que o afetou dessa forma. A combinação, de um lado, do relato quase prosaico, que não raro circunscreve e enumera com uma precisão dotada de certo rebuscamento e até mesmo desnivelada, e, de outro, a quebra bem marcada e súbita na posição das palavras — eis o que produz o tom sublime da *Comédia*, um tom que nenhum outro poeta além de Dante possui, e que, de suas particularidades, ainda é a mais inesquecível e inconfundível para qualquer um que o tenha ouvido. O caráter sublime dessa linguagem, que abriga tanta erudição e tanta tradição, é ao mesmo tempo tão imediatamente inerente ao objeto a cada vez tratado e à luta por encontrar a expressão genuína para tal objeto, e é tamanha a soberania com que Dante maneja o artifício herdado da tradição, utilizando-o aqui, rejeitando-o ali e reformulando-o de maneira inteiramente nova acolá, que talvez fosse melhor falar que se trata aí de uma segunda natureza, nova, que germinou no solo dos recursos estilísticos tradicionais e cresceu para além deles. A passagem em que apresenta um despertar súbito: *"Ruppemi l'alto sonno nella testa/ Un greve tuono* [...]"[307] —, com a imagem do

---

[307] "Rompeu o profundo sono em minha mente/ Um trovão [...]" Dante,

A apresentação

sono rompido em seu crânio, que chega quase a doer de tão gráfica, com o verbo destacado e adiantado em relação à posição usual e o sujeito no fim, parece, quando examinada em detalhe, produzir um efeito engenhosamente calculado, e que talvez o tenha sido; e mesmo assim não deixa de estar certa a primeira impressão, a de que pulsa nesses versos um lampejo imediato, pois Dante dispõe de uma inspiração que não exclui a força do intelecto que observa, mede e calcula, mas sim a intensifica; de modo que neles continuam atuando, de maneira intacta, a memória das formas estilísticas de Virgílio, a preocupação com a continuidade, a consciência das rimas, a contagem das sílabas, e isso tudo sem ser atropelado pelo ímpeto dos sentimentos e, por outro lado, sem que este tenha sua força abalada. O verso acima citado é só um exemplo entre muitos outros do deslocamento de uma palavra,[308] que os provençais também empregaram com frequência, ainda que de forma menos pungente: ora o deslocamento tem um efeito doce e realça o ponto, como no verso *"Biondo era e bello e di gentile aspetto"*,[309] ora duro e em linha com uma antítese bem marcada — *"e cortesia fu lui esser villano"*[310] —, ora como que decompõe lenta e gradualmente

---

"Inferno", IV, 1-2. (N. do A.) [Ou: "Rompeu o sono fundo no meu crânio/ um pesado trovão". (N. do T.)]

[308] Cf. Giuseppe Lisio, *L'arte del periodo nelle opere volgari di Dante Alighieri e del sècolo XIII*, Bolonha, N. Zanichelli, 1902, p. 163. (N. do A.)

[309] "Louro era e belo e de garboso jeito." Dante, "Purgatório", III, 107. (N. do A.)

[310] "foi minha cortesia ser-lhe vilão". *Idem*, "Inferno", XXXIII, 150. (N. do A.) [Ficam claros no contexto o sentido do verso e a antítese que contém. Dante está aqui em um dos últimos círculos do inferno, e uma alma condenada pede ao poeta que estenda as mãos até ele e abra seus olhos — o que, como está subentendido, aliviaria em certa medida o seu sofrimento. Dante se recusa a fazê-lo, e com

uma ação, separando e acentuando, como no apedrejamento de Estevão:

> *E lui vedea chinarsi, per la morte,*
> *che l'aggravava già, inver' la terra;*
> *ma degli occhi facea sempre al ciel porte.*[311]

Mas enumerar exemplos facilmente pode levar a enganos, pois seria preciso ter em conta todos; para cada passagem individual, um crítico poderia considerar que o realmente determinante seria a contingência da rima ou outro aspecto técnico, e é só pela consideração de um grande número delas que se compreende como as forças internas e externas sempre começam se opondo umas às outras e são impelidas a atuar em conjunto. Para, mesmo assim, citar mais um exemplo, em uma frase como "Quem quer que tu sejas, olha aqui", como é desagradável a necessidade de isolar, em prol da rima, as palavras "quem quer que"! Mas nos versos que temos em mente — "*chiunque/ tu sei, cosi andando volgi il viso*"[312] —, a palavra "*chiunque*" é um gancho tão magnífico para o ritmo do que vem a seguir, tanto em termos sonoros como semânticos, que seria difícil decidir se o que engendrou essa formulação foi a necessidade da rima ou a

---

isso faz a "cortesia de lhe ser vilão", que é uma cortesia, no caso, pois o sofrimento em questão é a justa punição divina. (N. do T.)]

[311] "E o via, até que a morte o abateu,/ Fazer, mesmo curvado para o chão,/ De seus olhos, janelas para o céu." Idem, "Purgatório", XV, 109-11. (N. do A.) [Os versos, traduzidos de maneira a buscar manter a posição das palavras do original: "E o vi curvar-se todo, pela morte,/ que lhe esmagava agora, contra a terra;/ menos os olhos, mirando sempre do céu as portas". (N. do T.)]

[312] "Quem quer/ que sejas." Dante, "Purgatório", III, 103-4. (N. do A.) [Ou: "Quem quer que/ tu sejas, andando aí, olha aqui". (N. do T.)]

A apresentação

intenção artística. E é certo que a imposição da rima contribuiu para a construção desnivelada das duas partes da antítese no verso "*Lunga promessa con l'attender corto*";[313] mas quem não aplaudiria tal imposição? A poesia de Dante é uma luta constante com o objeto e com a forma que esse objeto exige, uma briga com unhas e dentes da qual o poeta sempre sai vencedor; porém, ao final da luta, o objeto derrotado assume a forma revitalizada e jovem que o vencedor lhe deu, ao passo que o vencedor, combalido, acaba esgotado e à beira da morte. As formas pouco usuais de construção de suas frases não são os únicos sinais da luta, longe disso: é preciso buscar sentir quanto empenho há na aglutinação de antíteses na mesma palavra, como nos versos: "*Amor, ch'a null'amato amar perdona*",[314] ou "*Ma vince lei perchè vuol esser vinta/ e vinta vince con sua beninanza*";[315] é preciso se dar conta do que significa o fato de que um autor, insatisfeito

---

[313] "Longa promessa e curto cumprimento." Dante, "Inferno", XXVII, 110. (N. do A.)

[314] "Amor, que a amado algum amar perdoa." *Idem, ibidem*, V, 103. (N. do A.) [Cabe aqui uma explicação, já que a antítese não é óbvia fora do contexto. Essas são as palavras de uma mulher condenada ao inferno por adultério, que explica a Dante, nessa estrofe, como ela e seu amante — o irmão de seu marido — sucumbiram ao amor carnal que sentiram um pelo outro. Mas é claro que, na concepção de Dante, o "amor que não perdoa" é um, é o do marido, e "amor não perdoado" é outro, é o amor pecaminoso que condenou os amantes ao inferno. (N. do T.)]

[315] "Mas a vence, porque ela ser vencida/ deseja, e vence com o seu amor." *Idem*, "Paraíso", XX, 98-9. (N. do A.) [Ou: "Mas a vence, pois ser vencida é o que quer,/ e assim vencida, vence, com a força de seu bem"; Dante distingue aqui a vitória de um homem sobre o outro (que implica que um deles sai derrotado), da vitória do crente sobre a vontade divina (é a isso que o pronome se refere: "*la divina volontate*"): quando a fé do fiel triunfa sobre a vontade divina, a própria vontade divina, "vencida", sai vencedora. (N. do T.)]

em comparar a efemeridade do momento da criação com um raio de luz, faz com que esse raio se projete em um corpo transparente, no vidro, no âmbar ou no cristal, *"si che dal venire/ Al esser tutto non è intervallo!"*.[316]

Que mergulho extenuante na realidade do acontecimento se esconde por trás dessa imagem! É a luta travada pelo próprio Dante o que engendra o caráter sublime do tom de seu poema. Com forças que praticamente já não são as suas próprias, que sua missão infunde nele de modo a crescerem cada vez mais, e de modo que ele cresce cada vez mais, e que o deixarão quando a obra estiver pronta — com elas, Dante esculpe as palavras em si mesmo, como se as arrancasse do próprio corpo, e dá a cada uma delas em particular uma nova raiz e uma nova vida ali onde foram parar. Há porventura um poema, e ainda mais de tamanha extensão, em que cada palavra individual, considerada individualmente e em si mesma, parece tanto ser uma criação autônoma, uma construção própria, amadurecida, bem delimitada, viva? Dante posiciona as suas palavras como se as reformulasse; é como se um mestre de obras fosse ele mesmo buscar cada pedra da pedreira, uma por uma, como se quisesse desempenhar ele mesmo os papéis de arquiteto e pedreiro. E é necessário que assim o seja: o objeto, a perfeição do Outro-mundo, exige uma reinvenção acompanhada de recursos novos, talhados para tal objeto; eis o que proporciona a Dante a máxima capacidade de expressão e o que consome todas as suas forças. A intensifi-

---

[316] "Desde um raio colher o seu fulgor/ ao seu pleno existir, não há intervalo." Dante, "Paraíso", XXIX, 26. (N. do A.) [Eis a estrofe inteira, transposta para prosa e com algumas paráfrases, visando deixar claro o seu sentido e captar o máximo de elementos da imagem comentada por Auerbach: "E como a luz que no vidro, no âmbar ou no cristal resplandece, sem deixar nem o mínimo intervalo entre a sua vinda e o seu brilho pleno". (N. do T.)]

A apresentação

cação e a tensão das forças pessoais aumentam à medida que o poema avança; e por trás da reviravolta incrivelmente repentina do desfecho do poema, por trás do *pathos* interrompido de maneira impactante e retomado do último verso, com sua cesura dupla, sempre vi nitidamente a figura de alguém que cai para trás em exaustão.

Assim como verdade que ganhou forma requer de seu poeta, além de exatidão, forças maiores do que as humanas, uma vez que é ela mesma exata e sobre-humana, assim também exige ordem da parte dele, pois é ela mesma ordenada. A trindade divina se reflete na estrutura tripartite do poema, no número de cantos, na estrofe de três versos e na ordem das rimas. Versos e rimas de três em três: a linguagem se encaixou na *terza rima* com essa ordem entrecruzada, e cabe repetir aqui o que já antecipamos acima, a saber, que a imposição formal não cria obstáculos para a liberdade multifacetada, mas antes a produz e promove, ou, para dizer de outro modo, essa imposição não é fruto de artifício ou maneirismo, e sim uma segunda natureza, conquistada com dificuldade, e por isso mesmo ainda mais rica. O cruzamento engenhoso dessas duas ordens ternárias é o que consuma a unidade formal do poema; a rima antecipada do verso intermediário, retomado na estrofe seguinte, conecta os cantos formando uma cadeia ininterrupta, na qual cada um de seus membros, por mais que seja um trio autônomo e perfeito, está inseparavelmente fundido ao precedente e ao seguinte. E a rigidez, a monotonia mesmo do enquadramento métrico, que confina o movimento rítmico para que a rima sempre caia na mesma posição, não impede que o movimento assuma muitas formas; conserva-se a distribuição das pausas rítmicas, a subida ou a descida do tom, o destaque ou a elipse de palavras individuais; o movimento assume tantas formas e é tão livre que já se comparou a *Comédia*, em sua estrutura rítmica, ao mar — uma comparação justa, a despeito das represas que o poema comporta —; pois ela mostra, assim como o mar, todas as gradações entre a tempestade e a paz. Também aqui é inegável que a resistência imposta pelo princípio ordenador reforça o movimento interno da linguagem; ele proporciona às figuras rítmicas a coluna vertebral, a solidez monumental que uma forma mais livre não é capaz de alcançar. Pois uma maior alternância só tem a oferecer, a cada momento, o presente, e em nome deste o passado é esquecido; já na *Comédia*, cada parte, mesmo que a sua forma se encerre em si, remete ao todo, ela sempre tem em mente e evoca o todo, ela o reflete com uma atitude inteiramente tomista, sem jamais negar o que tem de mais próprio. Assim, na *Comédia* nada em particular se perde em termos de expressão rítmica; cada ritmo é em si mesmo uma coisa que se propaga de maneira pulsante, a qual o espaço exíguo que a confina simplesmente obriga a seguir vivendo de uma forma mais concentrada e cerrada, e a qual está contida e refletida em cada uma das inúmeras variações que se seguem a ela; onde quer que se abra a *Comédia*, tem-se a *Comédia* inteira. E, por fim, ainda é preciso observar que o rigor da estrutura métrica é quase sempre subsidiário ao sentido e ao ritmo, um recurso estilístico que possibilitou a Dante produzir efeitos impressionantes, por conta mesmo de sua raridade e por parecer uma desobediência das regras consolidadas; em momentos de comoção extrema, ele extravasa a represa dos versos rimados. Quando, bem no começo da viagem, Dante retratava o cair da noite e as criaturas terrenas sendo liberadas da labuta do dia, a consciência da luta que se avizinhava fez com que ele quebrasse no meio a estrofe ao chegar no terceiro verso; as palavras "*ed io sol uno m'apparecchiava*"[317] surgem da

---

[317] "Enquanto que só eu me preparava." Dante, "Inferno", II, 3-4. (N. do A.) [Ou: "e eu, sozinho, me preparava"; sendo que o "e eu, sozinho" fecha a pri-

A apresentação

paisagem crepuscular como uma súbita tempestade e se projetam no verso seguinte, sem atinar para a pausa do fim da estrofe. Os exemplos não são frequentes; tampouco se deve sempre omitir sem mais a pausa rítmica nas passagens em que a frase extrapola os limites dos versos; ao contrário, na dúvida os limites do verso denotam uma parada. Mas isso fica muito nítido em algumas passagens. Leia-se a *terza rima* que traz a morte de Buonconte:

> *Quivi perdei la vista, e la parola*
> *nel nome di Maria finii; e quivi*
> *caddi [...]*[318]

Aí talvez se possa considerar possível haver uma pausa antes de *"parola"*;[319] no entanto, a locução *"e quivi caddi"* é contínua.

Por fim, cabe ainda destacar uma quarta propriedade da verdade que ganhou forma: ela impõe concordância e subordinação; e a poesia que a traz também precisa se impor. A autoridade da testemunha que viu com os próprios olhos o que há de mais importante nos homens, sua figura verdadeira e seu destino final, precisa ser tão potente que o ouvinte não a põe em dúvida,

---

meira estrofe, de modo que a frase continua na seguinte, com o "me preparava". (N. do T.)]

[318] "A visão lá perdi, e se acabou-/ me a palavra no nome de Maria;/ lá caí [...]" Dante, "Purgatório", V, 100-2. (N. do A.) [Ou, para reproduzir os cortes do original, para os quais Auerbach chama a atenção: "Ali perdi a vista, e a palavra/ cessou no nome de Maria; e ali/ caí...". (N. do T.)]

[319] O texto crítico de Vandelli — *Le opere di Dante. Testo critico della Società Dantesca Italiana*, Florença, R. Bemporad, 1921, p. 617 — coloca um ponto e vírgula antes de *"e la parola"*. (N. do A.)

nem fica indiferente em relação a ela, permanecendo, em vez disso, tenso e cativado. Foi dito no segundo capítulo como o jovem Dante sabia eleger os seus leitores por meio da evocação apelativa das apóstrofes e capturá-los em um círculo mágico: e a linguagem da *Comédia* também é evocativa, e não só lá, onde se volta ao leitor nessas apóstrofes cheias de *pathos*, mas por toda parte e desde o início. O que faz do relato uma evocação é o rigor e a imediaticidade com os quais se evidencia, de uma só vez, o perigo e o caráter extremo da situação, a mais absoluta miséria e a única salvação possível. Na *Comédia*, já se sabe quem realmente são todas as personagens, o seu destino particular se cumpriu; só o próprio Dante, o viajante, ainda está em meio à incerteza, só o que ele é ainda está em aberto e é genérico. Na indefinição que se manifesta quando Dante está perdido na selva, no mundo do Além pelo qual perambula e no qual apenas ele ainda não tem um lugar definido, ele é o ser humano que vive em geral, e qualquer outra pessoa viva poderia estar em seu lugar. O próprio drama humano, o perigo a que estão sujeitos os vivos, é o que dá o enquadramento da visão: as grandes estações do drama de Dante são o descaminho e o envio de Virgílio, com a movimentação das três mensageiras da graça,[320] a emancipação no cume do purgatório, o encontro com Beatriz e a ascensão rumo à visão divina; nesse drama, a visão do mundo do Além nada mais é senão uma experiência vivida pela alma vulnerável dos vivos, e com isso a testemunha se converte em herói.

---

[320] Ou seja, Virgem Maria, Santa Luzia e a própria Beatriz, que, como Virgílio relata a Dante ("Inferno", II), autorizaram o resgate do poeta: primeiro, Maria se comove com a situação de Dante, e informa Santa Luzia, de quem Dante era devoto, de que este precisava de sua ajuda; e é ela quem transmite a mensagem a Beatriz, que desce dos céus para encontrar Virgílio e lhe pedir para ser o guia de Dante. (N. do T.)

A apresentação

Para os seus ouvintes, portanto, Dante não é apenas o porta-voz que traz o mais importante dos relatos: antes, o relato trata dele mesmo. O viajante que percorre os reinos do Além seguiu o seu caminho porque não lhe restava mais nenhum outro meio para se salvar: isso confere ao seu relato uma sinceridade irresistível e aos seus afetos uma força universal e que se comunica com o leitor. A agonia e o encanto que ele mesmo vivenciou — *"la guerra si del cammin e si della pietate"*[321] — moldam a sua linguagem; ele não foi enviado por outras pessoas para aprender, mas aprende por experiência própria, e se agarra com todas as suas fibras ao que é lhe é mostrado; tudo o que vê acontece com ele. Em qualquer que seja a cena, não importa se diante de Francesca ou Farinata, de Casella ou Forese, de Carlos Martel ou Cacciaguida, pode-se observar o medo ou o desejo com o qual seu espírito se avizinha dos acontecimentos; ele exprime os próprios afetos com toda a pujança corporal que lhe é peculiar, e qualquer pessoa que leia um verso que diz algo como: *"ed io ch'avea d'orror la testa cinta"*[322] dificilmente evitará ser tomado de horror: assim como o próprio encadeamento interno e externo do poema cativa por sua unidade e não deixa o leitor escapar facilmente de seu feitiço, assim também o enquadramento do poema como caminho personalíssimo para a salvação proporciona uma excitação tão forte que "quem se virou e viu o pão dos anjos" jamais se fartará dele.[323]

---

[321] "A guerra, já do caminho e ainda da piedade." Dante, "Inferno", II, 4-5. (N. do A.)

[322] "E eu, co'a cabeça já de horror tomada." *Idem, ibidem,* "Inferno", III, 31. (N. do A.) [Ou, para enfatizar o componente da imagem com o qual Auerbach joga a seguir: "E eu, enquanto o pavor o crânio me apertava". (N. do T.)]

[323] A passagem entre aspas é uma referência a Dante, "Paraíso", II, 10-2. (N. do T.)

Dante como poeta do mundo terreno

É a partir desses elementos — a realidade e a vontade sobre-humana, a ordem e a imposição cativante — que se forma o estilo da *Comédia*, algo tão singular que quem conhece bem a obra imagina ouvir a voz de Dante em cada palavra e em cada som: uma voz potente, evocativa e ao mesmo tempo doce e penetrante, que pode ser severa e dura, mas que jamais deixa de ser uma voz humana. Ela fala o que é certo e diz a verdade como um professor, fala o que realmente ocorreu como um cronista, mas nela a lição e o relato são levados pela torrente do movimento poético, de modo que se eleva e aparece com toda a nitidez como algo do qual não podemos nos aproximar, enigmaticamente perfeito. Como já ressaltamos várias vezes no curso desta investigação, a *Comédia* trata da realidade terrena em sua forma definitiva e verdadeira; mas a transposição que ela sofreu no Além faz com que encerre em si, apesar de toda a sua veracidade e autenticidade palpáveis, algo que assume a forma de um sonho, que tem uma atmosfera peculiar. A tradição da comunidade esotérica particularista, que os provençais tardios, e ainda mais os poetas do estilo novo, e sobretudo o jovem Dante cultivaram, segregando as almas nobres unidas pelo Amor, de um lado, e as demais pessoas, de outro, e considerando que apenas a sua poesia teria valor — essa é uma tradição que a *Comédia* também reformulou, e não interrompeu. Não é só que ela às vezes se sirva de apóstrofes para se dirigir a uns poucos escolhidos; isso não é o decisivo aqui, pois sem dúvida o conjunto da *Comédia* se dirige a todas as pessoas, ou, no mínimo, a todos os cristãos. Mas ele leva *todas* as pessoas a uma terra estranha, particular, em que sopra um ar diferente do ar usual da Terra. Pode ser que a realidade da vida não tenha desaparecido, e sim se tornado duas vezes mais clara e palpável; mas a luz que recai sobre ela é outra, e os olhos precisam se readaptar para enxergar: e então aprendem a ver de outra maneira, com uma acuidade profunda do olhar,

A apresentação

que não permite ver as coisas por alto, como se fossem insigni-
ficantes, ordinárias, fragmentárias, e sim para o qual toda aparência é uma figura definitiva e imutável, que requer a mais
completa atenção e a concentração mais meticulosa. Dante arrebata o seu ouvinte para um mundo novo, cuja estranheza está
a tal ponto impregnada da memória do real que esse mundo
aparece como o verdadeiro, ao passo que a vida aparece como
um fragmento e um sonho, e é nessa unidade entre realidade e
arrebatamento que estão as raízes de seu poder psicagógico.

6. Conservação e mudança
da visão da realidade de Dante

Não se falará aqui da influência de Dante sobre o mundo do porvir, não no sentido usual. Nem os poucos imitadores da *Comédia*, que não têm nenhuma importância poética — nem o efeito muito problemático de suas ideias e doutrinas —, nem, por fim, a muito mais importante "história de sua fama" — em suma, nada disso que na Itália é chamado de "*la fortuna di Dante*" pode nos interessar no contexto deste estudo. Em vez disso, ter-se-á em vista o que ele criou e o que permaneceu vivo e atuante, não importando em absoluto se aqueles que contribuíram para tal seguem ou não as doutrinas dele, se o amam ou odeiam, e mesmo se afinal o conheciam. Pois a terra por ele descoberta continua lá; muitos entraram nela, muitos a exploraram, e já quase não se sabe que ele foi o pioneiro, ou, quando se sabe, não se tem isso em conta. Isso que permanece vivo, essa terra descoberta, é a evidência da realidade poética, a forma europeia moderna da *mimesis* que captura o que acontece por meio da arte.

Stefan Georg chama isso, que situa Dante no começo de toda nova poesia, de "tom movimento forma".[324] Talvez não só da poesia. Dante encontrou a forma do ser humano própria da

---

[324] Prefácio a suas traduções de Dante. (N. do A.)

Dante como poeta do mundo terreno

consciência europeia, e ela se revela também nas artes e na historiografia. Isso é algo que a Antiguidade europeia fizera de maneira em tudo diversa, e que a Idade Média jamais chegara a formular: o homem não sob a configuração remota da saga, nem sob a formulação abstrata ou anedótica do tipo moral, e sim o homem bem conhecido, que vive sua vida e está atrelado à história, o indivíduo dado em sua unidade e plenitude, em suma, a imitação de sua natureza histórica — eis o que Dante foi o primeiro a realizar, e o seguiram nisso todos os que retrataram o homem depois dele. Nesse ponto, não importa se se trata de um objeto histórico, ou mitológico ou religioso; também as sagas e as lendas passaram então a se tornar história, no sentido aqui visado. Mesmo nas hagiografias aspirou-se daí em diante a priorizar a vida dos santos e a evidenciar historicamente a sua aparição, como se tais pessoas seguissem o curso da história elas mesmas, e hoje o caráter imanentemente histórico das lendas cristãs, do qual já falamos várias vezes, alcançou um desenvolvimento ainda mais amplo. O que desde então cabe expor e apresentar, envolvida na teia de seu destino, é uma totalidade mais plena e mais unitária entre corpo e espírito, e isso é algo até hoje conservado, apesar da variedade das artes e das mudanças do gosto formal, e após passar por vários perigos e turbulências.

Entretanto, já tentamos mostrar em nosso trabalho que essa enorme conquista não surgiu de maneira inteiramente livre e inesperada da intuição de Dante, mas que, antes, as forças criadoras foram atiçadas pelo seu objeto, e que foi o objeto que o impeliu e o forçou a alcançar, com o juízo divino, a verdade mais completa sobre as pessoas históricas singulares e, com isso, a chegar à forma delas. Nesse ponto, sempre se ressaltou quão íntima era a relação entre a sua genialidade poética e a sua doutrina. Mas sua doutrina não durou. A *Comédia* apresentou a unidade física, ética e política do cosmos escolástico-cristão em um tem-

Conservação e mudança da visão da realidade de Dante

po no qual ela começava a perder sua integridade ideológica: a postura intelectual de Dante é a de um apologeta conservador, e sua luta gira em torno do resgate de algo já perdido; ele foi derrotado nessa luta, e suas esperanças e profecias jamais se realizaram. É verdade que ideias de um domínio mundial do Império Romano ficaram no ar até a alta Renascença, e que a indignação em torno da corrupção da Igreja levou aos grandes movimentos da Reforma e da Contrarreforma. Porém, essas ideias e movimentos só têm em comum alguns traços superficiais com a atitude de Dante, tendo surgido e crescido independentemente dela. Foram em parte sonhos fantásticos, em parte combinações políticas pragmáticas e em parte grandes levantes populares, ou melhor, foram uma união dessas três formas: jamais tiveram a profundidade e a unidade universal características da imagem de mundo tomista-dantesca, e seu resultado não foi a expansão ecumênica da *humana civilitas*,[325] como Dante esperava que fosse, e sim uma fragmentação crescente das forças formadoras do ser humano; foi só depois que a ideologia imperial e a imagem de mundo do cristianismo medieval, minada por lutas internas, foram destruídas pela razão sistemática dos séculos XVII e XVIII que começou a se formar uma nova concepção prática da unidade da sociedade humana. A obra de Dante, portanto, pouco influenciou a história do pensamento europeu; imediatamente após a sua morte, e mesmo já durante a sua vida, ocorreu uma transformação completa na estrutura espiritual de quem se ocupava de literatura e dos eruditos, da qual ele já não participara: a passagem da forma espiritual escolástica para a humanística — e essa transformação estagnou a influência que uma obra intelectual afinal tão rigorosamente dogmática como

---

[325] "Civilidade humana". (N. do T.)

a *Comédia* seria capaz de proporcionar. Basta pensar em Petrarca, nem quarenta anos mais novo do que Dante, para ilustrar o significado dessa mudança de valores. Petrarca não é na verdade de um partido diferente do de Dante, não é um adversário de suas aspirações; em vez disso, o que moveu Dante, toda a postura e forma de sua vida, era algo estranho para Petrarca. O que o distingue tão incisivamente de Dante é que ele se posiciona de outra maneira em relação à própria pessoa; Petrarca já não crê encontrar o aperfeiçoamento e a realização de si olhando para cima, como Orcagna retratou Dante no afresco do Juízo Final em Santa Maria Novella, e sim no cultivo consciente do próprio caráter. Mesmo que continue bem atrás de Dante em termos do poder de sua personalidade e de sua natureza, ainda assim não tolerava receber ordens e ser dominado; nem que se tratasse do domínio imposto pela ordem universal do mundo, a que Dante se submeteu com tanta paixão. O autodomínio pessoal, cuja primeira e mais representativa encarnação na nova Europa foi Petrarca, tem incontáveis formas e variantes, nele se reúnem todas as tendências dos mais novos tempos, o espírito mercantil assim como o subjetivismo religioso, o humanismo assim como a vontade de dominação física e tecnológica do mundo. Ele é incomparavelmente mais rico, mais profundo e mais perigoso do que a cultura pessoal da Antiguidade, pois herdou do cristianismo, do qual se originou e que por fim superou, a inquietação e o impulso ao excesso; e abriu mão da estrutura bem delimitada do universo de Dante (a quem, no entanto, deve sua realização).

Caso também se conceda, em linha com nosso argumento, que a criação das figuras de Dante está intimamente ligada ao seu objeto, e que, portanto, nele não há como separar doutrina e poesia, então mais parece que estamos diante de um caso singular, que não se repetiu e que, por isso mesmo, não é essencial para compreendermos a fundo a poética em geral. Afinal, a arte da imitação do real seguiu sendo cultivada depois de Dante de maneira em tudo independente e dissociada dos pressupostos que talvez pudessem ser válidos para ele. Nenhum outro poeta ou artista subsequente precisou, por exemplo, do destino final escatológico para encontrar a unidade da figura humana: neles, parece que bastou uma força intuitiva para que a observação do exterior se juntasse à do interior, perfazendo um todo.

Entretanto, uma consideração como essa não esgota a questão. Ela falha em perceber ou subestima os resíduos das forças intelectuais que estão na base das expressões da vontade criativa, e se torna incapaz de reconhecê-las quando as camadas mais superficiais da consciência se alteram. É em geral reconhecido que a Renascença traz uma unidade para a história da formação europeia, e que o que há de decisivamente unitário é a autodescoberta da personalidade humana; também segue em geral vigente o sentimento de que Dante, apesar de sua imagem de mundo medieval, é o princípio disso. Portanto, também é permitido supor que havia, na estrutura dessa visão de mundo medieval, algo talvez difícil de formular que se conservou e que estava na base da nova formação do homem. E com efeito há uma constante na história da formação europeia moderna, que se conservou inalterada com a mudança das formas religiosas e filosóficas, e que pode ser identificada pela primeira vez em Dante; a saber, a concepção (como quer que seja fundamentada) de que o destino individual não seria insignificante, e sim necessariamente trágico e significativo, e que nele se revelaria todo o contexto global. Essa concepção já existia na *mimesis* da Antiguidade, mas sua força era menor, pois a consciência da indestrutibilidade do indivíduo e da irrevocabilidade da vida que se vive uma só vez, do curto espaço de tempo para tomar nossa decisão — tal consciência, enfim, não encontrava ainda, nos mitos escatológicos, o esteio que só lhe seria proporcionado pelo cristianismo e pela história de Cristo. Em comparação ao embotamento do senso histórico verificado na Idade Média, que só permitia enxergar o homem pela ótica duramente inflexível da abstração moral ou espiritual, ou então projetado na distância onírica da saga, ou ainda sob o viés particular do grotesco e do cômico, em suma, a partir de fora do enquadramento do ambiente natural e histórico de sua vida — em comparação a isso, o renascimento dantesco da natureza histórica do homem, que o procura e o encontra como união evidente e completa entre corpo e espírito, é algo ao mesmo tempo velho e novo, que ressurgiu de seu longo esquecimento mais rico e mais forte do que jamais antes fora. E mesmo que a escatologia cristã, da qual essa criação surgira, tenha perdido a sua unidade e a sua força efetiva, a consciência de todos estava a tal ponto imbuída dela que a concepção do destino humano conservou, mesmo entre artistas francamente anticristãos, aquela tensão e aquela intensidade em tudo cristãs que são os legados de Dante. Foi no destino individual que a *mimesis* moderna encontrou o homem; ela o resgatou da irrealidade como que bidimensional de uma região distante, apenas construída ou sonhada, e o colocou no lugar histórico que é a sua verdadeira morada. Mas esse lugar histórico precisou primeiro ser reencontrado; e, no contexto de uma cultura espiritualista que não considerava em absoluto os acontecimentos, ou o fazia como mera alegoria que preparava para o destino final, o lugar histórico do ser humano só podia mesmo ser encontrado a partir do destino final, concebido como a finalidade e o sentido do que acontece na Terra. Uma vez aí encontrado, caiu por terra o estranhamento intelectual e sensível em relação aos acontecimentos terrenos. O teor de realidade e o historicismo imanentes, uma vez descobertos na escatologia da *Comédia*, repercutiram na história real e incutiram nela o sangue da verdade genuína: mostrara-se, afinal, que a matéria da vida concreta na Terra es-

Conservação e mudança da visão da realidade de Dante

tava implicada no destino final do homem, e que o evento que aqui se passa, com toda a sua singularidade genuína, concreta e plena, é importante para o juízo divino. Desse ponto central em diante, a história como tal, a vida terrena do homem tal como está dada, passou por uma revitalização e ganhou mais valor, e já na própria *Comédia*, que só com muito esforço domou os espíritos selvagens da vida para encaixá-los nos moldes da escatologia, é possível pressentir o quão rápida e violentamente eles haveriam de escapar dali. Com Petrarca e Boccaccio, o espaço histórico se converte em uma estrutura inteiramente terrena e autônoma, e daí em diante a corrente fecunda da evidência histórico-sensível se espalha por toda a Europa — ao que parece como algo completamente estranho à sua origem escatológica, e ainda assim associado em segredo a ela graças ao liame firme que vincula o homem ao seu destino histórico concreto.

Com isso não se quer dizer, em absoluto, algo que os próprios fatos já desmentiriam, ou seja, que haveria uma preferência exclusiva pela matéria da vida e da história. Objetos mitológicos e religiosos seguiram válidos; ganharam uma forma mais rica e profunda do que no passado. Pois foram historicizados no sentido indicado; a rigidez emblemática da fábula tradicional se desfez, e a partir do rico cabedal de destinos até então ocultados, no mais das vezes, sob o símbolo do dogma e do espiritualismo, o artista passou a poder selecionar, conforme a sua concepção do destino cabível à personagem, aquele momento da vida empiricamente vivida que lhe parecia evidenciá-lo o mais perfeitamente possível e que era mais fiel ao seu caráter. E uma outra forma de poesia, que talvez ocupe a posição mais importante na Europa moderna, já que impregnou todas as demais — a composição lírica do eu, que Petrarca fundou —, só se tornou antes de tudo possível graças à descoberta do espaço histórico em geral. Pois é só nesse espaço que se podem desenvolver as camadas do sentimento e dos instintos, a unidade e a variabilidade plenas do que é pessoal; só então a pessoa empírica, o indivíduo, pôde se tornar objeto de imitação em sua vida interior.

Daí em diante, surgem para a imitação genuína um enriquecimento vultoso, mas também graves perigos. Apresentá-los já não é a tarefa deste livro, que se ocupou de conceituar a obra de Dante como uma unidade, partindo de seu objeto; com a convicção de que seria apenas a partir do espírito desse objeto que a sua aparição histórica poderia ser retratada de maneira que "do ocorrido o dizer não venha a ser diverso".

APÊNDICE

Currículo para a habilitação docente

Erich Auerbach[1]

Nasci em Berlim aos 9 de novembro de 1892, filho do comerciante Hermann Auerbach e sua esposa Rosa, nascida Block. Após concluir o Französisches Gymnasium,[2] no outono de 1910, estudei direito em Berlim, Freiburg, Munique e Heidelberg, estudo esse que concluí com o doutorado no outono de 1913.[3] Já durante meus estudos de direito dediquei-me especialmente à filosofia, à história da arte e às literaturas românicas, assim como empreendi longas viagens ao exterior. No ano anterior à Guerra migrei para a Faculdade de Filosofia e iniciei

---

[1] Escrito por Erich Aeurbach em 27/4/1929, em Berlim, para acompanhar o seu processo de habilitação docente na Universidade de Marburg, na Alemanha. Nesse mesmo processo, o autor apresentou como tese *Dante como poeta do mundo terreno*. Para a presente edição, a tradução e as notas de rodapé são de Leopoldo Waizbort. Fonte: Arquivo Estatal de Marburg, reproduzido em *Erich Auerbachs Briefe an Martin Hellweg*, organização de Martin Vialon, Tübingen, Francke, 1997, p. 34.

[2] Ginásio Francês, tradicional escola francófona berlinense, fundada em 1689 para acolher os filhos dos huguenotes expulsos da França.

[3] Cf. E. Auerbach, *Die Teilnahme in den Vorarbeiten zu einem neuen Strafgesetzbuch*, Berlim, Juristische Verlagsbuchhandlung Dr. jur. Frensdorf, 1913.

os estudos de filologia românica com Morf em Berlim.[4] Com o deflagrar da Guerra tornei-me soldado e estive em campo de dezembro de 1914 a abril de 1918, inicialmente no 2º [*ilegível*] e a seguir no Regimento de Infantaria 466. Após restabelecer-me de um grave ferimento, retomei meus estudos de filologia no final de 1918. Meus professores de filologia foram Erhard Lommatzsch e M. L. Wagner, de filologia clássica Eduard Norden, de filosofia Ernst Troeltsch.[5] De 1919 a 1921 atuei como Senior[6] no Seminário de Romanística e em 1921 doutorei-me sob orientação do professor Erhard Lommatzsch, que à época havia se transferido para Greifswald.[7] No ano seguinte fui aprovado no Exame Estatal em Berlim.[8] Em 1º de abril de 1923 entrei como voluntário no Serviço Bibliotecário Prussiano e sou,

---

[4] Heinrich Morf (1854-1921), filólogo suíço, professor na Universidade de Berlim a partir de 1910.

[5] Erhard Lommatzsch (1886-1975), filólogo alemão, professor sucessivamente nas Universidades de Berlim, Greifswald e Frankfurt; Max Leopold Wagner (1880-1962), filólogo alemão, professor na Universidade de Berlim; Eduard Norden (1868-1941), filólogo alemão, professor sucessivamente nas Universidades de Greifswald e Berlim. Erich Auerbach dedicou à memória desse seu professor o texto "Dante's Prayer to the Virgin [*Paradiso*, XXXIII] and Earlier Eulogies", de 1949; Ernst Troeltsch (1865-1923), teólogo e filósofo alemão, professor sucessivamente nas Universidades de Bonn, Heidelberg e Berlim.

[6] Estudante mais velho no Seminário da Universidade, a quem cabiam tarefas específicas.

[7] Auerbach doutorou-se com a tese *Zur Technik der Frührenaissancenovelle in Italien und Frankreich*, Heidelberg, C. Winter, 1921 [ed. bras., *A novela no início do Renascimento: Itália e França*, tradução de Tercio Redondo, São Paulo, Livraria Duas Cidades/Editora 34, 2020].

[8] Realizado pelo Estado, é o exame que regula determinadas profissões na Alemanha.

Currículo para a habilitação docente

desde 1º de abril de 1927, bibliotecário regular na Biblioteca Estatal Prussiana.

Já durante meus últimos anos como estudante ocupei-me bastante com a filosofia de Vico, em parte por inclinação pessoal, em parte estimulado por Troeltsch. Nos anos seguintes publiquei uma edição alemã da *Scienza Nuova*;[9] com isso, entrei em contato com Benedetto Croce e traduzi um volume da edição alemã de seus escritos de filosofia.[10] Passei a maior parte de 1925 em licença, na Itália e na França; nesse período escrevi a maior parte de meus pequenos trabalhos de história literária francesa e italiana. Desde o final de 1926 tenho me ocupado com o livro sobre Dante, que apresento à Faculdade como tese de habilitação.

Desde 27 de fevereiro de 1923 sou casado com Marie, filha do finado Conselheiro Judiciário Georg Mankiewitz, de Berlim.

---

[9] Cf. Giambattista Vico, *Die neue Wissenschaft über die gemeinschaftliche Natur der Völker*, Munique, Allgemeinse Verlagsanstalt, 1924, tradução e introdução de Erich Auerbach.

[10] Cf. Benedetto Croce, *Die Philosophie Giambattista Vicos*, Tübingen, J. C. B. Mohr (Paul Siebeck), 1927, tradução de Erich Auerbach e Theodor Lücke.

Retrato de Erich Auerbach, s.d.,
acervo do Deutsches Literaturarchiv Marbach.

Posfácio

Patrícia Reis

1

A década de 1920 foi, definitivamente, a década de Dante Alighieri (1265-1321) na Alemanha. Após a Primeira Guerra Mundial tornou-se patente na crítica dantesca o anseio de descobrir um valor para a sua poesia que fosse mais condizente com a experiência alemã contemporânea. E desse anseio irrompeu um interminável debate, cujo objetivo, nada modesto, era compreender o presente a partir de seus escritos. O ano de 1921 foi exemplar nesse sentido. No "ano do jubileu" [*Jubiläumjahr*], assim batizado pelo marco dos seiscentos anos da morte do poeta, os mais notórios veículos acadêmicos e não acadêmicos de crítica literária no país viram-se envolvidos com a produção de palestras e artigos comemorativos em memória do grande florentino. Um verdadeiro campo de batalhas se formou em busca de sua posse intelectual, de sorte que escrever sobre Dante remetia, inevitavelmente, a diferentes níveis de polêmicas às quais era imperativo responder.

Do fascínio particular que Dante despertou na Alemanha dos anos 1920 nasceu este livro, originalmente uma tese. Erich Auerbach (1892-1957), que aos 37 anos ainda não contava com uma posição universitária, tinha decerto muita clareza de adentrar um terreno movediço. *Dante como poeta do mundo terreno* foi concebida entre 1926 e 1928, enquanto seu autor trabalhava na Biblioteca Estatal da Prússia. Embora este tenha sido seu primeiro estudo sistemático sobre Dante, o interesse no tema era bem mais antigo: no ano dos festejos, Auerbach embarcou na onda presentista das interpretações da *Divina comédia* (1304-21) com um ensaio curto e extremamente perspicaz, intitulado "Sobre a celebração de Dante",[1] no qual a ideia geral da tese de 1929 já se encontrava inteiramente formulada. Antes, porém, de aprofundar questões pertinentes à tese em si, é necessário revisitarmos um pouco essa recepção alemã de Dante durante as duas primeiras décadas do século XX.

Poderíamos, de modo muito esquemático, classificá-la em três grupos principais: o primeiro composto por leituras ensaísticas de seu principal escrito, *A divina comédia*; o segundo, mais dogmático, recupera antigas polêmicas religiosas em torno do tratado *Monarquia* (1312-13); e o terceiro, oriundo das universidades, define-se por uma acentuada preocupação metodológica, no tocante à sua obra como um todo. Evidentemente a separação entre esses grupos não era tão estrita, sobretudo se pensarmos que parte importante da intelectualidade católica e protestante no país ocupava postos universitários,[2] e que os pró-

---

[1] Erich Auerbach, "Zur Dante-Feier", *in* Karlheinz Barck e Martin Treml (orgs.), *Erich Auerbach. Geschichte und Aktualität eines europäischen Philologen*, Berlim, Kulturverlag Kadmos, 2007, pp. 407-9. Originalmente publicado por ocasião das celebrações de Dante na Alemanha em *Die neue Rundschau*, nº 32.2, pp. 1005-6, 1921.

[2] Muitos exemplos poderiam ser dados, mas gostaria de mencionar apenas um: Rudolf Bultmann (1884-1976), teólogo protestante e futuro colega de Auerbach em Marburg, a quem ele dedicou o texto "Dante's Addresses to the Reader". Cf. Erich Auerbach, "Dante's Addresses to the Reader", *Romance Philology*, nº 7,

Posfácio

prios institutos de filologia dialogavam com sociedades autônomas de leitores eruditos não vinculados à academia.[3]

De modo geral, os ensaios publicados naquele ano tinham lastro em certa tensão provocada pelo ímpeto de sujeitar o passado ao crivo do presente, algo muito distinto do *modus operandi* da tradição de dantólogos do século anterior,[4] caracterizada pela aderência ao modelo historista e às análises mais estritamente filológicas — o que no século XIX significava, *grosso modo*, perscrutar os aspectos materiais do texto. Professor de filosofia de Auerbach em Berlim, mas não necessariamente um especialista na obra de Dante, Ernst Troeltsch (1865-1923) proferiu uma palestra intitulada "A montanha do purgatório",[5] na qual

---

p. 268, 1953-54 [ed. bras., José Marcos Mariani de Macedo e Samuel Titan Jr., "Os apelos ao leitor em Dante", *in* Davi Arrigucci Jr. e Samuel Titan Jr. (orgs.), *Ensaios de literatura ocidental*, São Paulo, Editora 34, 2007].

[3] É o caso da Deutsche Dante-Gesellschaft [Sociedade Alemã de Dante], importante veículo propagador da obra do poeta florentino na Alemanha, fundada em 1865 pelo jurista Karl Witte e atuante até os dias de hoje. Muitos romanistas filiaram-se à DDG mas, essencialmente, a instituição reúne entusiastas de Dante provenientes de distintos campos do saber.

[4] A recepção de Dante na Alemanha é assunto largamente explorado. Deixo registradas algumas poucas referências que considero basilares: Giovanni A. Scartazzini, *Dante in Germania. Storia letteraria e bibliografia dantesca alemanna*, Nápoles/Milão/Pisa, Ulrico Hoepli, 1881; Werner P. Friederich, *Dante's Fame Abroad, 1350-1850. The Influence of Dante Alighieri on the Poets and Scholars of Spain, France, England, Germany, Switzerland, and the United States. A Survey of the Present State of Scholarship*, Roma, Edizioni di Storia e Letteratura, 1950; Hans Benzmann, "Dante in Deutschland", *Berliner Börsen-Zeitung. Kunst und Wissenschaft*, 28/8/1921; Paul A. Merbach, "Dante in Deutschland", *Dante-Jahrbuch*, nº 5, pp. 140-65, 1920; Mirjian Mansen, *Denn auch Dante ist unser!*, Tübingen, De Gruyter, 2003.

[5] Ernst Troeltsch, *Der Berg der Läuterung. Rede zur Erinnerung an den*

propôs uma leitura metafórica da *Comédia* alicerçada na imagem da "ascensão". Assim como as almas penitentes do "Purgatório" dantesco, os alemães deveriam superar os erros da Primeira Guerra Mundial e avançar rumo a um destino grandioso, assumindo o lugar a que pertenciam como ponta de lança da civilização europeia. Rapidamente a "metáfora da ascensão" tornou-se uma tópica para aquela primeira classe de leitores no *Jubiläumjahr*, e uma vez associada à imagem de um "Dante alemão" — ou, ao menos, de alguém cuja personalidade teria um ensinamento oculto a ser revelado para os alemães no presente — tinha seu sentido e seus efeitos amplificados.[6]

Os intérpretes dos escritos de Dante provinham de diversos lados para demonstrar que nenhuma querela histórica estava completamente resolvida, nem mesmo aquela entre católicos e protestantes que animou a recepção germânica no século XVI. No ano do jubileu, o papa Bento XV determinou a retirada da *Monarquia* do *index* de livros proibidos pela Igreja, e conclamou

---

600jährigen Todestag Dantes, gehalten im Auftrage des Ausschusses für eine Dantefeier am 3 Juli 1921 in der Staatsoper zu Berlin, Berlim, 1921.

[6] Foi essa a linha de Max Koch (1855-1931) — germanista e historiador da literatura interessado nas obras de Dante, Shakespeare e Richard Wagner — e Hugo Daffner (1882-1936) — diretor da Sociedade Alemã de Dante (DDG) entre 1914 e 1927. Nos festejos da DDG, Daffner indagou acerca do significado de um poeta da Florença medieval para a Alemanha contemporânea. A resposta, buscou na exaltação da personalidade e da experiência [*Erlebnis*] dantescas, nas quais se performaria um "líder" [*Führer*], um autêntico "Guia da humanidade" [*Menschheitswegweiser*] incumbido de levar a nação do "inferno" da Primeira Guerra até a redenção, isto é, a felicidade conquistada pelo progresso. Hugo Daffner, "Was kann uns Dante sein?" (Festvortrag gehalten bei der ersten Hauptversammlung der Neuen Deutschen Dante-Gesellschaft am 25 September 1921), *Deutsches Dante-Jahrbuch*, nº 7, p. 20, 1923. Para a palestra de Koch, ver: Max Koch, *Dantes Bedeutung für Deutschland*, Mainz, Kirchheim, 1921.

Posfácio

os intelectuais católicos a comprovar a relação de Dante com a sua fé, em detrimento da apropriação reformista, que recriou a sua imagem como a de um protestante *avant la lettre*. Hoje soa-nos absurda a identificação do poeta com outra religião que não o catolicismo, mas em 1921 esse tópico levou a uma problemática sem fim.[7] Havia um desacordo visceral motivado pela indignação do lado protestante contra o chamado de Bento XV. Intelectuais, como Hans Benzmann (1869-1926), lembravam que foi graças à circulação da *Monarquia* em países reformados que Dante tornou-se conhecido na Alemanha, uma vez que, excomungado, suas obras foram censuradas pelas autoridades católicas (afinal, na *Comédia*, Dante cometeu o sacrilégio de representar o papa Bonifácio VIII no inferno!).[8] A segunda classe de leitores que caracteriza a recepção germânica na década de 1920, portanto, resgata toda uma polêmica religiosa distintiva dos primeiros leitores dos escritos dantescos no país; um debate que correu de forma independente dos círculos universitários, ressalte-se.

Por fim, o terceiro grupo, segundo nossa classificação esquemática, reclama a autoridade do conhecimento especializado. Ao menos duas tendências interpretativas disputavam a hegemonia dos estudos dantescos no interior da romanística nos anos 1920: o viés essencialista, que invocava a personalidade de Dante como modelo moral para a nação alemã e cujo prin-

---

[7] Sobre a querela entre católicos e protestantes na recepção da obra dantesca no início do século XX, ver: Martin Elsky, "Memory and Appropriation: Remembering Dante in Germany during the Sexcentenary of 1921", *in* Susana Onega, Constanza del Rio e Maite Escudero-Alías (orgs.), *Traumatic Memory and the Ethical, Political and Transhistorical Functions of Literature*, Houndmills/Basingstoke, Palgrave Macmillan, 2017, pp. 21-45.

[8] "Inferno", canto XIX.

cipal representante era Eduard Wechssler (1869-1949), detrator de Auerbach em Berlim; e a estilística de Karl Vossler (1872-1949), baseada nos estudos do filósofo italiano Benedetto Croce (1866-1952) sobre linguagem e poesia. Retornaremos a isso mais adiante.

Essa é apenas uma visão panorâmica de um cenário bem mais complexo que começa nos primeiros anos do século XX e se intensifica com a Primeira Guerra Mundial. Para os críticos profissionais de Dante era urgente lidar com aquela mistura extraordinária entre um valor poético indiscutível e o dogmatismo religioso e filosófico que compõe a estrutura da *Comédia*. Importava, portanto, responder à pergunta pela unidade ou pela separabilidade dessas diferentes camadas em sua poesia. Para alguns, se o hermetismo próprio de sua época provocava estranhamento ao olhar contemporâneo, a busca por conexões entre o poeta medieval e a Alemanha moderna, derrotada na guerra e em plena reconstrução, era uma saída óbvia. Para outros, se esse caráter intrincado e obscuro embotava a beleza poética dos versos dantescos, a solução mais adequada seria promover uma separação, em termos metodológicos, entre os níveis do estético e do dogmático.

O livro que o leitor tem em mãos responde a cada uma dessas propostas interpretativas. Poucas vezes agudeza e elegância se conciliaram de maneira tão harmônica em um estudo acadêmico. Submetido em formato de tese de habilitação[9] ao Instituto de Filologia Românica da Philipps-Universität Marburg, esta refinada tese marcou o início da carreira de Auerbach como docente, confirmando as expectativas depositadas sobre o promissor estudante de Berlim. Uma carreira que se inicia tardiamente,

---

[9] *"Die Habilitation"* é o formato alemão para a admissão de docentes em nível universitário.

Posfácio

em parte devido às suas próprias escolhas pessoais e intelectuais, e em parte à conta das agitações políticas de sua geração.

Filho de Hermann Auerbach e Rosa Block, um casal judeu assimilado e bem estabelecido na Alemanha, o autor deste livro obteve uma excelente educação no Ginásio Francês de Berlim, onde se aprofundou nos clássicos da literatura e da filosofia ocidentais. Sua primeira formação, contudo, foi na área do Direito. No outono de 1913, depois de frequentar as universidades de Berlim, Freiburg e Munique, defendeu sua primeira tese de doutorado, intitulada "A participação nos trabalhos preliminares para um novo Código Penal",[10] em Heidelberg. Tão logo recebeu o título, iniciou uma nova formação no Instituto de Filologia Românica da Universidade de Berlim, a qual provavelmente concluiria no prazo regulamentar não fosse a eclosão da Primeira Guerra Mundial. Auerbach, assim como muitos jovens intelectuais da geração de 1914, voluntariou-se para compor os *fronts* de batalha, talvez movido pelo ideal heroico da "bela morte", ou apenas como um gesto prático de lealdade em benefício da nação que o acolheu. De todo modo, permaneceu durante quatro anos em campo, primeiro no 2º Regimento de Cavalaria, e em seguida no 466º Regimento de Infantaria, retornando somente em 1918 depois de um grave ferimento na perna.

De volta a Berlim, e plenamente recuperado, retomou seus estudos, e em 1919 foi nomeado estudante sênior do seminário de Filologia Românica, vínculo acadêmico importante para uma futura vaga como docente. Mas desacordos com Eduard Wechssler o forçarão a deixar o seminário, criando obstáculos não menos legítimos do que a guerra para a conquista de um posto uni-

---

[10] Erich Auerbach, *Die Teilnahme in den Vorarbeiten zu einem neuen Strafgesetzbuch*, Heidelberg, Jur. Diss., vol. 17, novembro de 1913.

versitário em sua juventude. Assim, para o início tardio da vida docente de Auerbach a observação biográfica é justa, mas insuficiente, pois suas razões induzem, igualmente, à consideração de uma justificativa externa: as mudanças políticas e a permeabilidade das universidades ao antissemitismo durante os anos 1920. Essa dupla valoração traz uma luz singular à compreensão desta tese e, nesse sentido, vale a pena aquilatá-la brevemente nas páginas seguintes.

2

Com *Dante como poeta do mundo terreno* Auerbach não apenas se lançava como um respeitado professor na área de filologia, senão que, inclusive, como especialista na obra de Dante. Como de praxe no sistema alemão, a aprovação desta tese em setembro de 1929 autorizou-o a atuar como *Privatdozent* — título equivalente à livre-docência no Brasil —, porém não lhe assegurava uma colocação permanente. Mas Leo Spitzer (1887-1960), que até então ocupava o posto de catedrático, seria transferido para Colônia naquele mesmo ano, de maneira que a almejada cátedra não tardaria a chegar. Que tudo isso tenha ocorrido nessa universidade protestante, nos limites da cidade prussiana de Marburg, é extremamente significativo. Sua relevância no início do século XX foi registrada por Hans-Georg Gadamer da seguinte maneira:

> Marburg foi um reduto da Romanística. A orgulhosa lista de nomes — Eduard Wechssler, Ernst Robert Curtius, Leo Spitzer, Erich Auerbach, Werner Krauss — fala por si. De fato, a relação com esses importantes romanistas e o carisma que deles emanava, em parte diretamente, em par-

Posfácio

te através de seus alunos, foi um importante elemento de formação [*Bildungselement*] daqueles dias.[11]

Contudo, os ventos que conduziram Auerbach a este "reduto da Romanística" nem sempre foram favoráveis. Embora não abrigasse eventos extremos, como a Segunda Guerra Mundial e a perseguição institucionalizada da população considerada não-ariana, a Alemanha dos anos 1920 teve de lidar com o suco amargo da derrota no conflito mundial de 1914-1918, e na busca por justificativa ou reparação, deixou-se impregnar por narrativas ufanistas e pela ideia absurda de superioridade racial. Tudo ainda muito velado, na maioria das vezes, mas com efeitos concretos na vida cotidiana. Narrativas dessa natureza passaram a disputar espaço no interior dos estudos filológicos, subsumindo a ciência literária e os estudos linguísticos ao interesse nacionalista. A ideia de pureza das línguas orientou pesquisas acerca da expressão mais original, mais própria e autóctone do povo germânico, orientadas a comprovar uma pretensa primazia em relação às demais sociedades. Mas antes de prosseguir nas transformações sofridas na década de 1920 é preciso falar um pouco sobre as origens desse campo disciplinar, a Filologia Românica.

Leo Spitzer certa vez a definiu como "a ciência que busca entender o ser humano na medida em que se expresse pela pa-

---

[11] Hans-Georg Gadamer, *Philosophische Lehrjahre. Eine Rückschau*, Frankfurt a. M., Klostermann, 1977, p. 41. *Bildung* é uma palavra alemã de larga acepção, que remete ao conceito de "formação cultural", sobre o qual as ciências do espírito se construíram no século XIX. Segundo o próprio Gadamer: "Formação (*Bildung*) integra agora, estreitamente, o conceito de cultura, e designa, antes de tudo, especificamente, a maneira humana de aperfeiçoar suas aptidões e faculdades" (Hans Gadamer, *Verdade e método: traços fundamentais de uma hermenêutica filosófica*, Petrópolis, Vozes, 1999, p. 16, tradução de Flávio Paulo Meurer).

lavra e em construções verbais".[12] Uma definição bastante ampla, é verdade, mas reveladora de alguns aspectos importantes, sobretudo, da perspectiva global que norteou o seu surgimento no século XIX, em meio ao movimento romântico e ao historismo alemão. Em Friedrich Diez (1794-1876) e Ludwig Uhlang (1787-1862) encontram-se as diretrizes e métodos que a formaram. O conceito de "Românía" elaborado por Diez[13] determinou seu escopo: a consideração de uma comunidade linguística e cultural formada pelas nações que, no passado, sofreram influência de Roma, criando línguas vernáculas derivadas do latim vulgar.[14] Tanto as línguas românicas, quanto as obras literárias formadas a partir delas, eram objeto de seu interesse. Desse modo, a filologia românica reivindicou certa independência em relação ao nacionalismo, tão marcante no século XIX europeu. A perspectiva do filólogo era comparativa, global — ou, nos termos da época, *universal* —, ainda que as fronteiras entre os países permanecessem bem demarcadas. Spitzer é cirúrgico nesse aspecto, ao dizer que o filólogo

> [...] precisa lutar o tempo todo para conquistar o equilíbrio entre o sentimento nacional e a filologia; sem uma inclina-

---

[12] Leo Spitzer, "Das Eigene und das Fremde. Über Philologie und Nationalismus" (1945-46), *Lendemains*, XVIII, 69-70, p. 179, 1993.

[13] Principalmente em Friedrich Diez, *Grammatik der romanischen Sprachen* (1826), Bonn, Eduard Weber, 1870.

[14] Eis o traço distintivo fundamental em relação à filologia clássica, segundo a qual as línguas românicas teriam derivado do latim clássico. Sobre a história da institucionalização da romanística, ver: Frank-Rutger Hausmann, "Auch eine nationale Wissenschaft? Die deutsche Romanistik unter dem Nationalsozialismus", *Romanistische Zeitschrift für Literaturgeschichte*, nº 22, pp. 1-39 e 261-313, 1998.

Posfácio

ção a perder-se não há filologia; mas a filologia termina quando a flexibilidade induz a uma existência de folha ao vento: a janela aberta ao desconhecido que o filólogo abre para sua nação deve manter-se como janela, e de contornos bem delimitados.[15]

O jogo entre particular e universal era, por assim dizer, a diretriz da filologia. Todavia, a abertura ao mundo não poderia ser tão ampla a ponto de dissipar tudo o que é próprio, familiar: deve manter-se como janela. É nesse sentido que Auerbach, em um escrito concluído um pouco antes de sua morte, atesta a presença de uma "concepção dialética do homem" em sua disciplina, derivada do Romantismo, que libertava o sujeito da visão a-histórica a ele atribuída no Iluminismo. Isso porque a universalidade proveniente de seu pertencimento à comunidade românica não dissipava as vicissitudes historicamente construídas no âmbito local. Então, no século XIX, a filologia românica consolidava uma "perspectiva histórica que englobava a Europa como um todo".[16]

A profissionalização da romanística remete ao ano de 1830, quando Diez assumiu a cátedra de Línguas e Literaturas Moder-

---

[15] L. Spitzer, "Das Eigene und das Fremde. Über Philologie und Nationalismus", *op. cit.*, p. 179.

[16] E. Auerbach, *Literatursprache und Publikum in der lateinischen Spätantike und im Mittelalter*, Berna, Francke, 1958. (Edição consultada: E. Auerbach, *Literary Language and Its Public in Late Latin Antiquity and in the Middle Ages*, Nova York, Bollingen Foundation, 1965, p. 5.) Sobre a perspectiva universal da romanística enquanto uma comunidade cultural europeia, ver: Leopoldo Waizbort. "Erich Auerbach e a condição humana", *in* Jorge de Almeida e Wolfgang Bader (orgs.), *Pensamento alemão no século XX*, vol. 2, São Paulo, Cosac Naify, 2012, pp. 125-53.

nas e Medievais em Bonn. No momento em que foi concebida, a divisão atual entre linguística e estudos literários não existia e a perspectiva positivista era predominante. O prestígio das ciências naturais no final do século conformou sua diretriz teórica, cujo centro irradiador era a Universidade de Leipzig. Importantes linguistas, como Karl Brugmann (1887-1919) e Hermann Osthoff (1847-1909) compuseram a escola dos "neogramáticos" [*Junggramatiker*], a qual apostava no rigor das "leis fonéticas" em constante evolução na história das sociedades. E dentre os grandes nomes de Leipzig, Gustav Gröber (1844-1911) talvez tenha sido o mais notável. Seu método de análise pautava-se no isolamento dos aspectos mais tangíveis e materiais que compõem os textos literários, tais como datas, métricas ou versos, atribuindo pouca importância à análise estética ou psicológica das obras em questão. À vista disso, nessa primeira fase, muitos filólogos interessaram-se pela edição de textos desconhecidos do passado, seguida de uma introdução, prefácio ou notas que *os explicassem*. Aliado ao entusiasmo romântico pela Idade Média, o presente tampouco figurou significativamente na fase positivista, visto como objeto arbitrário, pouco confiável para o empreendimento científico.

Porém, à medida que as rivalidades entre alemães e franceses se intensificavam no contexto da guerra franco-prussiana, uma narrativa chauvinista ganhou espaço nos quadros da romanística, algo que, no século seguinte, se desdobraria em análises notadamente antifrancesas, como as de Eduard Wechssler e Hanns Heiss (1877-1935).[17] Além da filologia ufanista, uma

---

[17] Após a Primeira Guerra Mundial esses estudos ganharam um tom ainda mais estrito. Heiss atribuiu à França uma qualidade imperialista em sua busca por revanche após a derrota em 1871 e Wechssler situou os antigos rivais em um nível inferior na história do desenvolvimento alemão. Para Heiss, ver: Hans Heiss, "Der

Posfácio

segunda corrente reivindicaria a orientação teórica da disciplina: o idealismo de Karl Vossler,[18] aluno de Gröber em Estrasburgo, que instava uma crítica mais próxima aos textos, um estudo da fruição estética da linguagem concebida como "criação". À abordagem mecanicista, Vossler opôs a noção de linguagem enquanto "atividade do homem", salientando seu caráter particular, subjetivo, e trazendo uma clara preocupação metodológica para o centro dos debates.

Por essas razões, aquela perspectiva global da disciplina se esfacelava na República de Weimar (1919-1933). O idealismo reclamava uma divisão entre a materialidade do texto e a análise estética, e o ufanismo pautava-se em essencializações, com o intuito de defender a superioridade do povo alemão ante o inimigo externo. De modo quase imperceptível os discursos foram se radicalizando, tornando-se cada vez mais permeáveis à situação política do entreguerras, com o recrudescimento de teorias higienistas. A polarização entre uma posição moderada, humanista e antirracista de um lado, e uma numericamente mais significativa, conservadora, ufanista e muitas vezes simpática à ascendente ideologia nacional-socialista, de outro, era uma realidade. Nos anos 1920, nenhuma neutralidade era possível.

Revanchegedanke in der franzosischen Literatur", *Internationale Monatsschrift für Wissenschaft, Kunst und Technik*, n° 9, 1915. Sobre Wechssler, refiro-me, particularmente, a seu livro mais importante — *Esprit und Geist* —, mas estudos dessa natureza podem ser encontrados em diferentes ocasiões na sua obra. Cf. Eduard Wechssler, *Esprit und Geist*, Bielefeld/Leipzig, Velhagen & Klasing, 1927.

[18] Essa mudança foi impulsionada pela publicação de *Positivismo e idealismo na ciência da linguagem* (1904), muito embora sua circulação nos anos seguintes tenha sofrido com a irrupção da guerra. Cf. Karl Vossler, *Positivismus und Idealismus in der Sprachwissenschaft. Eine sprach-philosophische Untersuchung*, Heidelberg, C. Winter, 1904.

Embora houvesse matizes na produção à época, o caráter popular foi, aos poucos, recebendo uma constituição biológica, e à produção literária direcionaram-se os determinismos e preconceitos que no futuro caracterizariam a produção científica. Ao regressar da guerra e retomar seus estudos em Berlim, Auerbach encontrou uma universidade polarizada, cindida e mergulhada na questão nacional. Tal como Ulisses — para usar uma de suas referências —, que encontrou uma Ítaca inteiramente distinta ao regressar da Guerra de Troia, irreconhecível a ponto de afigurar-se como terra ignota e hostil, Auerbach se depararia com uma profunda perda de familiaridade com o local de seu nascimento. O mundo do pós-guerra já não era mais aquele da sua juventude; o discurso da modernidade implodiu as barreiras da linguagem econômica e lançou-se sobre as estruturas sociais, sobre a reflexão científica e sobre as artes.[19] Ao mesmo tempo, a questão nacional ganhava uma conotação essencialista, mediante a propagação fenomenal de teorias raciais no entreguerras. O "mundo de ontem"[20] da geração de 1914, alicerçado em

---

[19] As transformações políticas, sociais e estéticas após a Primeira Guerra Mundial foram concebidas por Ernst Robert Curtius (1886-1956) nos termos de uma crise da *Bildung*. No primeiro capítulo do livro *Deutscher Geist in Gefahr* (1932), intitulado "Bildungsabbau und Kulturhass" ["Demolição da *Bildung* e ódio pela cultura"], essas questões ficaram bastante evidentes. O bolchevismo e sua avidez por destruir a ordem social, a palidez da burguesia e as vanguardas artísticas, com seu desapreço pelos clássicos, seriam os grandes protagonistas de uma vontade deliberada de demolição da *Bildung* no Ocidente. Cf. Ernst Robert Curtius, *Deutscher Geist in Gefahr*, Stuttgart/Berlim, Deutsche Verlags-Anstalt, 1932.

[20] Referência ao livro autobiográfico de Stefan Zweig (1881-1942), que partilhou as transformações pelas quais passou a Europa após dois conflitos mundiais e o exílio na América, em seu caso, no Brasil. Ver: Stefan Zweig, *Die Welt von gestern (Erinnerungen eines Europäers)*, Estocolmo, Bermann-Fischer, 1944 [ed.

Posfácio

pressupostos humanistas e na noção de Europa como coletivo singular, se esvaía com uma velocidade desconcertante.

Conquanto Auerbach se distinguisse em erudição e agudeza, suas tentativas de obter uma posição acadêmica em Berlim foram obstruídas por Wechssler, opositor implacável que via sua interpretação sobre Dante com um profundo desagrado. Quando o orientador de Auerbach, o latinista Erhard Lommatzsch (1886-1975), foi transferido para a Universidade de Greifswald, Wechssler simplesmente vetou a sua participação nos seminários de Romanística, e como consequência disso, ele não teria nenhuma chance de habilitar-se em Berlim.[21] A saída óbvia era migrar também para Greifswald, a fim de concluir o doutorado e buscar novas alternativas profissionais. No entanto, segundo nos informa Hans Ulrich Gumbrecht, o filólogo tampouco contou com a simpatia de seu orientador, que atribuiu à tese defendida em 1921[22] o grau mais baixo de aprovação.[23] Diante de

---

bras., *O mundo de ontem (Memórias de um europeu)*, tradução de Kristina Michahelles, Rio de Janeiro, Zahar, 2014].

[21] Parte desse panorama está registrada em uma edição comemorativa que traduziu para o inglês a correspondência de Auerbach do período entre 1933 e 1946. As notas dos tradutores trazem informações valiosas acerca de como o nacional-socialismo interferiu na obra e na biografia auerbachiana. Cf. Martin Elsky, Martin Vialon e Robert Stein, "Scholarship in Times of Extremes: Letters of Erich Auerbach (1933-1946), on the Fiftieth Anniversary of his Death", *PMLA*, vol. 122, nº 3, pp. 742-62, 2007. Vale a pena consultar também: Luiz Costa Lima, "Sombras de Erich Auerbach: Auerbach, Benjamin e a vida sob o nazismo", *in Mímesis e arredores*, Curitiba, CRV, 2017, pp. 185-98.

[22] Erich Auerbach, *Zur Technik der Frührenaissancenovelle in Italien und Frankreich* (1921) [ed. bras., *A novela no início do Renascimento: Itália e França*, 2ª ed., tradução de Tercio Redondo, São Paulo, Editora 34, 2020.

[23] Hans U. Gumbrecht, *"Pathos* da travessia terrena: o cotidiano de Erich

uma situação tão adversa, passados alguns anos desde a sua titulação, Auerbach buscou apoio no prestígio de Karl Vossler, com quem havia cultivado uma relação de proximidade.

> Minhas esperanças de um dia trabalhar com estudantes foram frustradas em Berlim pela relutância obstinada de Wechssler e, nos últimos seis anos, não fiz mais nenhuma tentativa nesse sentido. [...] Mesmo que o Sr. não tenha nenhuma resposta neste momento, em alguma ocasião uma saída pode vir-lhe à mente, e é nesta esperança que eu lhe descrevo a minha situação.[24]

A estratégia logrou êxito pois, em resposta, Vossler utilizou sua influência junto ao Ministério da Cultura prussiano para tornar Auerbach elegível à cadeira que Spitzer deixaria vaga em Marburg. Assim, além de comprovar conhecimento e aptidão suficientes para lidar com um poeta tão canônico quanto Dante, Auerbach se viu na posição de responder às principais querelas de sua disciplina, as quais comportavam, em boa medida, os discursos políticos de uma sociedade atravessada por rivalidades resultantes de um conflito bélico de escala mundial.

Desse modo, em contraposição à filologia dita tradicional — aí englobadas a positivista do século XIX, a ufanista de Weimar e a pseudocientífica nazista que começava a despontar, con-

---

Auerbach", *in* Vários autores, *Erich Auerbach. V Colóquio UERJ*, Rio de Janeiro, Imago, 1994, p. 99.

[24] Bayerische Staatsbibliothek München, acervo Karl Vossler, Faszikel: Ana 350, 12 A, *apud* Martin Vialon, "The Scars of Exile: Paralipomena Concerning the Relationship between History, Literature and Politics. Demonstrated in the Examples of Erich Auerbach, Traugott Fuchs and their Circle In Istanbul", *Yeditepe'de Felsefe*, nº 2, p. 198, 2003.

Posfácio

solida-se uma geração de filólogos comprometidos com uma "nova filologia" [*Neuphilologie*], de natureza humanista. A aquisição de um novo repertório proveniente da psicanálise, da sociologia, do marxismo e da estilística ensejaria a percepção da literatura como o produto das múltiplas formas de expressão dos povos, tornando o hermetismo positivista e o exclusivismo nacionalista chaves de leitura insuficientes. Ernst R. Curtius, Eugen Lerch, Victor Klemperer, Leo Spitzer e Erich Auerbach são alguns nomes de relevo nessa nova virada metodológica, a qual, em maior ou menor escala, continuava a visada humanista e estilística vossleriana.

De modo que, nitidamente, o ambiente acadêmico no qual Auerbach se formou e passou seus primeiros anos como docente apresentou tensões de ordem política e intelectual que não devem ser entendidas como mero pano de fundo. Embora o filólogo muitas vezes fosse descrito como um homem de temperamento calmo, a quem o envolvimento em todo tipo de dissensão desagradava, a tese que o leitor tem em mãos seguramente "esconde uma polêmica".[25] Não somente porque refutou a leitura essencialista de Wechsser e a estilística de Vossler e Croce, mas também porque, em uma camada mais profunda, a tese de 1929 continha outra categoria de disputas ainda mais indesejáveis a seu autor, cujos principais opositores eram o antissemitismo e a filologia tradicional. Logo, o entendimento dessas duas camadas como estruturas dotadas de certa porosidade é a bússola que deve nortear sua leitura.

---

[25] Referência ao parecer de Leo Spitzer à tese de 1929, parcialmente publicado em Martin Vialon (org.), *Erich Auerbachs Briefe an Martin Hellweg (1939-1950)*, Tübingen/Basel, Franke, 1997, pp. 60-2.

3

Dante é um poeta do mundo terreno. Esta é a ideia central perseguida da primeira até a última página do livro, de forma escrupulosa, precisa, sem desvios; sua narrativa apurada não se deixa poluir, nem pelo exagero de referências e citações que, em geral, caracterizam os trabalhos acadêmicos, nem pela afetação de uma escrita estilizada em demasia. O que não significa dizer que os argumentos do autor fossem meramente conjecturais. Com efeito, qualquer estudante de filologia à época era capaz de extrair as referências que habitam, discretas, as sentenças formuladas com esmero, em cada um de seus seis capítulos. *Dante como poeta do mundo terreno* é o trabalho de um professor iniciante, porém maduro, munido de um projeto audacioso que visava a responder e refutar algumas das mais solidificadas interpretações da dantologia que lhe era contemporânea.

Esse projeto, como identificou Spitzer de maneira muito correta em seu parecer,[26] transportaria o filólogo diretamente para um campo de disputas metodológicas em torno da mais adequada interpretação de Dante. Sua abordagem histórico-filológica reivindicou as tradições romântica e idealista, e com G. W. F. Hegel (1770-1831) o significado daquela mundanidade anunciada no título cobrou forma.[27] Consoante Auerbach em sua aula inaugural em Marburg, as duas páginas escritas por He-

---

[26] "A apresentação calma, equilibrada, elegante e quase nunca interrompida pela polêmica no livro de Auerbach sobre Dante talvez não deixe o leitor perceber que seu 'tom' está fortemente afinado com uma polêmica". *Idem, ibidem*, p. 60.

[27] A relevância de Hegel para sua interpretação da *Divina comédia* seria reafirmada por Auerbach em escritos futuros, como por exemplo: Erich Auerbach, "Figura" (1938), *Gesammelte Aufsätze zur romanischen Philologie*, Matthias Bor-

Posfácio

gel sobre Dante nas *Vorlesungen über die Aesthetik* [*Lições de Estética*], publicadas postumamente em 1835, sintetizavam tudo o que havia de "decisivo a ser dito sinceramente sobre a *Comédia*".[28] Reproduzo, aqui, um pequeno trecho:

> Em vez de ter como objeto um acontecimento particular, ela [a *Divina comédia*] tem como objeto o agir eterno, a finalidade absoluta, o amor divino em seu acontecimento intransitório e em seu círculo imutável, como local ela tem o inferno, o purgatório e o céu, e mergulha nesta existência destituída de alternância o mundo vivo do agir humano e do sofrimento e, mais precisamente, dos feitos e dos destinos individuais. [...] Deste modo, o poema

---

muth e Martin Vialon (orgs.), Tübingen, Francke, 2018, p. 86, e também em *Mimesis. Dargestellte Wirklichkeit in der abendländischen Literatur* (1946), Tübingen, Francke, 2015, p. 183.

[28] Em sua estreia como docente em Marburg, Auerbach examinou a recepção romântica de Dante na Alemanha. Para tanto, retrocedeu até o contexto do Iluminismo, abarcando também a presença do poeta na filosofia de Giambattista Vico (1668-1744) e em autores consagrados do *Sturm und Drang*. Em sua opinião, a recepção romântica "redescobriu Dante, e, no essencial, na forma vigente ainda hoje", e Hegel seria aquele que "encerra a história da redescoberta de Dante pelo Romantismo alemão". A relevância dessas tradições para a leitura auerbachiana reside na rearticulação entre poesia e filosofia — bastante evidente na abordagem de Schelling — e no entendimento do mundo histórico como tema principal da *Comédia* — tal como em August W. Schlegel e, principalmente, em Hegel. Ver: Erich Auerbach, "Entdeckung Dantes in der Romantik", *Deutsche Vierteljahrsschrift für Literaturwissenschaft und Geistesgeschichte*, nº 7, pp. 682-92, 1929 [ed. bras., "A descoberta de Dante no Romantismo", *in* Erich Auerbach, *Ensaios de literatura ocidental*, tradução de Samuel Titan Jr. e José Marcos Mariani de Macedo, São Paulo, Editora 34, 2007].

abrange a totalidade da vida a mais objetiva: o eterno estado do Inferno, do Purgatório, do Paraíso; e sobre esta base indestrutível se movem as figuras do mundo efetivo, segundo seu caráter particular, ou antes elas se moveram, e com seu agir e ser ficaram paralisadas na eterna justiça e são elas mesmas eternas.[29]

A chave para a compreensão desse mundo criado pelo realismo dantesco estaria, para Auerbach, nessas breves e lúcidas palavras. Na *Comédia*, os reinos do inferno, do purgatório e do paraíso foram capturados em um primeiro plano, caracterizado pela "intransitoriedade". Consequentemente, ao invés de estruturar-se em função de um acontecimento [*Begebenheit*] de ordem geral e universalmente reconhecível, tal como ditava a norma da epopeia grega, esse tipo particular de "epopeia religiosa" teria brotado de uma "finalidade absoluta", qual seja, o destino final dos homens, revelado pela aplicação da justiça divina em seu "círculo imutável". E este mundo, que por definição deveria ser a-histórico, infinito e impessoal, Dante povoou, em um plano mais profundo, com os "feitos e destinos individuais", resultando na perpetuação das ações pessoais e na atualização do caráter preservado na eternidade.

A leitura hegeliana moldou, no essencial, o entendimento de Auerbach sobre a *Comédia*, justificando a historicidade das almas no além. No entanto, nota-se uma diferença central entre as duas abordagens: para Hegel, as almas abandonavam qualquer interesse humano e particular no além, dado que a conservação de sua individualidade após a morte remeteria, exclusiva-

---

[29] G. W. F. Hegel, *Cursos de estética*, vol. IV, tradução de Marco Aurélio Werle, São Paulo, Edusp, 2004, p. 149.

Posfácio

mente, à "finalidade absoluta" que caracteriza a epopeia religiosa. Auerbach, por sua vez, argumentou que os traços individuais mantidos pelas personagens após a morte guardavam total correlação com o mundo terreno dos objetivos e interesses humanos, não obstante finamente articuladas com a ideia geral do amor e da justiça divina. Esta seria uma especificidade da filosofia tomista na formação de Dante, principalmente, através da mobilização do conceito de *habitus*.

Na "Introdução histórica sobre a ideia e o destino do homem na poesia", primeiro capítulo deste volume, Auerbach defendeu a hipótese segundo a qual, na *Divina comédia*, Dante empregara um princípio derivado de Homero. A inspiração procederia de Vico, que, ao estabelecer similitudes entre o autor da epopeia grega e o criador do "poema sacro" medieval, concebeu a figura do "Homero toscano", poeta exemplar dos tempos bárbaros redivivos. Homero teria sido o primeiro a representar o homem em estreita relação com o destino na poesia — a realização da máxima heraclitiana concedeu-lhe uma capacidade singular de "imitação da vida real"[30] nos limites da poesia épica. Através do desenrolar de um acontecimento concebido no início, o herói era impelido a determinadas ações que ditavam o rumo de sua existência. Cada evento colocava-o à prova. A maneira como reagisse aos desafios da trama e as decisões que lhe eram requeridas revelariam partes de sua índole, semelhantemente às peças de um quebra-cabeça, que conforme se encaixam, mostram, pouco a pouco, uma imagem final preconcebida. Esta imagem seria, ao mesmo tempo, o desfecho da narrativa e a realização do caráter, ambos engendrados de antemão pe-

---

[30] Erich Auerbach, *Dante als Dichter der irdischen Welt* (1929), Berlim, De Gruyter, 2001, p. 5 [nesta edição, p. 11].

la fantasia criadora. Assim, para Auerbach, a natureza da *mimesis* homérica decorreria da invenção de "[...] uma personagem unitária, cuja unidade está dada antes da observação auxiliar na exposição".[31] Sua incomum dinamicidade remeteria sempre a uma situação cotidiana, concreta e particular, em relação à qual formariam um todo.

Aqui há uma questão importante a se notar. O realismo de Homero foi entendido para além de uma definição como estilo de época, dado que seu comparecimento na poesia não seria algo que a observação crítica pudesse engendrar. Tratava-se de um princípio de vida amplamente conhecido e compartilhado entre os membros daquela sociedade, para os quais qualquer explicação ou justificação configuraria um esforço totalmente dispensável. A premissa da unidade entre indivíduo e destino retratada na epopeia, comum ao poeta e a qualquer grego contemporâneo a ele, é a execução dessa poderosa *mimesis*. Auerbach então analisa, através de uma breve história do pensamento filosófico ocidental, a maneira como arte e filosofia se confrontaram nessa unidade, ideal e aprioristicamente concebida.

Platão é frequentemente lembrado como aquele que, ao condenar as emoções despertadas pela arte imitativa, promoveu a cisão entre os domínios do artístico e do filosófico. No entanto, Auerbach chama a atenção para o fato de que, à revelia desse conflito, na reflexão platônica a associação entre arte e ideia permaneceria intacta graças a um jogo de referências: se o mundo sensível é a imitação do mundo ideal, a arte seria uma cópia de terceiro grau que, ao reproduzir a realidade aparente, mantém sua fundamentação na Verdade. Logo, o conceito permanece relevante ainda que como um horizonte referencial. Com Aristó-

---

[31] *Idem, ibidem*, p. 7 [nesta edição, p. 13].

Posfácio

teles teria se estabelecido uma atitude racionalista em relação à poesia que comprometeu a sobrevivência da unidade entre o homem e seu destino. Não mais o herói, sujeito a variações de todo tipo, mas a tragédia rigidamente estruturada passaria a ditar os fundamentos da poética grega dos anos seguintes. Emulado pelos latinos, esse racionalismo prevaleceria até os dias de Virgílio, em cujo poema principal a *mimesis* homérica esteve a ponto de ressuscitar.

Gostaria de avançar um pouco na exposição auerbachiana até o momento denominado por ele como a "historiografia dos inícios da Idade Média".[32] Em sua visão, a história de Jesus Cristo, problemática, e até certo ponto aterradora, era muito mais do que "a parúsia do *logos*",[33] dado que, em seus capítulos, a Ideia precisaria remodelar-se nos acontecimentos e nos percalços do mundo terreno. A encarnação de Cristo, sua trajetória e a injustiça de seu desfecho, reclamariam uma chance de reparação no futuro, e nesse sentido a atitude estoica perante o destino parecia um tanto apática. Para os primeiros cristãos tornou-se impensável renunciar ao mundo em favor de uma conduta contemplativa. Eis a novidade da historiografia medieval: uma mistura insólita de vulgar e sublime revestiu o acontecer terreno, conferindo aos eventos cotidianos, muitas vezes dolorosos e injustos, uma profundidade inconcebível no modelo clássico. Toda a vida humana — e aqui entendemos por que Auerbach recupera a *mimesis* platônica em detrimento da aristotélica — orienta-se sob os quadros referenciais da mais sublime e irretocável Ideia, sem abdicar, contudo, de sua realidade imanente.

---

[32] *Idem, ibidem*, p. 27 [nesta edição, p. 35].

[33] *Idem, ibidem*, p. 21 [nesta edição, p. 29].

A filosofia dos Pais da Igreja, ao contrário do misticismo das fórmulas neoplatônicas,[34] consolidou-se, portanto, em uma concepção histórico-concreta na qual a Verdade se revelava *no* mundo. A história, não as Ideias, tornava-se a medida do conhecimento, a confirmação da Palavra divina no desenrolar da vida, de sorte que tudo confluía para um único ponto, e as artes, a filosofia, a política, eram faces distintas de um mesmo poliedro. Na representação poética dantesca essa diretriz proporcionou unidade e ordem à sua narrativa, além de uma diversidade extraordinária na criação das personagens. Os modelos clássicos limitavam-se a tipos, cujas características eram determinadas pelo gênero e pelo estilo em que estavam inscritos. Dante, no bojo das transformações instauradas pelos Evangelhos, retratou em sua *Comédia* "pessoas reais", isto é, homens e mulheres provenientes de todas as classes e sujeitos a todo tipo de revés, nesse lugar onde cada um encontra seu destino definitivo.

Auerbach traça uma história da literatura que corre na esteira da história da filosofia ocidental[35] com a finalidade de demonstrar uma hipótese bastante própria, segundo a qual o princípio homérico da unidade *a priori* entre homem e destino teria feito sua primeira reaparição no Além de Dante. Essa hipótese já havia sido enunciada alguns anos antes, em *A novela no início do Renascimento*, quando analisou o estilo de Boccaccio: "também aqui ele deve tudo a Dante, o primeiro a juntar novamen-

---

[34] Auerbach claramente recupera a discussão vossleriana sobre a oposição entre o tom místico dos neoplatônicos e o concreto dos Pais da Igreja, por meio da teologia de Tertuliano de Cartago (160-220). Cf. Karl Vossler, "Religiöse und philosophische Entwicklungsgeschichte", *in Die göttliche Komödie: Entwicklungsgeschichte und Erklärung*, Heidelberg, C. Winters, 1907, p. 142.

[35] Essa forma de exposição não era incomum e encontra muitos paralelos, a exemplo da *Estética* de Hegel ou da *Teoria do romance* de Lukács.

Posfácio

te mundo e destino".[36] Mas a *Comédia* seria bem mais do que a simples reprodução do realismo de Homero. O gênio de Dante ocupou-se de adicionar-lhe algo novo, resultado de seu espírito inventivo imiscuído às crenças de seu próprio tempo.

A compreensão clara da díade mundo-destino teria ocorrido a Dante apenas em sua maturidade artística. No segundo capítulo, que analisa a primeira poesia dantesca, Auerbach empreendeu uma investigação mais estritamente filológica dos trabalhos de juventude de Dante, quando esteve associado à estética do *stil nuovo* — movimento de lineamentos provençais liderado por Guido Guinizelli no início do século XIII. Trata-se, a seu ver, de uma fase cuja estética era demasiadamente afetada pela ênfase em uma ideia abstrata de "Amor". Tal idealização tornava impossível reavivar o princípio homérico, e nem mesmo o jovem Dante, que se diferenciava ao adotar uma situação concreta e particular como o substrato de suas primeiras canções, pôde concebê-lo. Auerbach, então, examina alguns trechos dos sonetos e canções escritos nessa fase, a fim de demonstrar tanto um processo de amadurecimento do estilo, como a presença precoce das qualidades artísticas que consagrariam seu objeto no futuro.

Os capítulos posteriores trazem, respectivamente, análises relativas ao tema, à estrutura e ao legado da *Divina comédia*, e no interior dessa discussão o núcleo do livro se adensa. Segundo Auerbach, o tema da principal criação de Dante teria sido engendrado, em grande parte, pela filosofia cristã de São Tomás de Aquino, e como consequência, o poema denotaria a integração entre o dogmatismo filosófico e a imaginação poética subjetiva.

---

[36] E. Auerbach, *A novela no início do Renascimento: Itália e França, op. cit.*, p. 72.

Nessa premissa, o distanciamento em relação à leitura vossleriana faz-se evidente. O filólogo imputou ao tomismo a fonte do apaziguamento daquilo que nomeou como uma "necessidade do coração"[37] de Dante, necessidade que pedia por ordem e completude, algo que atribuísse sentido à sua própria existência, à arte que praticava e ao seu pensamento. Tal impulso não seria uma qualidade particular sua, senão que parte conformativa do espírito medieval como um todo, e o maior exemplo dessa concepção de mundo achava-se no próprio Aquino, que de modo muito semelhante concebeu seu sistema a partir da associação entre a filosofia aristotélica e a teologia de Santo Agostinho, a fim de preencher de sentido a sua fé e o seu pensamento.

Dessa maneira, apesar da proximidade de Auerbach em relação a Vossler, *Dante como poeta do mundo terreno* apresentou-se como uma investigação independente e original. Ao sugerir que o assunto da *Comédia* se perfaz na incorporação do tomismo à estética do *stil nuovo*, devidamente aperfeiçoada ao longo da vida do poeta, Auerbach sem dúvida assumia uma posição contra a estilística, que separava os reinos do filosófico e do estético. Nisso consiste a natureza polêmica da tese, de acordo com Spitzer em seu parecer:

> Com essas duas visões, o autor dá a Dante sua unidade como poeta-filósofo da Idade Média. Não se deve, como faz Croce, pender para a direita nem para a esquerda — um Dante dividido (aqui o poeta, ali o pensador). Ele atribui a Dante o seu lugar na história do espírito, na qual o indivíduo Dante não emerge dos acidentes da história,

---

[37] *"Bedürfnis seines Herzens"*. E. Auerbach, *Dante als Dichter der irdischen Welt*, *op. cit.*, p. 89 [nesta edição, p. 116].

Posfácio

senão que de uma certa circunstância; o desenvolvimento de uma doutrina real condiciona sua aparição.[38]

Alguns anos antes Vossler havia escrito uma densa monografia intitulada *Die göttliche Komödie* (1907-1910)[39] que provocou uma verdadeira ruptura com o modelo conduzido pelos dantólogos alemães do século XIX. Ele reivindicou um retorno à pureza do texto, algo mais parecido com o que se praticava na Itália sob a influência do crítico Francesco de Sanctis (1817-1883) e do filósofo Benedetto Croce (1866-1952), que viria a publicar, em 1921, *La poesia di Dante*, segundo ele uma "introdução metodológica" para o estudo da *Comédia*. Nesse mesmo ano, Vossler também publicou *Dante als religiöser Dichter* [*Dante como poeta religioso*], cuja influência sobre Auerbach é notória, a começar pela semelhança — ou pela diferença — intencional com o título desta tese.

Mas a afirmação de Dante como "poeta-filósofo" na perspectiva auerbachiana exige cautela, caso se deseje elidir ajuizamentos apressados que associem à tese de 1929 a defesa de uma crítica literária que busque, em seu objeto, um fim para além de si mesmo. À diferença dos filósofos, Dante não ambicionava formar sistemas e doutrinas universais, mas figuras poéticas originadas de uma situação específica e concreta, afirmou Auerbach. Logo, o que ele defendeu em seu livro enuncia-se como uma convivência harmoniosa e pacífica, na *Comédia*, entre a doutrina conformativa do homem proposta por Aquino na *Suma teológi-*

---

[38] Leo Spitzer, Staatsarchiv Marburg, Sign. 307d, Acc. 1966/10, N. 74, *apud* M. Vialon (org.), *Erich Auerbachs Briefe an Martin Hellweg (1939-1950)*, *op. cit.*, p. 61.

[39] Karl Vossler, *Die göttliche Komödie: Entwicklungsgeschichte und Erklärung*, Heidelberg, C. Winters, 1907-10, 2 tomos.

ca e a força imaginativa dantesca, capaz de criar, a partir do pensamento filosófico, retratos poéticos reais, singulares e completos. Assim sendo, já em seu título, a tese de Auerbach é um desafio à abordagem cindida de Vossler e Croce, um convite ao debate que recupera as tradições do Romantismo e do idealismo.

O significado da totalidade como bússola do mundo medieval erudito Auerbach buscou no conceito de "concordância" [*Konkordanz*] de Alois Dempf (1891-1982),[40] que ao lado de Ernst Kantorowicz (1895-1963) é a principal referência sobre a época medieval na tese. Basicamente, o princípio da concordância era o meio pelo qual os teólogos da Igreja esperavam comprovar a harmonia entre a racionalidade da fé e o mundo real-histórico, moldando o pensamento científico medieval como um todo desde o século XII. Em poucas palavras, nos tempos de Dante os domínios da religiosidade, da arte, da filosofia e da política não eram entidades independentes, senão que um todo concordante, cuja função era atestar a fé em Deus e o cumprimento de Sua vontade no mundo.

A consequência fundamental da doutrina tomista em um poeta como Dante diria respeito, então, ao entendimento do mundo como uma estrutura finamente ordenada, povoado de formas individuais, cada qual ocupando um lugar preestabelecido. E esse esquema conceitual o tornaria apto a compreender aquela unidade *a priori* característica do realismo de Homero, para em seguida revesti-la com novos significados extraídos do cristianismo. Aquino contrapôs-se aos filósofos da natureza, que em seu materialismo atrelaram o princípio de individuação hu-

---

[40] Alois Dempf, *Die Hauptform mittelalterlicher Weltanschauung. Eine geisteswissenschaftliche Studie über die Summa* (1925). Edição consultada: *La conception del mundo en la Edad Media*, Madri, Gredos, 1958.

Posfácio

mana ao corpo físico. Para ele, ao contrário, corpo e alma formariam entidades indivisíveis, pois esta última, enquanto *forma*, orientava-se ao mesmo tempo para si mesma e para sua *matéria* correspondente.[41] *Este* corpo revestia e modelava *esta* alma em uma "conexão virtual",[42] isto é, quando uma substância específica e singular encontrava a sua figura corpórea ideal, compondo com ela uma unidade. Nessa conexão Auerbach afirmou habitar o "princípio motor" das ações humanas na visão tomista.

> Pois o homem, aqui concebido como união substancial entre alma e corpo, de tal maneira que a alma seria a forma do corpo, não está sujeito apenas às distinções gerais de forma e às individuações materiais que se aplicam a todas as coisas criadas, que têm cada qual um caráter diverso, mas não liberdade de ação; o homem, além disso, abriga em si, além do ser, do corpo, da vida e dos sentidos, também o intelecto e a vontade; e, por mais que a alma esteja necessariamente vinculada ao corpo, e que aliás precise dele para poder atuar, ela ainda assim possui, por estar no limite entre as formas corpóreas e as separadas do corpo, suas capacidades específicas, a saber: o conhecimento e a vontade.[43]

---

[41] O sistema tomista, é sabido, teve grande parte de suas referências extraídas da filosofia aristotélica. Sobre o debate de que nos ocupamos aqui, cf. Aristóteles, *Metafísica*, Z, H, *passim*.

[42] Aquino enfatizou este princípio na obra *A unidade do intelecto contra os averroístas*, especialmente no capítulo 79. Cf. Tomás de Aquino, *A unidade do intelecto contra os averroístas*, Lisboa, Edições 70, 1999.

[43] E. Auerbach, *Dante als Dichter der irdischen Welt*, *op. cit.*, 2001, p. 106 [nesta edição, p. 138].

A liberdade seria, para Auerbach, o princípio da individuação do homem na filosofia tomista, e a ideia basilar empregada por Dante em seu poema. A disposição volitiva humana almejaria sempre o bem, não em sua forma íntegra, mas conforme a percepção particular de cada sujeito, "e nisso reside a causa da diversidade de sua ação", pois na forma como cada homem processa a ideia de bem, "é a razão que exerce a reflexão e o juízo, e a vontade que exerce o consenso e a escolha (*electio*). É no conceito de *habitus* que Tomás encontra o mecanismo prático dessa doutrina, tal como aplicada ao homem individual".[44]

Enfim o coração do problema, de acordo com a tese de 1929, nos é dado a conhecer. A noção de *habitus*, tal como Aquino articulara, teria viabilizado a concreção poética daquele impulso dantesco por ordem e unidade. No espírito de Dante a rigidez conceitual encontraria uma potente imaginação criadora e a ela se interligaria, cada qual conservando sua dignidade. E justamente nessa síntese, depois de séculos de ausência, o princípio da *mimesis* homérica faria nova aparição na literatura europeia ocidental. Através do conceito de *habitus* Auerbach reconheceu a presença de uma unidade *a priori* entre indivíduo e destino na construção do tema e das personagens da *Comédia*. Os efeitos mais visíveis dessa presença diziam respeito à singularidade das figuras de Dante e à situação sempre específica em que se encontravam.

A apropriação deste conteúdo conceitual como principal fonte de inteligibilidade da *Comédia* no livro de 1929 é a dimensão que desejo pontuar. Seu entendimento enquanto qualidade humana em potência, capaz de direcionar o indivíduo para um

---

[44] *Idem, ibidem*, p. 107 [nesta edição, pp. 138-9].

Posfácio

fim conforme a sua natureza, integraria a ideia geral que, segundo Auerbach, Dante teria desenvolvido em seu poema.

> Amparado pelas autoridades supremas da razão e da fé, seu gênio poético ousou empreender o que ninguém até então ousara: apresentar todo o mundo terreno, todo o mundo histórico que chegara ao seu conhecimento, como um mundo já submetido ao Juízo Final de Deus, e, portanto, já sentenciado, já posto em seu devido lugar de acordo com a ordem divina — e aliás a fazê-lo sem despojar as personagens individuais encontradas em seu destino final, escatológico, de seu caráter terreno, sem sequer mitigá-lo, mas sim, ao contrário, de tal modo a registrar o ponto mais extremo de seu caráter individual com sua história na Terra, e a identificá-lo ao seu destino final.[45]

Neste trecho exprime-se a ideia geral do livro: embora orientado por um princípio teológico, o poema de Dante não se edificara sobre o tema da transcendência e, portanto, sua finalidade jamais poderia corresponder à redenção ou à educação dos homens por meio das virtudes insertadas alegoricamente nas personagens.[46] Ao contrário, seu plano executava a representação da realidade histórico-terrena como presença iniludível no Além através do caráter individual preservado nas *almas separadas*. Por mais que a ordem do outro mundo fosse estabelecida

---

[45] *Idem, ibidem*, p. 108 [nesta edição, p. 140].

[46] Tal como reclamava Wechssler. Cf. Eduard Wechssler, "Der deutsche Dante. Gute Dante-Bücher aus dem Gedenkjahr", *Berliner Tageblatt und Handelszeitung*, 30/12/1921; *idem*, "Einleitung", *in Die göttliche Komödie, op. cit.*, pp. V-XLI; *idem, Esprit und Geist, op. cit.*

pela justiça divina, a qual determinava o castigo, a penitência ou a justificação adequada a cada sujeito, sua aplicação decorreria não de uma arbitrariedade, senão que da forma como os próprios homens conduziram suas vidas na Terra. Nenhuma tarefa lhes seria imposta nem por força divina, nem por necessidade da natureza; sua realização resultaria de um impulso volitivo individual apreendido pela razão. Disso decorreria a noção de responsabilidade pessoal sobre o rumo da própria existência, pois quer cultivassem virtudes, quer se entregassem aos vícios, os homens procederiam sempre em função de suas próprias escolhas, compreendidas e desejadas como fim. Dessa maneira, o enredo de uma vida inteira ganhava profundidade, e cada momento, por corriqueiro e insignificante que parecesse, tornava-se decisivo para a aplicação da justiça de Deus e a fixação do destino final reservado aos homens.

4

Auerbach tinha plena consciência de que seu livro o levaria direto para um campo de batalha, composto por estudiosos interessados em fixar a memória de Dante na Alemanha a partir da descoberta de uma relevância atual. Vez ou outra ele até antecipou possíveis críticas, ensaiando de imediato uma resposta:

> Há talvez quem não esteja disposto a considerar válida uma explicação racional para uma habilidade poética; mas todas as forças da alma atuam na criação poética, e é difícil negar esse nexo quando um poeta imbuído da ideia tomista da unidade da personalidade, após séculos em que o poder expressivo do corpo fora simplesmente cerceado, ou então só parecera permitido como subproduto da co-

Posfácio

média e na baixa poesia [poesia vulgar], enfim confere à expressão corporal os máximos *ethos* e *pathos*.[47]

Mas mesmo que os embates acadêmicos de fato o aborrecessem, na medida do possível, Auerbach fez questão de que seu livro chegasse ao conhecimento de alguns críticos, provavelmente como estratégia para ampliar a circulação. Em dezembro de 1928[48] ele enviou um exemplar a Benedetto Croce, que poucos meses depois publicou uma resenha na revista *La Critica*, com ataques maciços à tese da inseparabilidade entre os reinos da "Beleza" e da "Verdade" na investigação da *Comédia*:

> [...] a questão da natureza da poesia e a crítica das diferentes concepções estéticas, bem como a eventual polêmica contra a estética da expressão, são coisas que não podem passar despercebidas na discussão do poema de Dante, mas exigem ser debatidas e resolvidas em seu próprio lugar, de onde se enxergam as dificuldades que de outro modo não se veem. Pode-se afirmar, como Auerbach repetidamente faz, que em Dante a teologia e a poesia são uma só; mas como isso pode ser demonstrado em teoria? Como se pode demonstrar que a água da poesia e o óleo da teologia se combinam em um terceiro líquido, que não é nem um nem o outro, mas ambos?[49]

---

[47] E. Auerbach, *Dante als Dichter der irdischen Welt, op. cit.*, 2001, p. 108 [nesta edição, pp. 139-40].

[48] Ver: E. Auerbach para B. Croce, carta de 18 de dezembro de 1928, "Carteggio Croce-Auerbach [1923-1948]", *Estratto dall'Archivio Storico Ticenese*, nº 69, mar. 1977.

[49] Benedetto Croce. *La Critica. Rivista di Letteratura, Storia e Filosofia Diretta*, vol. 27, pp. 213-5, 1929 [minha tradução].

É perceptível que na opinião de Croce o livro endossa uma "polêmica contra a estética da expressão" aplicada a Dante. Mas isso não pareceu aborrecê-lo, pois logo depois de considerar esta uma discussão séria e necessária, ironizou a efetividade das refutações auerbachianas por uma suposta ausência de provas, o que tornaria o plano pouco confiável em sua inteireza. A despeito disso, no essencial — isto é, do ponto de vista estilístico — o filósofo considerou o livro extremamente feliz na compreensão do "espírito de Dante" e de sua "austera e doce poesia".[50]

A resenha de Vossler seria mais enfática nas críticas, tanto quanto na enunciação das qualidades do trabalho. O linguista iniciou seu texto atacando a ideia basilar do livro, segundo a qual, na *Comédia*, Dante teria representado a realidade terrena em sua forma final. Consoante Auerbach, no cenário da vida após a morte, que por definição se deveria compreender em razão da transcendência, a luz discreta da vida histórica cintila por toda a paisagem, e cada reino do outro mundo é revestido da concretude terrena proveniente do contato com as almas. Para Vossler, a hipótese era pouco convincente, todavia.

> O autor define assim a característica essencial do trabalho da vida de Dante como a forma ou, para usar outra de suas expressões favoritas, a "imitação" ou a "representação mimética" da vida terrena. O que temos que pensar sob "formação", "imitação" e "mimese", até onde pude ver, não foi explicado com certeza lógica [...][51]

---

[50] *Idem, ibidem.*

[51] Karl Vossler, "Erich Auerbach. *Dante als Dichter der irdischen Welt*", *Deutsche Literaturzeitung für Kritik der Internationalen Wissenschaft*, Berlim, De Gruyter, nº 6, jan.-jun., p. 70, 1929 [minha tradução].

Posfácio

Além da falta de precisão conceitual, Vossler salientou diversas ausências no livro, as quais longe de provir da ignorância do autor, teriam trabalhado com ele em prol da conveniência argumentativa. Auerbach teria omitido de forma deliberada os escritos políticos, religiosos e filosóficos de Dante, bem como as epístolas e as éclogas; já as fontes biográficas e históricas apareceram apenas ocasionalmente, dando a certas afirmações a alcunha de "crença pessoal".[52] Por outro lado, o ponto alto do livro seria, em sua visão, a análise de estilo, onde se produziram os "mais valiosos e profundos *insights*".[53] Porém, mesmo as excelentes observações linguísticas teriam sofrido o atropelo da ideia auerbachiana "que dissolve o sobrenatural no terreno e o religioso no poético, e, portanto, não pode empregar nada de transcendental".[54] Vossler desconfiou, inclusive, da ideia de "exatidão da expressão" atribuída ao estilo dantesco, declarando que sua aplicação seria mais eficaz no "Inferno" do que no "Paraíso", onde a linguagem se mostraria, não raro, flutuante e ambígua.

No entanto a crítica mais contundente do professor de Munique diria respeito ao modo como o livro mobilizou — ou não mobilizou — "a visão predominante na pesquisa contemporânea"[55] de que a estrutura da *Comédia* seria essencialmente "lírica". Para Vossler, Auerbach teria se esquivado do debate restringindo-se a qualificar a visão estilística como inapropriada e pouco respeitosa ante a versatilidade do pensamento de Dante. Quanto às razões para esse procedimento, Vossler indagaria:

---

[52] *Idem, ibidem*, p. 71.

[53] *Idem, ibidem*.

[54] *Idem, ibidem*.

[55] *Idem, ibidem*, p. 72.

Será que ele desejava evitar a distorção de seu relato, que de fato se desenrola com calma e clareza, em polêmicas? Ou será que ele queria se proteger contra a inquietação crítica? Aqueles que conhecem a vivacidade de seu espírito a partir de suas obras anteriores sobre as novelas, sobre Vico e Racine e sobre Francisco de Assis votaráo a favor da primeira possibilidade.[56]

Visivelmente essa resenha se construiu como réplica. Para Vossler, Auerbach teria adentrado uma polêmica para a qual seu espírito não estava disposto; seus argumentos careceriam da solidez das provas documentais e seu enfrentamento da crítica contemporânea de uma atitude mais corajosa. Quanto a esta segunda afirmação, discordo categoricamente. Desde a escolha do título até o último capítulo, que analisa a recepção romântica de Dante, esta tese é uma tomada de posição e um convite ao debate. No entanto, o próprio Auerbach levaria a sério a crítica da debilidade de alguns conceitos-chave, dedicando-se a elucidá-los com maior rigor em seu estudo histórico-filológico, "Figura", publicado em 1938 pela revista *Archivum Romanicum*.

Em meu estudo *Dante como poeta do mundo terreno* procurei mostrar como Dante, na *Comédia*, buscou "apresentar o mundo histórico e terreno como um todo, como já direcionado... como já submetido ao juízo definitivo de Deus e, com isso, fixado em seu lugar verdadeiro, atribuído segundo o juízo divino. Dante realizou isso de modo a não subtrair das personagens singulares o seu caráter terreno, [...] identificando-o com o destino derradeiro". Para essa

---

[56] *Idem, ibidem.*

Posfácio

compreensão, que já se encontra em Hegel e sobre a qual se baseia a minha interpretação da *Comédia*, faltava-me então o fundamento histórico preciso; ele é, no capítulo inicial do livro, mas intuído do que reconhecido. Agora creio ter encontrado esse fundamento [...][57]

Escrito no exílio em Istambul, "Figura" imprimiu dinamicidade histórica à atividade interpretativa de Auerbach como dantólogo, tanto quanto um alargamento no horizonte teórico de sua análise crítica de modo geral. No lugar de uma progressão filosófica do conceito de unidade humana, uma fina teoria da temporalidade medieval é elaborada, a fim de conferir a sistematização do argumento, até então, apenas parcialmente desenvolvido. Auerbach investigou os significados historicamente atribuídos à palavra *figura*, desde sua origem grega até a apropriação do termo pela atividade exegética dos Pais da Igreja. A interpretação figural da realidade seria o mecanismo responsável por conceber uma relação de interdependência que transita em dois níveis: entre a religião hebraica e o cristianismo, e entre a história humana e a Providência divina. Para Auerbach esse vínculo não teria outra origem além do mundo concreto. Os acontecimentos anteriores a Cristo teriam a função de anunciar as boas-novas de Sua Encarnação e Evangelho, de modo que a realidade histórica dos fatos permanecesse intacta. Isso teria sido possível em virtude de um processo de dupla significação, no qual as personagens e situações da tradição hebraica eram figuras que, para além de sua existência real e histórica, continham um conteúdo antecipatório ainda mais verdadeiro e concreto cumprido por Jesus no Novo Testamento.

---

[57] E. Auerbach, "Figura" (1938), *Gesammelte Aufsätze zur romanischen Philologie, op. cit.*, p. 86 [tradução de Leopoldo Waizbort].

Essa nova forma de conceber aquela "concordância" que no medievo conectava as diferentes manifestações da vida tornou-se a lente através da qual cada pequeno detalhe da *Divina comédia* passou a ser compreendido. E essa mesma lente oferece o enquadramento para a famosa interpretação do canto de Farinata e Cavalcante,[58] no oitavo capítulo de *Mimesis*.[59] Segundo Auerbach, a construção das personagens dantescas obedece ao recurso estilístico do contraponto: em oposição ao grave e orgulhoso Farinata, Dante descreve Cavalcante, o pai desesperado. Suas preocupações não estavam depositadas em seu perpétuo sofrimento, senão no mundo histórico que deixaram para trás. Assim, como que à revelia, a representação do destino último da humanidade fora atravessada pela história terrena através da permanência e da atualização do caráter individual. Embora culpados pelas mesmas transgressões, Farinata não tinha nenhuma semelhança com Cavalcante. Isso porque eles não eram tipos ideais, alegorias, mas o *cumprimento* de uma realidade anteriormente anunciada.

Nas décadas seguintes à publicação de *Dante como poeta do mundo terreno*, o interesse de Auerbach pela obra de Dante permaneceria intacto. Além dos trabalhos já mencionados, em 1944 ele publicou a coletânea *Neue Dantestudien*,[60] reunindo textos fundamentais, como "Figura", "Sacrae-scripturae sermo humilis" e "Francisco de Assis na *Comédia*". E ainda que novos *insights* acompanhassem cada um desses escritos, a opinião crítica continuamente reafirmaria a pertinência sempre atual da

---

[58] "Inferno", canto X.

[59] E. Auerbach, "Farinata und Cavalcante", *Mimesis. Dargestellte Wirklichkeit in der abendländischen Literatur, op. cit.*, pp. 167-94.

[60] Erich Auerbach, "Neue Dantestudien", *Istanbuler Schriften*, n° 5, 1944.

Posfácio

tese de 1929, "talvez o melhor e mais conciso livro escrito na Alemanha sobre Dante", segundo Hugo Friedrich.[61] Mesmo hoje, passado quase um século desde o lançamento, sua perenidade não deixa de surpreender. Em uma obra como a *Divina comédia*, podemos dizer com segurança que o poético acaba onde começa a filosofia? A questão é antiga e de difícil equação, mas Auerbach nos presenteia com uma resposta à altura: neste poema tão particular, poesia e filosofia se prolongam infinitamente num imbricamento contínuo, sem emendas nem divisas, em um nexo que caminha nas veredas da história. Na pena de um artista como Dante a doutrina se faz arte, formando um todo coerente e inimitável. Talvez por isso esse livro permaneça tão atual; porque ele nos lembra daquela dimensão histórica que permeia a literatura como um todo, e que em Dante, pela primeira vez, assumiria a forma da moderna representação da realidade.

[61] Hugo Friedrich, *Romanische Literaturen. Italien und Spanien. Aufsätze II*, Frankfurt am Main, V. Klostermann, 1972, p. 43.

Índice onomástico

Adão, 182, 193, 196
Agatão, 23
Agostinho, Santo, 34, 117, 123, 142, 187
al-Farghani, Abu, 161
Alberto de Habsburgo, 203
Alberto Magno, 161
Amor, 49, 50, 59, 60, 62, 71, 72, 74, 100, 111, 117, 120, 160, 270
Andreas Capellanus, 80
Anglade, Joseph, 66
Anquises, 25, 145
Antígona, 224
Appel, Carl, 65, 66, 69, 87
Aquiles, 11, 13, 231
Argenti, Filippo, 239
Aristófanes, 23, 231
Aristóteles, 21, 22, 123, 152, 161, 173, 174
Arnaut Daniel, 42, 44, 80, 87, 88, 90, 92
Asín Palacios, Miguel, 132
Ateneu, 16
Augusto, 194, 248

Averróis, 49, 116
Babilônia, 201, 205
Barbi, Michele, 119
Bardi, Simone de, 100
Bassermann, Alfred, 207
Beatriz, 97, 99, 100, 102, 103, 104, 110, 115, 130, 158, 159, 160, 166, 183, 184, 187, 189, 190, 191, 201, 202, 205, 206, 215, 216, 239, 256, 268
Belacqua, 239
Benedito, São, 187, 189
Bernardo, São, 65, 191, 256
Bernart de Ventadorn, 47, 65, 66, 87
Bertran de Born, 252
Boccaccio, Giovanni, 279
Bode, Georgius Henricus, 179
Boécio, 116, 123, 134
Bonagiunta da Lucca, 48, 52, 68, 77
Bonaventura, 137, 192
Bonifácio VIII, 107, 109
Borchardt, Rudolf, 42
Brunetto Latini, 122, 159, 161, 168, 216

Índice onomástico

Bruto, 174, 195

Buonconte von Montefeltro, 182, 267

Burdach, Konrad, 207

Busnelli, Giovanni, 136, 142, 185

Cacciaguida degli Elisei, 122, 159, 234, 235, 244, 269

Calipso, 25

Canello, Ugo Angelo, 88, 90, 92

Cangrande, 206, 149, 150

Canzoniere, 119

Capeto, Hugo, 182

Carlos Martel, 51, 218, 269

Casella, 51, 239, 269

Cássio, 174, 195

Catão, 156, 210

Cavalcanti, Guido, 49, 50, 54, 55, 57, 63, 94, 96, 97, 99, 111, 117, 123, 218

Cerchieschi, 109

César, 156, 174, 194, 195, 232, 235, 236

Ciacco, 239

Cícero, 23, 116

Cimabue, 234

Cino da Pistoia, 49

Comédia antiga, 15, 23, 31, 139, 149, 150, 231

Constança de Altavilla, 188

Constantino, 196

Convívio, 51, 66, 93, 113, 116, 122, 123, 124, 125, 126, 127, 128, 129, 131, 134, 138, 139, 158, 165

Creta, ancião de, 209

Cristo, 12, 26, 29, 30, 31, 33, 34, 37, 103, 146, 153, 174, 184, 190, 193, 194, 195, 196, 201, 205, 244, 245, 255, 278

Croce, Benedetto, 48

d'Ancona, Alessandro, 132

Davidsohn, Robert, 136

De vulgari eloquentia, 82, 83, 94

Demóstenes, 62

Dempf, Alois, 113, 152

Dido, 25, 131, 145

Dolce stil nuovo, 42, 47, 52

Domingos, São, 191, 192

Dvořák, Max, 38, 151

Eleáticos, 17

Emaús, 12

Eneias, 25, 131, 133, 144, 145, 146, 194

Epicuro, 23

Epicurismo, 30, 104, 173, 219

Espiritualismo vulgar, 34, 35, 38, 39, 41, 80, 81, 96, 117, 131, 152, 178

Estácio, 83, 182, 216

Estevão, Santo, 262

Estoicos, 23, 30, 104, 130

Eva, 182, 187, 193

Ezequiel, 205

Farinata degli Uberti, 219, 220, 269

Ferrari, Giuseppe, 176

Filomusi-Guelfi, Lorenzo, 185

Finsler, Georg, 23

Florença, 51, 82, 85, 86, 99, 102, 105, 112, 136, 159, 198, 199, 218

Índice onomástico

Folquet de Marselha, 87
Forese Donati, 98, 99, 218, 269
France, Anatole, 248
Francesca de Rimini, 235, 269
Francisco de Assis, São, 46, 135, 187, 191, 192
Frederico II, 45
Frontino, 83
Fulgêncio, 131, 179
George, Stefan, 112, 217
Gilson, Étienne, 120, 137
Giotto, 151, 152, 234
Giovanni del Virgilio, 158
Giraut de Bornelh, 42, 66, 69, 80, 83, 87, 90
Górgonas, 179
Guido de Montefeltro, 222, 228
Guilhem de Cabestanh, 67
Guilhem de Peitieu, 42
Guinizelli, Guido, 45, 46, 47, 48, 49, 50, 51, 53, 55, 56, 57, 58, 59, 60, 61, 62, 65, 66, 68, 69, 70, 72, 73, 74, 75, 77, 78, 90, 92, 97, 111, 114, 123, 241
Guittone d'Arezzo, 199
Gundolf, Friedrich, 155, 235
Harnack, Adolf von, 28, 34
Helena, 11
Helm, Rudolf, 179
Henrique II, 252
Henrique VII, 130, 186, 201
Heráclito, 11
Hipólito, 224
Homero, 11, 12, 13, 23, 61, 65, 81, 147, 176, 177, 236

Horácio, 23, 150
Hugo, Victor, 178
Jacó, 189, 190
Jaufre Rudel, 87
Jerusalém, 27, 161, 195
João, o Evangelista, 190, 202
João Batista, São, 186, 187
Judas, 174, 195
Judite, 187
Justiniano, 195
Kampers, Franz, 207
Kern, Fritz, 208, 209
Kolsen, Adolf, 66, 69, 90
Langfors, Arthur, 67
Lisio, Giuseppe, 55, 261
Lombardo, Pedro, 123
Lommatzsch, Erhard, 68
Lucano, 83, 243
Lúcia, 69, 180, 205
Lúcifer, 162, 172, 174, 193, 195, 208, 209
Maquiavel, Nicolau, 199
Maria, 40, 102, 186, 187, 190, 191, 195, 267
Matelda, 205
Medici, Lorenzo de, 96
Medusa, 179, 180
Meyer, Eduard, 27
Michelangelo, 259
Mimesis, 13, 20, 30, 37, 100, 147, 149, 151, 273, 277, 278
Minerva, 179
Monaci, Ernesto, 48, 53, 58, 68, 69, 73, 92
Monarquia, 139, 166, 167

Índice onomástico

Moore, Edward, 167

Mitógrafos, 179

Nausícaa, 13

Neoplatonismo, 32, 34, 35, 39, 41, 49, 87

Neumann, Friedrich, 39

Nicolini, Fausto, 176, 231

Norden, Eduard, 24, 84, 145

Oderisi da Gubbio, 51, 182, 232, 233, 234

Odisseu, 11, 13, 231, 237, 238

Olschki, Leonardo, 187

Orcagna, Andrea, 276

Ovídio, 40, 80, 83, 243

Panofsky, Erwin, 19

Parodi, Ernesto, 185

Pascoli, Giovanni, 195

Paulo, São, 133, 194

Paulo Orósio, 83

Pedro, São, 28, 31, 190, 194, 201, 203, 257

Pedro Damião, 189

Peire d'Alvernhe, 42, 65

Peire Vidal, 66

Pellegrini, Flaminio, 199

Penélope, 11

Perseu, 179

Petrarca, Francesco, 88, 95, 276, 279

Pia de' Tolomei, 65, 229

Piccarda Donati, 188

Pier della Vigna, 243

Pietrobono, Luigi, 172, 195

Pisano, Giovanni, 151

Platão, 15, 16, 18, 19, 20, 21, 23, 37

Plínio, 83

Plotino, 20, 32, 33

Porena, Manfredi, 239

Prometeu, 224

Provençais, 40, 41, 42, 43, 44, 45, 46, 47, 48, 57, 62, 65, 66, 67, 68, 69, 73, 75, 79, 80, 83, 84, 89, 90, 94, 97, 105, 110, 112, 114, 156, 220, 252, 261, 270

Ptolomeu, 161

Rabelais, François, 224

Raquel, 187

Rebeca, 187

Rembrandt van Rijn, 12

Rintelen, Friedrich, 151

Rivalta, Ercole, 55

Roland, 39

Roma, 23, 194, 195, 197, 204, 209, 210, 237, 241, 247, 257

Ronzoni, Domenico, 185

Rosenthal, Erwin, 151

Rute, 187

Salimbene, 135

Scheludko, Dimitri, 132

Schmarsow, August, 151

Seiferth, Wolfgang, 124

Sêneca, 23

Sibila, 103

Siqueu, 145

Sócrates, 19, 23, 27

Sofistas, 15, 17

Sófocles, 14, 147

Sordello da Goito, 144, 220

Stimming, Albert, 252

Suetônio, 236

Suger de Saint-Denis, 38

Índice onomástico

Tácito, 23
Tibério, 195
Tito, 195
Tito Lívio, 83
Tomás de Aquino, 117, 118, 119,
  120, 136, 137, 139, 141, 142,
  146, 152, 153, 161, 162, 165,
  166, 167, 168, 171, 174, 182,
  183, 192
Tomás de Celano, 254
Tragédia antiga, 14, 15, 21, 22, 23,
  31, 147, 148, 149, 150, 224
Trobar clus, 42, 67, 68, 69, 74, 95, 96
Troia, 237
Valli, Luigi, 48, 195

Vandelli, Giuseppe, 267
Vasari, Giorgio, 232
Veltro, 202, 206, 207, 208
Vico, Giambattista, 176, 177, 231
Vincent de Beauvais, 149
Virgílio, 23, 24, 25, 26, 65, 83, 89,
  96, 97, 144, 145, 146, 152, 156,
  159, 169, 173, 180, 195, 202,
  204, 205, 210, 214, 215, 216,
  217, 219, 220, 237, 239, 241,
  247, 248, 256, 259, 261, 268
Volgare illustre, 59, 125
Vossler, Karl, 45, 55, 80, 86, 132
Wilamowitz, Ulrich von, 81
Wolfram von Eschenbach, 39

Sobre o autor

Erich Samuel Auerbach nasceu a 9 de novembro de 1892, em Berlim, Alemanha. De família burguesa abastada, estudou no Französisches Gymnasium daquela cidade e em 1911 iniciou os estudos jurídicos. Tornou-se doutor em Direito pela Universidade de Heidelberg em 1913 e, no ano seguinte, começou os estudos de Filologia Românica em Berlim. Em outubro de 1914, alistou-se como voluntário para lutar na Primeira Guerra Mundial, quando foi ferido e condecorado. Depois da guerra, retomou os estudos filológicos e doutorou-se três anos mais tarde pela Universidade de Greifswald. Em 1923, casou-se com Marie Mankiewitz, com quem teve seu único filho, Clemens, e no mesmo ano tornou-se bibliotecário na Preussische Staatsbibliothek, em Berlim. Em 1929, sucedeu a Leo Spitzer na cátedra de Filologia Românica da Universidade de Marburg, onde permaneceu até 1935, quando, atingido pelo regime nazista, foi exonerado. Na condição de exilado, voltou a suceder Leo Spitzer em 1936 como professor de Filologia Românica na Universidade de Istambul, Turquia. Durante a Segunda Guerra Mundial, sem acesso a grandes bibliotecas, redigiu *Mimesis*, obra-prima da crítica literária do século XX. Emigrou para os Estados Unidos em 1947, tornando-se professor da Universidade da Pensilvânia (1948-49), pesquisador do Instituto de Estudos Avançados de Princeton (1949-50) e, em seguida, professor de Teoria Literária e Literatura Comparada na Universidade Yale, onde lecionou até o ano de sua morte. Faleceu em New Haven, Connecticut, em 13 de outubro de 1957.

CRÍTICA

Zur Technik der Frührenaissancenovelle in Italien und Frankreich [Sobre a técnica da novela no início do Renascimento na Itália e na França]. Heidelberg: Carl Winter, 1921.

Sobre o autor

Dante als Dichter der irdischen Welt [Dante como poeta do mundo terreno]. Berlim/Leipzig: Walter de Gruyter, 1929.

Das französische Publikum des XVII. Jahrhunderts [O público francês do século XVII] (Munique: Hueber, 1933), revisto e republicado como "*La cour et la ville*" em *Vier Untersuchungen zur Geschichte der französischen Bildung* [Quatro estudos de história da cultura francesa]. Berna: Francke, 1951.

Figura. Florença: Leo S. Olschki, 1939. Publicado originalmente em *Archivum Romanicum*, nº 22, outubro-dezembro, 1938.

Neue Dantestudien [Novos estudos sobre Dante]. Istambul: I. Horoz, 1944.

Roman Filolojisine Giris. Istambul: I. Horoz, 1944. Republicado como *Introduction aux études de philologie romane* [Introdução aos estudos de filologia românica]. Frankfurt: Vittorio Klostermann, 1949.

Mimesis. Dargestellte Wirklichkeit in der abendländischen Literatur [Mimesis. A representação da realidade na literatura ocidental]. Berna: Francke, 1946. Segunda edição revista, Berna: Francke, 1959.

Vier Untersuchungen zur Geschichte der französischen Bildung [Quatro estudos de história da cultura francesa]. Berna: Francke, 1951.

Typologische Motive in der mittelalterlichen Literatur [Motivos tipológicos na literatura medieval]. Colônia: Petrarca Institut, 1953.

Literatursprache und Publikum in der lateinischen Spätantike und im Mittelalter [Língua literária e público no final da Antiguidade latina e na Idade Média]. Berna: Francke, 1958.

Gesammelte Aufsätze zur romanischen Philologie [Ensaios reunidos de filologia românica]. Berna: Francke, 1967.

Tradução

Die neue Wissenchaft über die gemeinschaftliche Natur der Völker [*La scienza nuova*], de Giambattista Vico. Munique: Allgemeine Verlagsanstalt, 1924.

Die Philosophie Giambattista Vico [*La filosofia di Giambattista Vico*], de Benedetto Croce. Tradução com Theodor Lücke. Tübingen: J. C. B. Mohr, 1927.

Sobre o autor

OBRAS PUBLICADAS NO BRASIL

Mimesis: a representação da realidade na literatura ocidental. Tradução de G. B. Sperber. São Paulo: Perspectiva, 1970. Segunda edição revista, 1976.

Introdução aos estudos literários. Tradução de José Paulo Paes. São Paulo: Cultrix, 1970. Segunda edição, 1972. Nova edição: Tradução de José Paulo Paes. Posfácio de Marcos Mazzari. São Paulo: Cosac Naify, 2015.

"La cour et la ville" em *Teoria da literatura em suas fontes.* Organização de Luiz Costa Lima. Rio de Janeiro: Francisco Alves, 1975. Segunda edição revista e ampliada, 1983, 2 vols.

Dante, poeta do mundo secular. Tradução de Raul de Sá Barbosa. Rio de Janeiro: Topbooks, 1997. Nova edição: *Dante como poeta do mundo terreno.* Tradução e notas complementares de Lenin Bicudo Bárbara. Revisão técnica de Leopoldo Waizbort. Posfácio de Patrícia Reis. São Paulo: Editora 34/ Duas Cidades, 2022.

Figura. Tradução de Duda Machado. Revisão da tradução de José Marcos Macedo e Samuel Titan Jr. São Paulo: Ática, 1997.

"As flores do mal e o sublime" em revista *Inimigo Rumor*, nº 8. Tradução de José Marcos Macedo e Samuel Titan Jr., 2000.

Ensaios de literatura ocidental: filologia e crítica. Organização de Davi Arrigucci Jr. e Samuel Titan Jr. Tradução de Samuel Titan Jr. e José Marcos Mariani de Macedo. São Paulo: Editora 34/Duas Cidades, 2007.

A novela no início do Renascimento: Itália e França. Tradução de Tercio Redondo. Prefácio de Fritz Schalk. Revisão técnica e posfácio de Leopoldo Waizbort. São Paulo: Cosac Naify, 2013. Nova edição: São Paulo: Editora 34/Duas Cidades, 2020.

SOBRE ERICH AUERBACH NO BRASIL

Otto Maria Carpeaux, "Origens do realismo" (1948), em *Ensaios reunidos*, vol. 2: 1946-1971. Rio de Janeiro: Topbooks/UniverCidade, 2005, pp. 311-5.

Sérgio Buarque de Holanda, "Mimesis", *Diário Carioca*, Rio de Janeiro, 26 novembro de 1950. Republicado em *O espírito e a letra: estudos de crítica literária.* Organização, introdução e notas de Antonio Arnoni Prado. São Paulo: Companhia das Letras, 1996.

Sobre o autor

Luiz Costa Lima, "Auerbach: história e metaistória", em *Sociedade e discurso ficcional*. Rio de Janeiro: Guanabara, 1986.

Luiz Costa Lima, "Auerbach, Benjamin, a vida sob o Nazismo", seguido de "Entrevista com Karlheinz Barck", "5 Cartas de Erich Auerbach a Walter Benjamin" e "Marburg sob o Nazismo", de Werner Krauss (traduções de Luiz Costa Lima), *34 Letras*, nº 5/6, pp. 60-80, 1979.

Luiz Costa Lima, "Auerbach e a história literária", *Cadernos de Mestrado/Literatura*. Rio de Janeiro: Universidade do Estado do Rio de Janeiro, 1992. Ampliado e republicado como "Mimesis e história em Auerbach", em *Vida e mimesis*. São Paulo: Editora 34, 1995, pp. 215-34.

Dirce Riedel, João Cézar de Castro Rocha e Johannes Kretschmer (orgs.), *Erich Auerbach*. Rio de Janeiro: Universidade Estadual do Rio de Janeiro/Imago, 1995.

Telma Birchal, "Sobre Auerbach e Montaigne: a pertinência da categoria de *mimesis* para a compreensão dos *Ensaios*", em *Mimesis e expressão*, Rodrigo Duarte e Virginia Figueiredo (orgs.). Belo Horizonte: Editora da Universidade Federal de Minas Gerais, 2001, pp. 278-88.

Leopoldo Waizbort, "Erich Auerbach sociólogo", *Tempo Social* 16.1, pp. 61-91, 2004.

Carlo Ginzburg, "Tolerância e comércio: Auerbach lê Voltaire", em *O fio e os rastros*. São Paulo: Companhia das Letras, 2007.

Edward Said, "Introdução a *Mimesis*, de Erich Auerbach", em *Humanismo e crítica democrática*. São Paulo: Companhia das Letras, 2007.

Leopoldo Waizbort, *A passagem do três ao um: crítica literária, sociologia, filologia*. São Paulo: Cosac Naify, 2007.

João Cézar de Castro Rocha e Johannes Kretschmer (orgs.), *Fortuna crítica de Erich Auerbach*. Rio de Janeiro: CEPUERJ, 1994.

Este livro foi composto
em Adobe Garamond pela
Franciosi & Malta,
com CTP e impressão
da Edições Loyola
em papel Pólen Natural
80 g/m^2 da Cia. Suzano de
Papel e Celulose para a
Duas Cidades/Editora 34,
em setembro de 2022.